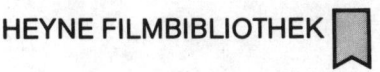

ROCK
HUDSON
Seine Filme – sein Leben

von MICHAEL ALTHEN

Originalausgabe

WILHELM HEYNE VERLAG
MÜNCHEN

HEYNE FILMBIBLIOTHEK
Nr. 32/93

Redaktion: Willi Winkler

Copyright © 1986 by Wilhelm Heyne Verlag GmbH & Co. KG, München
Umschlagfoto: Archiv Dr. Karkosch, Gilching
Rückseitenfoto: Süddeutscher Verlag, Bilderdienst, München
Innenfotos: Archiv des Autors; Archiv Dr. Karkosch, Gilching;
Stiftung Deutsche Kinemathek, Berlin; Deutsches Filminstitut, Frankfurt/Main;
Archiv Lothar Just, München; Deutsche Presse-Agentur, München
Umschlaggestaltung: Atelier Ingrid Schütz, München
Satz: Fotosatz Völkl, Germering
Printed in Germany 1986
Druck und Verarbeitung: Ebner Ulm

ISBN 3-453-86095-0

Inhalt

Meinen Eltern gewidmet

Lauter Legenden

Der Beginn eines amerikanischen Traums

>»Seien wir ehrlich: diese Geschichte mit
Aschenbrödel – daß jemand auf einem
Stuhl sitzt und entdeckt wird – gibt es in
der Wirklichkeit nicht.«
>
> *Rock Hudson*

Schäbig beginnen alle amerikanischen Träume. Ein kleiner Ort in Illinois, zwanzig Kilometer nördlich von Chicago: Winnetka. Die Hauptstraße, die Elm Street, führt direkt auf den Lake Michigan zu. 1925 lag dort im ersten Stock des Hauses Nummer 794 nach einem Sturz fünf Tage lang Mrs. Kay Scherer in Erwartung einer Frühgeburt. In der Nacht des 16. November tobte – so will es die Legende – draußen ein eisiger Novembersturm, während drinnen ein Grammophon ständig Charleston spielte, wodurch Dr. Lowe die Gebärende zu beruhigen suchte. Doch obwohl es Komplikationen gab und das Kind vier Wochen zu früh auf die Welt kam, überstanden Mutter und Sohn die Geburt ohne bleibende Schäden. So wurde am 17. November 1925 gegen 2 Uhr früh Roy Harold Scherer jr. geboren, der später als Rock Hudson Karriere machen sollte. »Wunderschön, fast schwarzes Haar, braune Augen und ein süßes Lächeln«, soll Tante Jessie das Baby beschrieben habe. Womit sie zweierlei bestätigte: Erstens, daß Anverwandten in aller Welt zu Neugeborenen nur Schwachsinn einfällt, und zweitens, daß der kleine Roy aussah wie Millionen andere Babies auch. Mit einer Ausnahme: er war bereits bei seiner Geburt mit 70 cm ungewöhnlich groß. Das sollte auch so bleiben.

Der Vater Roy Scherer, ein Bauernjunge von deutsch-schweizerischer Herkunft, war Automechaniker und betrieb eine Werkstatt am Ort, während die Mutter, Nachfahrin eines Engländers und einer Irin, als Telefonistin arbeitete. Ihre Wohnung über einem Drugstore war klein, aber die Familie hatte ihr Auskommen. Winnetka, schon damals ein Vorort Chicagos, hatte etwa 6000 Einwohner und galt selbst zur Zeit der Depression als relativ wohlhabende Gemeinde. Als Roy jr. vier Jahre alt war, begannen die Geschäfte schlecht zu gehen, und die Scherers waren gezwungen, zu den Eltern der Mutter zu ziehen. Als auch noch Onkel und Tante mit ihren vier Kindern den Haushalt belasteten, beschloß Roys Vater, die Familie zu verlassen, um in Kalifornien sein Glück zu versuchen. Das war 1929, zur Zeit der großen Depression. Da Roy Scherer nie wieder aus Los Angeles zurückkam und sich seine Frau 1934 von ihm scheiden ließ, liegt der Schluß nahe, daß nicht zuletzt eheliche Probleme den Ausschlag für seinen Entschluß gaben. So lebte Roy, den alle Junior oder Sonny riefen, mehrere hundert Kilometer von Winnetka entfernt im Süden Illinois' auf dem 600 Hektar großen Bauernhof der Großeltern.

Rock Hudson erinnerte sich daran als »die schönste Zeit meines Lebens«. 1935 heiratete die Mutter erneut, diesmal den Marine-Sergeant Wallace Fitzgerald, der Roy jr. adoptierte. Doch die beiden kamen – wie Hudson Jahre später bekannte – nicht miteinander aus. Was wohl auch daran lag, daß sich der Stiefvater einbildete, Roy jr. mit harter Hand erziehen zu müssen. Er lehnte es ab, Roy weiterhin ›Junior‹ zu rufen, versuchte, die Besuche auf der Farm in Olney zu unterbinden, und untersagte ihm, der Mutter einen Gutenachtkuß zu geben. Dazu kam, daß Fitzgerald zwei Jahre lang nicht arbeitete und die Mutter als Kellnerin das Geld für die Familie verdienen mußte. In dieser Zeit begann Roy, die Familie zu unterstützen, indem er Gelegenheitsjobs annahm. Für ein Taschengeld erledigte er für Hausfrauen kleine Besorgungen, dann trug er die »Chicago Daily News« aus, half als Caddy auf der Skokie-Playfield-Golfanlage und betätigte sich als Sänger im Chor der First Congregational Church. 1941 trennte sich die Mutter von seinem Stiefvater und zog mit ihrem Sohn wieder in die Elm Street 794, in die gleiche Wohnung, in der Roy geboren worden war. Zeitlebens waren sich die beiden freundschaftlich verbunden.

Zu dieser Zeit besuchte Roy die New Trier High School, wo

er keine allzu großen Erfolge errang, da er morgens die Zeitung austrug und nachmittags sowie samstags im Lebensmittelgeschäft aushalf. Er versuchte sein Talent auch in Schüleraufführungen, aber anders als manch anderer späterer Filmstar, zeigte er dafür nur wenig Begabung. Er bekannte ehrlich:»Ich wollte und versuchte es immer, aber ich konnte keine Rolle durchstehen, weil ich immer die Texte vergaß. Mein größter Erfolg war die Rolle eines der drei Weisen aus dem Morgenland in der alljährlichen Aufführung der Weihnachtsgeschichte. Ich brauchte kein Wort zu sagen.« Mit 14 Jahren war Roy schon 1,83 Meter groß und hatte eine Menge Spott seiner Mitschüler zu ertragen. Als Roy eines Tages einem Mitschüler zu Hilfe kam, als der verprügelt wurde, lud ihn dessen Mutter aus Dankbarkeit auf eine Party der Tanzschule ein. Die dortige Tanzlehrerin Alicia Pratt wurde auf ihn aufmerksam und zahlte aus eigener Tasche drei Jahre lang Roys Mitgliedsbeitrag:»Er war damals schon größer und sah besser aus als die anderen. Trotz seiner Größe hatte er seinen Körper besser unter Kontrolle als die anderen Jungs. Er hätte ein guter Tänzer werden können, aber dazu fehlte ihm der rechte Ehrgeiz.«

1939 starb Roys Großmutter Wood, mit der er sich immer gut verstanden hatte und die in all den familiären Querelen den ruhenden Pol in seinem Leben dargestellt hatte:»Als ich zum Begräbnis ging und sie zum letzten Mal sah, wurde ich zum ersten und letzten Mal in meinem Leben hysterisch. Man mußte mich wegführen. All der Kummer, den ich hinuntergeschluckt und für mich behalten hatte, brach in diesem Augenblick aus mir heraus.«

Roy hatte in seiner Jugend keine ausgeprägten Hobbies. Ein Freund meinte, er habe Vorlieben für»schicke Kleidung, Musik, Sandwiches, schnelle Autos, Golf und Schallplatten« gezeigt. Ein anderer erinnert sich:»Zu jener Zeit war der Jitterbug gerade groß in Mode, und Roy war gut darin. Er kaufte dauernd Jitterbug-Platten, und wir sind dann zu ihm nach Hause zum Tanzen gegangen. Seine Mutter war wirklich freundlich und scherte sich nicht um die Meute im Haus.« Neben dem Tanz galt seine andere große Liebe dem Film.

Mit seinem Freund Jim Matteoni ging er beinahe jeden Abend ins Kino. Einmal fuhren sie mit der Straßenbahn bis ans andere Ende Chicagos, um eine Wiederaufführung von Charles Chaplins *Goldrausch* sehen zu können. Sein Agent verbreitete später, daß in Roy der Wunsch Schauspieler zu werden, entstanden wäre, als er Jon Hall in *The Hurricane* (1937) von einem Schiff ins Wasser springen sah, um durch eine Lagune zu schwimmen und Dorothy Lamour zu retten. »Wie die meisten Jungs dachte ich, es müsse großartig sein, beim Film zu sein und solche Stunts machen zu dürfen.« Hudson gestand aber auch, daß es sich bei dieser Geschichte lediglich um einen Publicity-Gag gehandelt habe: »Ich weiß wirklich nicht, wann oder warum ich mich entschlossen hatte, Schauspieler zu werden. Ich vermute, daß ich immer schon gewußt habe, daß ich eines Tages einer sein würde.«

Im Sommer 1942 fuhr Roy nach Los Angeles, um dort für ein paar Monate bei seinem leiblichen Vater zu leben, der mittlerweile wieder geheiratet hatte und ein Elektrowarengeschäft betrieb: »Wir hatten uns zehn Jahre nicht gesehen. Es war nicht leicht für uns, wir waren uns zu fremd. Aber wir wurden Freunde. Ich blieb drei Monate bei ihm und seiner Frau, schrieb mich an der Schule für Kunsthandwerk ein, um mein Abschlußjahr abzuleisten, und fand für nachmittags einen Job.« Doch Roy bekam sehr schnell Heimweh nach Winnetka und fuhr zurück. Dort erhielt er 1943 sein Abschlußzeugnis der New Trier High School, die übrigens heute in dem Ruf steht, eine Menge Filmstars hervorgebracht zu haben: neben Rock Hudson, Hugh O'Brian, Edmond Brien, Charlton Heston, Ralph Bellamy und Ann-Margret. Hudson und Hugh O'Brian sollten sich wiedertreffen, als sie als angehende Schauspieler bei den Universal Studios angestellt waren. Doch Roy Fitzgerald unterzog sich zunächst einer Prüfung für den Staatsdienst, die ihm einen Job bei der Post bescherte. Für 1,25 Dollar die Stunde trug er von 6.30 Uhr bis 16 Uhr Briefe aus. Sieben Monate arbeitete er als Postbote, ehe ihn 1944 die Marine einzog und ihn auf die Philippinen schickte, wo er als Flugzeugmechaniker arbeitete. Und wieder eine Legende: Ein Photo zeigt Rock Hudson neben einem abgeschossenen japanischen Jagdflugzeug. Dazu wurde später verbreitet, Hudson habe das Wrack verursacht. Er habe den Auftrag gehabt, einen B-26 Marauder-Bomber in Ordnung zu bringen, und dabei probeweise die Motoren auf voller Kraft laufen lassen. Die Maschine übersprang die Bremsklötze und rollte in ein abgestelltes Sportflugzeug »Piper Cub«, von dem nur noch Schrott übrigblieb. Für dieses Versehen wurde er in die Wäscherei versetzt, wo er als Wäschereimann dritter Klasse bis Kriegsende seinen Dienst versehen mußte. Elf Jahre später, bereits ein Star, erzählte er: »Tatsächlich wurde ich in die Wäscherei versetzt, aber nur weil der Krieg zu Ende war und ich noch vier Monate Dienst abzuleisten hatte. Ich habe diese Geschichte erfunden, weil die Werbeleute aufregende Anekdoten hören wollten und mir nie etwas derartiges passiert war.«

Im April 1946 wurde er aus der Army entlassen, kaufte sich in San Francisco einen Wagen und fuhr heim nach Winnetka. Nachdem er sich den Sommer über am Michigan-See erholt hatte, stellte er fest, daß ihn mit seiner Heimat nicht mehr viel verband, zumal die früheren Freunde in alle Winde verstreut worden waren. Im September fuhr er bereits wieder nach Westen, nach Kalifornien, wo seine Mutter eine Arbeit bei der Telefongesellschaft in Passadena gefunden hatte. Roy arbeitete im Elektrogeschäft seines Vaters in Long Beach und versuchte sich – dem Mißmut seines Vaters zum Trotz – an der University of Southern California im Fach Schauspiel einzuschreiben. Doch dort hatte man wegen starken Andrangs die Anforderungen höher geschraubt, so daß Roy nicht einmal der Bonus des entlassenen Soldaten half – sein High-School-Abschluß war zu schlecht. So blieb ihm nichts anderes übrig, als für seinen Vater Kühlschränke zu reparieren und Staubsauger zu verkaufen. Für beides zeigte er jedoch wenig Begabung und nahm bald eine Stellung als Lastwagenfahrer bei der Budget Pack Company an. Er erhielt 60 Dollar die Woche, und zog mit zwei Kollegen in eine kleine Wohnung in der Nähe des Westlake Parks. Tagsüber fuhr er Obst und Gemüse aus, abends überlegte er, wie er eine Chance erhalten könnte, Schauspieler zu werden.

Zurück zur Legende: Nach der Arbeit vertauschte er den Overall und stellte sich vor das Studio-Tor. Oder noch besser: Er erledigte seine Aufträge so schnell er konnte, um in den gewonnenen Minuten in der Nähe der Studios herumzulungern. Solche Durststrecken gehören zu jedem amerikanischen Traum. Man stelle sich vor: ein großer, dunkelhaariger Kerl, der neben dem Studiotor lehnt und eine Zigarette raucht, in der Hoffnung, ein vorbeifahrender Produzent im Cadillac oder sonstwer würde anhalten, aussteigen und sagen: »Der ist es!« Er fuhr weiter Obst und Gemüse aus, bis irgendwann im Spätsommer 1947 ein Kollege, dem er seine Ambitionen anvertraut hatte, ihm den Tip gab, er solle für 25 Dollar Photos von sich machen lassen und an jedes der fünf großen Studios eines schicken, dazu Angaben über Größe, Gewicht, Haar- und Augenfarbe. Roy Fitzgerald sandte eines der Photos an die RKO Pathé Studios in Culver City, weil er gehört hatte, dort werde ein neuer Leinwand-Tarzan gesucht. Auf nicht mehr nachvollziehbaren Wegen fand die Aufnahme ihren Weg auf den Schreibtisch des Talentsuchers Henry Willson. Das war der Anfang seines amerikanischen Traums – der Beginn einer ›success story‹ wie aus dem Bilderbuch.

Henry Willson war Talentsucher für David O. Selznick, der dafür bekannt war, ständig auf der Suche nach neuen Gesichtern zu sein. So unberechtigt war Roy Fitzgeralds Hoffnung gar nicht, als er vor den Studiotoren stand und darauf wartete, entdeckt zu werden. 1943 etwa hatte Willson während der »Lux Radio Theatre«-Sendung von *A Star is Born* (mit Janet Gaynor) im Publikum den 22jährigen Robert Mosely entdeckt, einen Telefonarbeiter aus Bakersfield, der bei der Küstenwache diente. Willson schickte den jungen Mann noch am selben Abend zu Selznick, der für eine Nebenrolle in *Since You Went Away* einen Unbekannten, möglichst einen richtigen Matrosen suchte. Zwei Wochen später hatte Mosely einen Vertrag über 100 Dollar pro Woche und einen neuen Namen: Guy Madison, wobei das Madison einem vor den Studios parkenden Konditoreiwagen der Firma »Dolly Madison« entlehnt war. Eine andere Entdeckung Willsons war die für Werbephotos posierende Marilyn Louis, die später unter ihrem neuen Namen Rhonda Fleming dank ihres roten Haares zur »Queen of Technicolor« wurde. Auch Rory Calhoun, Tab Hunter, Troy Donahue oder Rip Torn verdanken ihre Karriere der Tatsache, daß Willson auf sie aufmerksam wurde.

Henry Willson galt geradezu als Spezialist für klangvolle, zugkräftige Namen. Aus Julie hatte er Lana Turner gemacht, aus Francis Dugan Rory Calhoun und später aus Arthur Gelien Tab Hunter, aus Carmen Oricco John Saxon. Auch Roy Fitzgerald nötigte Willson einen neuen Namen auf, denn erstens sei der alte viel zu lang und zweitens gäbe es im Showbusiness bereits genügend Fitzgeralds (z. B. Barry, Geraldine, Ella, F. Scott, Walter). Auch zu diesem Punkt in Fitzgeralds Leben existieren mehrere Versionen: Sicher ist nur, daß Fitzgerald den Namen Rock Hudson haßte. Es heißt, Willson habe den Namen Hudson aus der Autoreklame einer Zeitung oder von einer Landkarte, wobei nicht sicher ist, ob er dabei nun an den Fluß Hudson oder die Hudson Bay gedacht hatte. Als Vorname schlug Willson Lance, Derek oder Rock vor, wobei man sich angeblich für Rock entschied, weil das die Stärke und Standhaftigkeit des Felsens von Gibraltar impliziere. Eine andere Version bietet der Regisseur, Drehbuch- und Buchautor Garson Kanin an: »Rock Hudson. Man kann sich die Konferenz, in der der Name erfunden wurde, beinahe vorstellen. Zweifellos kam Numerologie ins Spiel; unterschwellige Bilder; verschiedene Arten von Psychologie. ›Hudson ist gut. Stark. Das paßt‹ – ›Ralph Hudson?‹ – ›Hey, wie wärs mit Rock?‹ – ›Ist das ein Name? Rock?‹ – ›Sicher, warum nicht?‹ – ›Rock Hudson?‹ – ›Er schaut aus wie ein Fels (engl. rock), oder nicht?‹ – ›Du meinst, er *spielt* wie ein Fels.‹ – ›Schon, aber laß das mal beiseite.‹ – ›Also, was nehmen wir jetzt?‹ – ›Rod Hudson?‹ – ›Nein, Rock.‹ – ›Nicht schlecht.‹ – ›Rock Hudson.‹« Man merkt bereits an diesem kleinen Dialog, daß Kanin einst Drehbücher für Screwball Comedies geschrieben hat und daß der Name – hätte man sich nicht längst schon daran gewöhnt – selbst für einen Amerikaner etwas ungewöhnlich, gekünstelt klingt.

Im Jahr 1947 landete also ein Photo des 22jährigen Roy Fitzgerald auf dem Schreibtisch des Talentsuchers in Culver City. Das sind die Zufälle, die den amerikanischen Traum am Leben erhalten. Die Talentsucher gehören aber auch zu den Werkzeugen, mit denen man versucht, den Zufall in den Griff zu kriegen, den Traum den Marktgesetzen zu unterwerfen. Wie auch immer, Henry Willson erkannte in Roys Gesicht das Ideal des typischen jungen Amerikaners. Später würde er sagen: »Er hatte Format, gutes Aussehen, Zähigkeit und eine gewisse Schüchternheit, von der ich glaubte, sie könnte aus ihm einen Star wie Clark Gable machen. Er hatte die Art Ausstrahlung und Charme, die einen glauben macht, es müsse angenehm sein, sich mit Ihm zusammenzusetzen und mit ihm einen Abend zu verbringen.«

Er war also angetan von dem, was das Photo versprach, und bestellte Roy zu einem Gespräch in sein Büro. Der kam, wie er selber sagte, mit schlotternden Knien wie eine Ente hereingewatschelt und bekam vor Nervosität kaum einen Satz über die Lippen. Willson erklärte ihm, daß die Selznick-Studios gerade im Begriff stünden, aufgelöst zu werden, aber daß er, Willson, plane, eine eigene Talentagentur zu gründen. Er ließ Roy einen Vertrag unterschreiben, gab ihm zehn Dollar für den Lohnausfall, außerdem ein Manuskript, das er bis zum nächsten Treffen durchlesen sollte. Fitzgerald gab zu, völlig ungeübt zu sein – was, wie Willson sehr bald sah, auch stimmte; Roy war auch kein Naturtalent. Er stellte sich nicht anders an als jeder beliebige Mensch, den man zum Vorlesen gebeten hätte. Allerdings sah Roy Fitzgerald erheblich besser aus als jeder beliebige Mann, und darauf setzte Willson.

Er schickte ihn zum Schauspielunterricht zu Florence Cunningham und für Sprechübungen zu Lester Luther. Etwa 9000 Dollar soll Willson in Fitzgerald investiert haben, ehe dieser auch nur in einem einzigen Film zu sehen gewesen war. Während Roy zunächst tagsüber weiterhin als Ausfahrer tätig war, wurden im Laufe des Jahres die Interviews, Testaufnahmen und gesellschaftlichen Anlässe so zahlreich, daß er ihnen seine ganze Zeit widmen mußte. Trotz Roys mangelnder Schauspielerfahrung unternahm Willson bereits alles, um ihn irgendwo in einer kleinen Nebenrolle unterzubringen. Er gab als Roys Alter 24 Jahre an, damit er auch eine Chance für reifere Rollen hätte. Während eines Interviews mit Walter Wanger fragte der Produzent beiläufig nach Roys Alter, woraufhin sich dieser angeblich zu seinem Agenten umdrehte und fragte: »Wie alt bin ich denn nun?« Derartige Naivitäten trugen ihm bald den Ruf ein, nicht allzu helle zu sein.

Auch Wanger fand seine Ungeschicklichkeit und Schüchternheit alles andere als vorteilhaft und schickte die beiden mit einer freundlichen Empfehlung fort. Bei Metro-Goldwyn-Mayer traf Roy auf Louis B. Mayer, als dieser gerade im Friseurstuhl lag. Der Produzent sagte noch »Wie geht's?«, ehe sein Gesicht unter einem dampfenden Handtuch verschwand. Dieses »Interview« brachte Roy offensichtlich auch nicht weiter. Bei Twentieth Century-Fox wurden Probeaufnahmen von Roy gemacht, die man noch Jahre später Anfängern als abschreckendes Beispiel, wie man es *nicht* machen soll, vorführte – ausnahmsweise keine Legende. 1948 brachte Willson seinen Schützling Fitzgerald, der mittlerweile ein Jahr hart an sich gearbeitet hatte, zu den Warner Brothers, genauer gesagt, zu dem damals dort hoch angesehenen Raoul Walsh.

Walsh ging das Risiko ein und gab Rock einen Vertrag, in dem er für Lebenshaltungskosten und Schauspielstunden aufkam. Er sagte: »Er ist zwar noch ein grüner Junge, aber schon ganz schön fruchtig. Selbst wenn er nichts kann, gibt er eine gute Dekoration ab.« Walsh gab dem 23jährigen eine kleine Rolle in seinem Film *Fighter Squadron,* bei dem Hudson 120 Dollar die Woche verdiente. Eine Pilotengeschichte, die von den Jahren 1943/44 erzählt, als die Luftwaffe von England aus den Weg für die Invasion des D-Day ebnete. In dem Film spielen Edmond O'Brien und Robert Stack die Hauptrollen, während man Rock Hudson in der Rolle eines Air-Corps-Offiziers sehen kann, der vor seinem Einsatz zum Bombardement Berlins von einem Rabbi den Segen erteilt bekommt. Obwohl er in vielen Gruppenszenen zu sehen ist,

hat er nur drei Sätze zu sagen. Während eines Würfelspiels fragt er mit im Mundwinkel hängender Zigarette »Wofür ist das?«, als eine Reisetasche auf den Tisch gestellt wird. In einer Sequenz im Erholungsraum der Staffel ist seine Zeile »Du wirst sehr bald kleinere Zahlen schreiben müssen.« Eigentlich hätte er sagen sollen »Bald wirst du eine größere Tafel brauchen.« Doch statt des englischen »bigger blackboard« sagte er 38mal »bligger backboard«, ehe Walsh die Zeile abänderte. Sein dritter Satz heißt »Bist du sicher, daß es die richtige ist?« und bezieht sich auf eine schwarze Katze, die das Maskottchen des Geschwaders werden soll. Auf die Frage, warum er den sichtlich untalentierten Hudson unter Vertrag nahm, antwortete Walsh einmal: »Weil er alle körperlichen Voraussetzungen für einen Leinwand-Star hatte. Und obwohl er unfähig war, deutlich zu sprechen, konnte man sein tiefwurzelndes Begehren sich auszudrücken spüren. Er schien so begierig, allen zu gefallen und brannte so darauf, von allen akzeptiert und gemocht zu werden. Und natürlich wußte er, wie wenig Ahnung er von der Schauspielerei hatte, aber er war ganz wild darauf, dazuzulernen. Es läßt sich schwer definieren, aber der Junge hatte etwas, was einen wünschen ließ, er möge es schaffen.« Und Rock Hudson empfahl er: »Bleib immer natürlich. Versuch nicht zu schauspielern. Übertreibe nicht. Denk daran, daß auf der Leinwand alles ums vierzigfache vergrößert erscheint. *Unter*treibe (underact), und es wird großartig aussehen.«
Der Vertrag mit Walsh eröffnete Hudson jedoch nicht die Möglichkeiten, auf die er gehofft hatte. Denn Walsh stand selber bei Warner unter Vertrag, und die Produzenten gestatteten ihm nicht, Hudson weiter einzusetzen. Man unterzog ihn zwar einigen Tests, aber letztlich zeigte sich keine der Produktionsfirmen interessiert. Zwar offerierte Warner einen Kurzzeitvertrag, doch Willson entschied, Hudson solle lieber weiterhin sein schauspielerisches Ausdrucksvermögen trainieren und Selbstbewußtsein gewinnen. In der Produktionsmühle bei Warner bekäme er für 120 Dollar die Woche allenfalls die Gelegenheit, Straßenpassanten im Hintergrund zu spielen und wäre nach einem halben Jahr gekündigt. Und

so schnell wollte Willson seine Investition nicht in den Sand setzen. Also besuchte Hudson für ein weiteres Jahr Schauspielklassen, nahm Stimmausbildungskurse und studierte die Tricks und Techniken anderer Schauspieler. Zum Jahresende verkaufte Walsh seinen Vertrag an Universal, weil die als einzige bereit waren, ihm seine bisher getätigten Ausgaben zu ersetzen. Nach zweitägigen Probeaufnahmen mit Hudson erhielt Walsh 9000 Dollar, was genau den Investitionen in seinen »Fund« entsprach. Außerdem erhielt er eine Option auf einen weiteren Film mit Hudson. (Statt dieser Option erhielt Walsh dann eine Beteiligung an dem Hudson-Film *Come September*.) Von dem Verkauf versprachen sich Walsh und Willson trotz der finanziellen Schwierigkeiten der Universal-Studios eine Verbesserung von Hudsons Chancen. Denn nach wie vor verwendeten Universal die meiste Sorgfalt auf die Ausbildung ihrer Nachwuchsdarsteller, besaßen ein sorgfältiges Ausbildungsprogramm und achteten darauf, daß ihr Geld gut angelegt war, was den dortigen Vertragsschauspielern garantierte, gute Engagements zu finden und nicht in Statistenrollen verheizt zu werden. Was nichts daran änderte, daß Hudson auch dort erst einmal in die unbarmherzigen Mühlen der Traumfabrik geriet.

In den Mühlen der Traumfabrik

Die frühen Jahre bei Universal

»Du bist göttlich.« – »Ich weiß, aber ich
bin im Training.«

Rock Hudson in *Iron Man*

Eine Kinokarte kostete durchschnittlich nach dem Krieg 40
Cent. Das waren knappe 75 Prozent mehr als sechs Jahre zuvor. Trotzdem gingen mit wöchentlich 90 Millionen Zuschauern mehr Leute ins Kino als je zuvor. Um diese Zahlen jedoch halten zu können, hatte man bei Universal programma-
tische Überlegungen angestellt, eine neue konzeptionelle Linie entworfen. Zu diesem Zweck schloß man sich am 12. November 1946 mit der unabhängigen Produktionsfirma International Pictures zusammen. Man beschloß, keine Filme unter 70 Minuten, kaum mehr B-Pictures und keine Serien oder
Programmwestern mehr zu drehen. Dafür wollte man verstärkt mit Technicolor arbeiten und dem Zuschauer ver-
mehrt Doppelvorstellungen, zwei Filme zum Preis von
einem, bieten. Zudem intensivierte man die Importe aus
Großbritannien, schloß einen Vertrag mit der J. Arthur
Rank Organisation, mit der zusammen man *Hamlet* produzierte, der dann für Universal-International den zweiten Oscar für einen besten Film erhielt. Außerdem wurden einer
Reihe von bekannten Namen der vierziger Jahre die Verträge nicht verlängert: Gloria Jean, Peggy Ryan, Susanna Foster, David Bruce, Richard Arlen, Andy Devine, Rod Law-
son, William Gargen und außerdem Basil Rathbone und Nigel Bruce, deren letzter Sherlock-Holmes-Film 1946 gedreht
wurde. Behalten wurden Stars wie Deanna Durbin (obwohl
sie 1948 bereits wieder in der Versenkung verschwand), sowie Abbott und Costello. Sichere Einnahmen bescherten den
Universal-Studios die Filme mit Francis, dem sprechenden
Esel, und die Ma-und-Pa-Kettle-Serie, die mit Marjorie
Main und Percy Kilbride noch neunmal produziert wurde.

Talente aus der Starschmiede der Universal-Studios: James Best, Meg Randall, Joyce Holden, Piper Laurie, Rock Hudson und Tony Curtis

1949 war man mit 4,3 Millionen Dollar in den roten Zahlen, und eine durchschnittliche Großproduktion kostete zwischen einer und eineinhalb Millionen. Auftrieb erhielt Universal durch den »Supreme Court's divestiture decree«, der Warner, Paramount, MGM und 20th Centfox Exklusivverträge mit den Kinos untersagte und so für Universal den Markt öffnete.

Das waren die Ausgangsbedingungen, als sich Rock Hudson 1949 in die Gruppe der jungen Universal-Vertragsschauspieler einreihte, unter denen sich Namen wie Tony Curtis, Jeff Chandler, Piper Laurie, Richard Long, Julia Adams, Rod McKuen, Lori Nelson oder Meg Randell fanden. Er verdiente 125 Dollar und wurde einer gründlichen Ausbildung unterzogen: »Ich hatte praktisch ständig zu tun. Eine Stunde Fechtunterricht, eine Stunde Bogenschießen, zwei Stunden Reiten, Singen, Segeln, Kartentricks, Tanzen, Football,

Schießen – also Unterricht in tausend Fächern, nur nicht im Kochen. Dazu kamen täglich stundenlange Übungen der Aussprache, der dramatischen und theatralischen Improvisation, bei Sophie Rosenstein, der Ausbilderin bei Universal. Als ich sie zum ersten Mal sah, war ich sehr überrascht. Eigentlich hatte ich eine typische ›Künstlerin‹ erwartet. Aber Sophie Rosenstein war ganz anders: eine schlichte und offenherzige Frau, ein kleines Persönchen mit glänzenden braunen Augen, das sich immer dem Niveau ihrer Gesprächspartner anzupassen wußte. Zwei Jahre lang arbeiteten wir zusammen. Besser gesagt: sie arbeitete mit mir. Sophie tat in jenen Jahren mehr für mich, als es irgend jemand in meinem Leben getan hat. Sie glaubte fest an mich und setzte ihr ganzes Vertrauen in meine Fähigkeiten.« Was Rock Hudson damals nicht wußte: Mrs. Rosenstein mußte sich einige Male mit den Studio-Verantwortlichen auseinandersetzen und ihnen versichern, daß Hudson nicht nur Talent habe, sondern auch mehr als jeder andere ihrer Schüler bereit sei, an sich zu arbeiten. Der für die Produktion zuständige Vizepräsident sagte später: »Rock hatte das Aussehen eines Schauspielers, aber er konnte überhaupt nicht spielen. Wir konnten nur hoffen, daß er es eines Tages lernen würde.«

Hollywood – Traumfabrik. Während auf der einen Seite der Leinwand geträumt werden durfte, wurde auf der anderen Seite hart gearbeitet. Die Träume wurden im wahrsten Sinne des Wortes fabriziert. Mit höchst rudimentären Kenntnissen der Wirkungsforschung lieferte man den Zuschauern, was sie sehen wollten: Abziehbilder ihrer Träume, Archetypen für jede Identifikationsebene. Die Produktionsfirmen glichen tatsächlich riesigen Mühlen, die die Spreu vom Weizen trennten. Eine Maschinerie, in der Tausende von hoffnungsvollen Anfängern zermalmt wurden – heute allenfalls eine Fundgrube für Cineasten. Folgt man Hudsons Karriere, so staunt man immer wieder, mit welcher Zielstrebigkeit sie vorangetrieben wurde, mit welcher Leichtigkeit sich der Erfolg einzustellen schien. Doch dabei darf man nie vergessen, daß wir diese Abläufe im nachhinein, unter dem Vorzeichen des Erfolgs betrachten: Von den anderen, die sich den Strapazen umsonst unterwarfen, spricht keiner. Hollywood Babylon ist anderswo. Dabei hat in diesem komplizierten Mechanismus alles mit allem zu tun; das eine kann ohne das andere nicht existieren. Archäologen kommender Jahrhunderte werden aus der Geschichte Hollywoods eine Sozialgeschichte des zwanzigsten Jahrhunderts rekonstruieren können. Und tatsächlich ist das Starsystem bereits jetzt Gegenstand soziologischer Untersuchungen. So schreibt Thomas Harris über die grundlegenden Mechanismen der »Herstellung« von Stars: »... ein vorbereitender Aufbau durch die Werbung, der Monate oder sogar Jahre beginnt, bevor der Star auf der Leinwand überhaupt zu sehen ist. Häufiges Mittel in diesem Aufbau ist die üblicherweise von Werbeleuten ausgetüftelte ›Entdeckung‹: Eine Reihe von Hochglanzphotos wird an alle Printmedien verschickt, eine angebliche Romanze mit einem bereits bekannten Star oder eine ebenfalls auf Gerüchten basierende Hauptrolle in einem Prestigefilm wird herumgeklatscht. Diese Werbung zielt in der Hauptsache auf die Klatschspalten Hollywoods oder die Kino-Fan-Magazine. Wenn der Schauspieler oder die Schauspielerin dann tatsächlich für einen Film besetzt wurde, beauftragt das Studio einen Mann aus dem Team, auch in überregionalen Zeitschriften und Wochenendbeilagen Artikel über die Person des Schauspielers zu lancieren ... Vor und während der Dreharbeiten geht alle Werbung von Hollywood aus. Das New Yorker Werbebüro des Studios übernimmt dann den Film ... Besonders wichtig in diesem umfassenden Prozeß ist die Verfestigung der Star-Stereotypen. Es ist die Aufgabe des Publizisten, die neue Filmrolle mit Bezug auf die vorfabrizierten Stereotypen zu interpretieren und durch die ihm zur Verfügung stehenden mannigfachen Mittel zu verbreiten.« Tatsächlich finden sich am Beginn von Rock Hudsons Karriere all diese beschriebenen Mechanismen wieder, mit denen die Studios den Erfolg nach Rezept anstrebten. Neben der umfassenden Ausbildung wurden an ihm auch körperliche Korrekturen vorgenommen: Sieben seiner Zähne wurden abgeschliffen und durch Kronen ersetzt, seine leicht abstehenden Ohren wurden operativ angelegt, und die Kosmetik war für den Bartwuchs zuständig. Burri Grimwood aus der Schminkabteilung erzählte: »Da Rock kaum natürlichen Bartwuchs hatte, mußten wir ihm mit Schminke Bartstoppeln auftupfen, mußten auch Koteletten andeuten. Er hatte auch eine sehr eigenwillige, vom Wind zerzauste Frisur, aber die beließen wir fürs erste.«

Für sein körperliches Training war Frankie Van, früher Boxer, jetzt athletischer Leiter des Studios, verantwortlich. Seine Aufgabe war es, die schlechte Haltung des ansonsten gut gebauten Hudson zu beseitigen. Er erreichte das, indem er ihn jedesmal, wenn er ihn mit herabhängenden Schultern antraf, einen Schlag auf den Rücken verpaßte. In Hudsons Dossier, mit dem man ihn den Verantwortlichen bekannt machen wollte, hatte es geheißen: »Hat gute Schultern, ist bereit zur Zusammenarbeit.« Also verbesserte der 84jährige Van Hudsons Schultermuskulatur und ließ ihn sein leichtes Übergewicht abtrainieren. So wurde Hudsons – wie man es damals nannte – *Beefcake*-Image aufgebaut. (Beefcake nennt man das männliche Gegenstück zu *Cheesecake,* womit in Amerika halbnackte Photoschönheiten bezeichnet werden. Beefcakes sind demnach Männer mit entblößtem Oberkörper, Muskelprotze, die in Tarzan-Pose den naiven Wilden markieren. Womit die Studios den unterdrückten Sehnsüchten des weiblichen Publikums zu entsprechen glaubten. Man nimmt an, daß der Ausdruck von dem Kolumnisten Sidney Skolsky geprägt wurde.)

Eine Flut solcher Beefcake-Photo-Serien wurde an Fachblätter, Illustrierte und Fan-Magazine verschickt, die dankbar diese Klischees reproduzierten. Beliebte Themen waren dabei solche, die den jungen Schauspieler bei der Gartenarbeit oder im Liegestuhl, beim Training in der Sportschule oder bei diversen Vergnügungen am Strand zeigten. Wobei letzteres zumeist einem doppelten Zweck diente: Hudson wurde in der Regel mit einer anderen jungen und vor allem attraktiven Schauspielerin zum Baden geschickt, damit die Photographen Beef- *und* Cheesecake zusammen aufnehmen konnten. Zur gleichen Zeit arbeiteten die Werbestrategen an Geschichten über den Schauspieler, die größtenteils erfunden

Das »Beefcake«-Image: Der naive Wilde als Pin-up für die unterdrückten
Sehnsüchte des weiblichen Publikums

waren. Eine dieser Fiktionen gab etwa vor, Hudson habe als
Postbote in Los Angeles gearbeitet und sei zum Film gekom-
men, indem er einen Eilbrief an die Talent-Abteilung der
Selznick-Studios schrieb und diesen dann persönlich dort ab-
gegeben habe – worauf man ihn sozusagen gleich dabehielt.
Die Geschichte war zwar völlig erfunden, doch Hudson er-

hielt eine Anzahl von Briefen, in denen Frauen aus Los Angeles behaupteten, sie erinnerten sich noch mit Freude an ihn als Postboten.

Hinzu kamen stundenlange Interviews mit Fan-Clubs und -Magazinen, in denen er nach allerlei intimen Details seines Privatlebens befragt wurde: Worin schläft er? Wie hat er sein Roastbeef am liebsten? Wie legt man seine Schüchternheit ab? Warum trinkt er keinen Alkohol? Warum hat ihn seine erste Liebe verlassen? Was macht er wie und wo und wann und mit wem und warum? Etc. etc. Auch für diese Interviews gab es genaue Strategien, genaue Fahrpläne, die befolgt werden mußten. Die Werbeabteilung durchforschte Hudsons gesamte Vergangenheit nach dunklen Stellen und entwarf Antwortkataloge, von denen der Schauspieler nicht abweichen durfte. Es galt eine Menge Vergangenheit zu schönen und zu verklären. Immerhin hatte sich seine Mutter zweimal scheiden lassen. Wobei man sich dann offenbar darauf einigte, daß der erste Mann voller Verantwortungsgefühl der Familie mit seinen finanziellen Schwierigkeiten nicht zur Last fallen wollte, und die räumliche Entfernung zwischen Illinois und Kalifornien die Ehegatten trotz aller Bemühungen ungewollt entfremdete. Und der zweite Mann seiner Mutter wurde zum arbeitsscheuen, autoritären Archetyp des bösen Stiefvaters abgestempelt. Deshalb ist es bei diesen typischen Traumfabrikaten, diesen synthetischen Figuren so schwierig, zwischen Wahrheit und Legende zu unterscheiden. Deshalb finden sich auch bei ernsthaften Biographen immer wieder Widersprüche, die ihre Wurzeln in den Werbeabteilungen der Studios haben. Die Lügen und Begradigungen der Biographien haben sich von Generation zu Generation potenziert, weshalb man immer nur schichtenweise zur Person vordringen kann. Doch je mehr Schichten man abhebt, desto mehr scheint sich auch der Mensch dahinter zu verflüchtigen. So gibt es aus den Jahren von der Geburt bis in die Zeit nach dem Zenit seines Ruhms kaum Äußerungen von oder über Hudson, die etwas anderes als ein Klischeebild entwerfen würden. Wobei auch mit hereinspielen kann, daß sich Hudson mit der Zeit diesem vorfabrizierten Bild angepaßt haben muß, um die Prozeduren überhaupt zu überstehen. Aus diesem Grund mag er sich in seinen späten Jahren mehr und mehr aus der Öffentlichkeit zurückgezogen haben.

Rock Hudson wurde auf Studiokosten eingekleidet. Für alle gesellschaftlichen Ereignisse den passenden Anzug: einen Smoking, ein graukarierter Sommeranzug, ein dunkelblauer Anzug aus Serge sowie einen grauen und einen blauen Gabardine-Anzug. Er hatte zu allen gesellschaftlichen Anlässen, Empfängen und Ehrungen, Garten- und Geburtstagsparties, zu erscheinen. Immer jedoch in Begleitung eines jungen, attraktiven Starlets. Und um den Gerüchten Nahrung zu geben, paarte man ihn mit der ebenfalls am Anfang ihrer Karriere stehenden Vera-Ellen, die später in Musicals wie *Three Little Words, On The Town* oder *The Belle Of New York* auftreten sollte. Man begann über die beiden als Paar zu sprechen. Die beiden wußten oder bekamen gesagt, wie man alle Aufmerksamkeit auf sich zieht: Beim jährlichen Kostümball der Hollywood-Photographen zogen Hudson und Vera-Ellen durch einen Coup alle Blicke auf sich; sie erschienen als Mr. und Mrs. Oscar verkleidet, in goldenen Badeanzügen und goldener Schminke auf allen freien Stellen. Inwieweit die beiden auch hinter der Werbe-Maskerade noch etwas verband, läßt sich heute nicht mehr feststellen, soll uns hier auch nicht interessieren. Zu Hudsons erstem Universal-Film gab es noch einmal Ärger. Der sonst so anpassungswillige und -fähige Hudson rebellierte, denn das Studio strich das »k« aus seinem Vornamen und wollte ihn Roc Hudson nennen – die Werbeabteilung teilte ihm mit, das sei der Name eines mythologischen Vogels. Und tatsächlich erschien er in *Undertow* im Abspann an elfter Stelle als Roc. Darüber erbost marschierte Hudson in die Werbeabteilung und sagte, bevor man ihn Roc nenne, wolle er lieber wieder Roy heißen. Und tatsächlich konnte er die Verantwortlichen davon überzeugen, daß Rock – so ungewöhnlich es klingen mochte – doch eine sehr viel männlichere Konnotation besitze. Also blieb man bei Rock – womit der amerikanische Traum unwiderruflich seinen Namen hatte: ROCK HUDSON.

In den Abspännen der dreißiger und vierziger Jahre hieß es

häufig: A UNIVERSAL CAST IS WORTH REPEATING (Eine Universal-Besetzung ist es wert, wiederholt zu werden). Auf diese Weise konnten sich dem Publikum möglicherweise die Namen irgendwelcher Vertragsschauspieler einprägen. Verfolgt man die Besetzungslisten von Hudsons frühen Filmen, so findet sich eine Reihe von Namen immer wieder. Namen, die heute keiner mehr kennt, aus denen man vor allem schließen kann, daß Hudson auch ein ganz anderes Schicksal hätte treffen können, irgendwo zwischen der fünften und fünfzehnten Stelle der Besetzungslisten. Was zwar ehrenvoll ist, weil gerade diese Darsteller oftmals das Salz in der Suppe waren, aber weder Geld noch Ruhm bringt. Da gab es etwa Gregg Martell, Charles Drake, Jim Backus, Griff Barnett, James Todd und viele mehr. Hudson begann bei Universal an elfter Stelle, war dann zehnter, siebzehnter, wieder zehnter, sechster, zehnter, vierter, zweiter, zweiter, dritter, ehe er bei Raoul Walsh 1952 in *The Lawless Breed* an erster Stelle stand. Von da an hatte er immer eine der beiden Hauptrollen, stand also an erster oder zweiter Stelle. Rock Hudson brauchte 18 Filme, bis er ganz oben stand. Die Rechnung des Studios war aufgegangen.

Seine Karriere bei Universal-International begann also 1949 mit *Undertow* in der Rolle eines Geheimpolizisten, der in einer Szene auftaucht und etwa fünf Sätze zu sagen hat. Nicht ganz sicher ist, ob seine Stimme auch für eine Durchsage der Polizei verwendet wurde. Scott Brady, zu der Zeit ein vielversprechender Jungstar, spielt in diesem Film von William Castle einen geläuterten Gauner, der in einen (fast) perfekten Mordplan verstrickt wird. Er versteckt sich im Appartement einer Frau, die er im Flugzeug kennengelernt hat (Peggy Dow), während die Polizei ihn sucht. Mit ihrer und eines Freundes Hilfe versucht er die wahren Schuldigen auszumachen und muß am Ende entdecken, daß seine Verlobte (Dorothy Hart) und sein bester Freund (John Russell) alles so inszeniert haben, um ihm den Mord anzuhängen. Er wird rehabilitiert und kann seine Vergangenheit endlich hinter sich lassen. *Variety* schrieb über die Nebendarsteller: »... während der Rest der Darsteller die Hauptfiguren angemes-

Rock Hudson als artiger Junge und als Häuptling Young Bull in ›Winchester '73‹ (1950)

sen unterstützt.« Dieser Film wurde in der Hauptsache für *double bill*-Aufführungen eingesetzt, das heißt, er wurde – zumal er nur 70 Minuten dauerte – zusammen mit einem anderen ins Kino gebracht. Eine damals durchaus übliche Verwertung.

Im nächsten Film *One Way Street* (1950), gedreht von dem Universal-Vertragsregisseur Hugo Fregonese, hatte Hudson nur einen Satz zu sagen. Er spielte einen Lastwagenfahrer – was er ja vor seiner Zeit als Schauspieler gewesen war – in einem Film über einen Arzt (James Mason), der mit dem Geld und dem Mädchen (Marta Toren) eines Gangsters (Dan Duryea) nach Mexiko durchbrennt. Am Ende muß Mason die 20.000 Dollar zurückgeben und gibt sich fatalistisch: »Was sein muß, muß sein.« Fregonese drehte später übrigens in Deutschland *Old Shatterhand*.

In seinem vierten Film, *I Was A Shoplifter* (1950), erschien Rock Hudson nicht im Abspann. Er hatte eine Rolle als Kaufhausdetektiv, erschien in zwei Szenen und hatte drei

Sätze zu sprechen. Möglicherweise hat er auch einen Polizisten auf einem Motorrad synchronisiert. In diesem Film von Charles Lamont geht es um Ladendiebstahl. Faye Burton (Mona Freeman) gerät in die Fänge eines Rings, der aus dem Ladendiebstahl eine Wissenschaft gemacht hat und einmal erwischte Diebe zur Mitarbeit erpreßt. Doch der Polizist Jeff Andrews (Scott Brady) schmuggelt sich als Undercover-Agent in den Verbrecherring ein, rettet Faye und stellt die Anführer (Andrea King und Charles Drake) mit Hilfe der mexikanischen Polizei in Tijuana.

Winchester '73 (1950) war Hudsons erster A-Film. Rock spielte den Indianerhäuptling Young Bull, der zeitweise Besitzer des Titelgewehrs (»The Gun That Won The West«) war. Anthony Mann verfolgt den Weg des Gewehrs, wie es Julien Duvivier in *Tales Of Manhattan* (20th Century-Fox) mit einem Abendanzug getan hatte. Für diese Rolle war Hudson vom Produzenten Aaron Rosenberg im Dampfbad bei Universal entdeckt worden; er wurde dunkel geschminkt und bekam eine falsche Nase aufgesetzt. Der Sioux Young Bull erwirbt das berühmte Gewehr von 1873 von einem Händler (John McIntire), kommt dann bei einem Gefecht mit der Kavallerie um, und das Gewehr wird von einem Angsthasen (Charles Drake) aufgelesen. Die Kette setzt sich über mehrere Besitzer fort, ehe es der ursprüngliche Eigentümer McAdam (James Stewart) wieder in Händen hält.

Einen sprunghaften Anstieg seiner Fan-Post verursachte Hudsons Rolle in Frederick de Cordovas *Peggy* (1950), wo man ihn in der ersten Liebesszene seiner Leinwand-Karriere sehen konnte. Der Film erzählt von einem Professor aus Ohio (Charles Coburn), der sich mit seinen beiden Töchtern Peggy (Diana Lynn) und Susan (Barbara Lawrence) nach Pasadena zurückzieht. Die Titelfigur Peggy heiratet heimlich den Football-Star Johnny Higgins (Hudson), den ihr Vater nicht ausstehen kann. Doch Probleme schafft die Heirat erst, als Peggy um den jährlich an unverheiratete Mädchen vergebenen Titel der Rosenkönigin antritt. Natürlich gewinnt sie die Wahl, muß ihre Heirat gestehen und gibt die Rosenkrone an ihre Schwester ab. Der an sechster Stelle genannte Hudson wurde in der *New York Times* für seine »saubere« Darstellung erwähnt.

Hudsons fünfter, ebenfalls 1950 gedrehter Film stammte wieder von Frederick de Cordova und hieß *The Desert Hawk.* Er findet sich an fünfter Stelle des Vorspanns und spielt Captain Ras, einen dunkelhäutigen Araber, der die Aufgabe hat, Prinzessin Scheherezade (Yvonne De Carlo) zu bewachen und dabei scheitert.

Sein letzter Film von 1950 war Joseph Pevneys *Shakedown,* worin er nur eine Zeile als Türsteher eines Nachtclubs zu sprechen hat. *Shakedown* ist weniger eine ›success story‹ als die Geschichte von Aufstieg *und* Fall des Photographen Jack Early, der zwar vom Amateurphotographen zum Top-Profi aufsteigt, sich dabei aber durch seine Skrupellosigkeit eine Menge Feinde schafft. Er benutzt die Zeitungsphotographin Ellen (Peggy Dow), um an einen guten Posten in der Zeitung heranzukommen. Er spielt alle gegeneinander aus und steht am Ende selbst im Abseits – er geht an seiner unersättlichen Gier zugrunde.

Anläßlich seines neunten Films, *Tomahawk* (Tomahawk – Aufstand der Sioux), wurde Rock Hudson zum ersten Mal öffentlich für die Werbung eingespannt. An der Seite so erfahrener Schauspieler wie Van Heflin, Yvonne De Carlo, Preston Foster oder Jack Oakie drehte er unter der Regie von George Sherman in einem kleinen Kaff in Süd-Dakota. In dem Ort eröffnete gerade ein neues Kino, und bei Universal hielt man das für eine gute Gelegenheit, dem Film etwas Publicity zu verschaffen, indem sie die Darsteller zur Eröffnung auf die neue Bühne schickten und sie ein paar Worte sagen ließen. Rock fragte: »Was soll ich da auf der Bühne? Sie kennen mich nicht, und ich habe nichts zu sagen.« Doch man überzeugte Rock, und er willigte ein. Die bekannteren Darsteller gingen hinaus, sprachen ein paar Worte und kehrten wieder hinter den Vorhang zurück. Dann war Hudson an der Reihe: »Ich ging völlig verängstigt auf die Bühne. Es schien mir eine Ewigkeit bis zum Mikrofon in der Mitte. Die Saalbeleuchtung war an, und ich konnte jedes einzelne Gesicht genau sehen. Irgendwie schaffte ich es »Guten Abend meine

Damen und Herren« zu sagen, aber dann erstarrte ich. Ich glotzte völlig paralysiert in die Gesichter in den ersten Reihen und blieb, ohne mich zu bewegen, dort stocksteif stehen, bis sich Jack Oakie meiner erbarmte, auf die Bühne kam und mich am Arm hinter den Vorhang zog.« Vor der Kamera war er offenbar besser: Er spielt einen Soldaten in Fort Phil Kearny, der sich in das Indianermädchen Moonahseetah (Susan Cabot), dessen Familie von dem sadistischen Kavalleristen Bob Daney (Alex Nicol) ermordet wurde, verliebt. Der Film spielt 1866, zur Zeit der großen Kämpfe mit den Sioux, den Hauptschlachten des Fetterman-Massakers und dem Wagon Box Massacre.

In Joseph Pevneys *Air Cadet* (1951) stand Hudson zwar an siebter Stelle auf der Besetzungsliste, hatte aber dennoch nur eine kleine Rolle als »upperclass man«, der in diesem Drama um die Ausbildung von Luftkadetten in der Eröffnungsszene herumsitzt. Ein paar seiner Kollegen aus dem Schauspieltraining bei Universal tauchen hier in kleineren Rollen auf: Richard Long, Robert Arthur, Peggie Castle und James Best. Natürlich gibt es für jeden der Piloten einen tieferen Grund, warum er Kampfflieger werden will, meist Kompensation oder Verdrängung: übermächtige Brüder, gescheiterte Ehen, Schuldgefühle aus dem Krieg, reiche Eltern.

Als nächstes kam William Castles Verfilmung der Radiovorlage *The Fat Man* (1951), die Dashiell Hammett 1945 für ABC-Radio geschrieben hatte. Im Zentrum der Serie wie des Films steht der »fette Mann«, der hier wie dort von J. Scott Smart (Lebendgewicht 120 Kilo) verkörpert wird. Der Film beginnt mit dem Mord an einem kalifornischen Zahnarzt in New York, der als Selbstmord getarnt wird. Doch die Sprechstundenhilfe des Zahnarztes schöpft Verdacht und schaltet einen Privatdetektiv, den Fat Man, ein. Die Spur führt zurück nach Los Angeles, wo ein weiterer Mord entdeckt wird. Rock Hudson, der diesmal an dritter Stelle der Credits auftaucht, spielt den jungen Gauner Roy Clark, der seinen Anteil an einem 500.000-Dollar-Raubzug kassieren will, dabei aber von seinen Komplizen gelinkt wird und als Leiche in einem Tankwagen endet. Ehe der Dicke die Fakten

Das schnelle Geld durchs Boxen: In der Limousine sitzen Rock Hudson als Speed O'Keefe, Jeff Chandler und Evelyn Keyes. Aus ›Iron Man‹ (Ausgezählt, 1951)

miteinander in Verbindung bringen kann, geschieht noch ein Mord. Der von Universal ursprünglich als Beginn einer Serie geplante Film war weder gut noch erfolgreich genug, als daß Fortsetzungen hätten gedreht werden können. Immerhin wurde Rock Hudson zum ersten Mal für seine schauspielerische Leistung in dem Fachblatt *Variety* erwähnt: »Hudson beeindruckt in seiner bisher besten Besetzung.«

Mit seiner nächsten Rolle erregte Hudson einige Aufmerksamkeit. Denn er spielte in Joseph Pevneys *Iron Man* (Ausgezählt) den ehrgeizigen, aber etwas naiven Preisboxer Speed O'Keefe, der insbesondere im Kampf gegen die Titelfigur zur Identifikationsfigur des Publikums wird. Jeff Chandler ist zu Beginn Bergarbeiter, der alles Geld spart, um ein Radiogeschäft kaufen und Rose (Evelyn Keyes) heiraten zu können. Doch dann wird er dazu überredet, in den Ring zu steigen, denn dort wird das Geld leichter und vor allem

Der Killer ist k. o.: Rock Hudson schickt in ›Iron Man‹ (Ausgezählt, 1951) Jeff Chandler zu Boden

schneller verdient. Auch seine Verlobte rät ihm zu. Und tatsächlich macht er eine beachtliche Karriere im Ring, wird allerdings von den Zuschauern für die Art gehaßt, mit der er seine Gegner krankenhausreif schlägt. Weil er trotz seiner Siege bei jedem Kampf auch furchtbare Schläge einstecken muß, türken seine Manager ohne sein Wissen einen Kampf. Aber er bekommt rechtzeitig von der Sache Wind und zeigt seine Manager an. Sein älterer Bruder arrangiert einen Kampf mit seinem besten Freund, Speed. Darin verliert er zum ersten Mal seinen Killer-Instinkt und gibt sich geschlagen. Dadurch gewinnt er wieder die Sympathien der Kampfsportfreunde und beschert dem Film ein Happy-End.

Hudson bekam diese bisher erfolgreichste Rolle mit Hilfe seines sportlichen Ausbilders Frankie Van, der ihm früher schon seine schlechte Haltung ausgetrieben hatte: »Seine Beine und sein Rücken waren perfekt. Aber als er kam, wußte er nicht einmal, was Boxhandschuhe sind. In sechs Wochen hatte ich ihm fünf Kilo abtrainiert. Dann habe ich ihn in den Testring eingeschmuggelt, wo acht Studio-Verantwortliche die Anwärter auf die Rolle unter die Lupe nahmen. Ich hatte Anweisung gegeben, daß der Gegner mit dem fünften Schlag zu Boden fallen sollte, doch Rock schlug in seinem Enthusiasmus den anderen schon mit dem zweiten Schlag k.o.« »Danach«, sagte Hudson einmal, »hatte ich das Selbstbewußtsein, ein echtes Anrecht auf die Rolle zu haben.« In einer Dialogszene äußert sich das auf diese Weise: Ein Mädchen im Nachtclub sagt zu Rock: »Du bist göttlich.« Worauf er antwortet: »Ich weiß, aber ich bin im Training.«

Variety schrieb: »Hudson kommt in seiner hervorgehobenen Besetzung gut an und sollte eigentlich mit seinem maskulinen guten Aussehen Eindruck auf das jüngere weibliche Publikum machen.«

»Ich kam nur in den ersten neun Seiten des Drehbuchs vor«, erzählte Rock Hudson über seine Rolle als Soldat in Mark Robsons *Bright Victory* (Sieg über das Dunkel). Immerhin erhielt Arthur Kennedy für seine Rolle eines blinden Kriegsveteranen, der nach einem mißglückten Selbstmordversuch sich doch im Leben eines Blinden einrichtet, eine Oscar-Nominierung und wurde von der New Yorker Filmkritik als bester Schauspieler des Jahres 1951 ausgezeichnet. Während der Dreharbeiten im Veteranenhospital in Valley Forge, Pennsylvania, lernte Hudson die Nichte des Komikers Bud Abbott, Betty, kennen, die zu jener Zeit als Scriptgirl bei Universal arbeitete. Die beiden wurden des öfteren zusammen gesehen, was den Gerüchten zusätzlich Nahrung gab. Hudson dazu: »Sie ist ein bemerkenswert schönes Mädchen, voller Wärme, Verständnis und mit einer seltenen Gabe für Fröhlichkeit versehen.« 1953 kursierten in den Zeitungen sogar Heiratsgerüchte, die sich jedoch zerstreuten, als die beiden nichts in dieser Richtung unternahmen.

1960 erzählte Rock Hudson, er habe in seinen frühen Jahren bei Universal nur eine einzige Rolle nicht bekommen, die eines Verehrers einer Gaunerbraut. Er hatte Ernest K. Ganns Buch »Fiddler's Green« gelesen und habe dann voller Begeisterung den damaligen Studioboß Rufus LeMaire um die Rolle gebeten. Auf dessen Frage »Warum?« habe er allerdings keine rechte Antwort gewußt. Statt dessen wurde Alex Nicol besetzt, der jedoch neben Shelley Winters als Braut völlig verblaßte.

Im Jahr 1952 konnte man Hudson dann wieder in sechs Filmen sehen. Der erste basierte wieder einmal auf einer Radio-Show, die damals recht populär war, »Die Abenteuer von Ozzie« und »Harriet«. *Here Come The Nelsons* (später *Meet The Nelsons*) ist eine Familienkomödie, in deren Zentrum, wie der Name sagt, die Nelson-Familie steht: Ozzie, Harriet, David und Ricky (der später Rock-Sänger wurde und 1985 bei einem Flugzeugabsturz ums Leben kam). Rock Hudson spielt darin einen Büstenhalterverkäufer, der von Harriet ins Haus der Nelsons eingeladen wird, worauf Ozzie eifersüchtig reagiert. Er rächt sich, indem er seinerseits Mrs. Schutzendorf (Barbara Lawrence) einlädt. Außerdem versucht er seine Männlichkeit unter Beweis zu stellen, indem er an einem Rodeo-Reiten teilnimmt, bei dem er allerdings versagt. Dafür gelingt es ihm, die Einbrecher, die mit den Preisgeldern durchbrennen, nach einer Jagd, bei der sein Sohn Ricky als Geisel genommen wird, zu stellen. Die Ehe kommt wieder ins Lot.

1951 spielte Hudson wieder unter Anthony Manns Regie, bei dem er im Jahr zuvor schon in *Winchester '73* mitgespielt hatte. *Bend of the River* (Meuterei am Schlangenfluß) ist die Geschichte eines Treckführers (James Stewart), der eine Gruppe friedlicher Siedler nach Oregon führt. Die Siedler und ihr Führer (Jay C. Flippen) haben vor, wohlhabende Rancher zu werden, Obstbäume anzupflanzen und ein Gemeinwesen aufzubauen. Stewart, der ein Leben als Grenzräuber hinter sich hat, hofft sich mit ihnen niederzulassen und ein neues Leben beginnen zu können. Doch Flippen, im Glauben, kein Mensch könne sich je bessern, hat tiefe Vorurteile gegen

Als Troy Wilson in › Bend of the River‹ (Meuterei am Schlangenfluß)

Männer wie Stewart, muß am Ende aber einsehen, daß er unrecht hatte. Hudson ist zu sehen als Spieler Troy Wilson, der sich dem Zug anschließt und sich im Verlauf des Films wie die vier Hauptfiguren bessert. Am Ende wird er sogar die jünge-

Rock Hudson, Yvonne De Carlo und ihre hinreißenden Beine für ›Scarlet Angel‹ (Der rote Engel, 1952)

re Schwester der Heldin (Margie Baile) heiraten.

Der Film wurde in der Nähe von Portland in Oregon gedreht, wo dann auch im Januar 1952 seine Weltpremiere stattfand. Dazu wurden die Stars des Films in großen offenen Limousinen, die ihren Namenszug auf den Türen trugen, durch Portlands Hauptstraßen gefahren. In diesem Moment begann die Menge »Wir wollen Rock« zu skandieren, während James Stewart und die anderen weniger beachtet zu werden schienen. Später warf Hudson dem Studio vor, sie hätten 200 Kindern je einen Dollar gegeben, damit sie zu diesem Sprechchor ansetzten. Doch Universal leugnete, was zu diesem

Zeitpunkt auch eher unwahrscheinlich war. Wie auch immer, Hudsons Name wurde den Kinogehern ein Begriff, und sein Stern stieg mindestens ebenso schnell wie der seines Universal-Kollegen Tony Curtis.

Im nächsten Film trat er an der Seite von Yvonne De Carlo auf. Doch diesem Remake von *The Flame Of New Orleans,* der damals mit Marlene Dietrich und Bruce Cabot besetzt war, war kein rechter Erfolg beschieden. Sidney Salkow erzählt in *Scarlet Angel* (Der rote Engel) die Geschichte einer kleinen Tänzerin, die in einem Saloon im tiefsten Süden arbeitet und von besserer Gesellschaft träumt. Nach einer Schlägerei lernt sie den Handelskapitän Frank Truscott

Geld wechselt den Besitzer, am Ende siegt doch die Liebe: Mit Yvonne De Carlo in ›Scarlet Angel‹ (Der rote Engel, 1952)

(Hudson) kennen und versucht ihn auszunehmen. Doch es ergibt sich eine bessere Gelegenheit, als die beiden im Nachbarzimmer des Hotels eine sterbende Frau mit einem Baby entdecken. Es stellt sich heraus, daß die Sterbende die Witwe eines Sprößlings aus reichem Hause ist. Roxy nimmt das Baby und fährt nach San Francisco, wo sie sich der Familie, die die richtige Schwiegertochter bislang noch nicht gesehen hat, als Frau des Verstorbenen vorstellt. Man nimmt sie auf, bringt ihr Manieren bei, während sie nach einer reichen Heirat Ausschau hält. Doch mittlerweile ist Truscott in San Francisco, und nach einigen weiteren Querelen sieht Roxy ein, daß Liebe doch wichtiger als Geld ist, und gibt alles auf, um ihm zu folgen. *Variety* schrieb über Hudson, er gäbe einen guten männlichen Helden ab und werde vermutlich dem weiblichen Publikum gefallen.

»Rock Hudson wuchs nach dem ersten Film *Has Anybody Seen My Gal?* (Hat jemand meine Braut gesehen?), wo er eine ganz unbedeutende Rolle spielte, einen sogenannten Soda-Jerk, was ein herabsetzender Ausdruck ist für einen Kerl, der eigentlich nichts ist. Aber das Studio und ich lasen an den Fan-Letters ab, die nach dem Film reinkamen, daß was in Rock Hudson steckte. Das Seltsame war, daß nach dieser ganz unbedeutenden Rolle plötzlich eine ungewöhnlich große Anzahl von Fan-Letters da war und daß sich hauptsächlich Damen nach der Adresse von Rock Hudson erkundigten und Bilder haben wollten. Es wurden Hunderte von Bildern verschickt. Und man sagte sich damals, daß sich wahrscheinlich ein großes Publikum für diesen Typ interessieren könnte ... Rock Hudson war kein ›split character‹. Er war kein Charakter, wie ich ihn an und für sich liebe, im Theater sowohl als auch auf der Screen, kein interessanter Charakter, wie James Dean einer war, geradezu das Gegenteil von James Dean. Merkwürdig, daß diese beiden – James Dean spielte in *Has Anybody Seen My Gal* auch einen Soda-Jerk – sich bei diesem Film zusammenfanden. Damals löste James Dean bei Fans übrigens gar keine Reaktion aus, auch ein Grund wahrscheinlich, warum das Studio ihn nicht nehmen wollte.« So erzählt es Douglas Sirk und beweist damit

Die kleine Tänzerin und der Handelskapitän in ›Scarlet Angel‹ (Der rote Engel, 1952): Noch ist die Verführung nur ein böses Spiel

wieder einmal die Geschichte vom richtigen Mann zum falschen Zeitpunkt wie hier bei Dean oder umgekehrt bei Hudson.

Has Anybody Seen My Gal? spielt in den Roaring Twenties in einer Kleinstadt in Vermont, ein idealer Hintergrund für Sirk, um ein Abbild der amerikanischen Gesellschaft in wechselhafter Zeit zeichnen zu können. Bereits Eleanor H. Porters Geschichte barg ein beachtliches komödiantisches Potential, und Sirk machte daraus eine moralische Gesellschaftskomödie. Die Geschichte erzählt von Samuel Fulton

Rock Hudson als Soda-Jerk mit Piper Laurie und Charles Coburn in ›Has Anybody Seen My Gal?‹ (Hat jemand meine Braut gesehen?): Seine erste Rolle als strebsamer Parade-Schwiegersohn

(Charles Coburn), einem alternden Millionär, der sich als exzentrischer Künstler ausgibt, um ein Zimmer im Haus der Tochter einer Frau, die er einst geliebt, aber nicht geheiratet hat, zu bekommen. Er glaubt nämlich, daß er, wenn sie damals nicht seinen Heiratsantrag abgelehnt hätte, heute noch ein Angestellter mit 30 Dollar Verdienst wäre. Also stellt er die Familie ihrer Tochter auf die Probe, ob sie im Falle seines Todes würdige Erben wären. Als Test läßt er ihnen unbekannterweise 100.000 Dollar zukommen; das Ergebnis ist katastrophal. Der neureiche untere Mittelstand wird größenwahnsinnig, arrogant, schnippisch, kurz – unausstehlich. Sie vertauschen ihr gemütliches Heim gegen ein abweisend kaltes Herrenhaus, ihre putzige Promenadenmischung gegen einen gestylten Pudel. Mrs. Blaisdell, die Tochter von Fultons früherer Geliebter, erweist sich als die Schlimmste von allen. Sie besteht darauf, daß ihre Tochter (Piper Laurie) ihren Freund, den ›Soda-Jerk‹ Rock Hudson, fallen läßt, um einen überheblichen Millionär ›standesgemäß‹ zu heiraten. Damit wird für Rock Hudson in seinem ersten Film unter Douglas Sirk zum ersten Mal das Thema angeschlagen, daß seine Rollen in den meisten weiteren Sirk-Filmen prägen wird: der Gegensatz zwischen dem Guten, Einfachen, Natürlichen und dem Falschen, Prahlerischen, Anmaßenden. Das sind die Alternativen, zwischen denen Millicent, die Tochter, zu wählen hat. Einerseits die dekadente Blasiertheit Carls, der Waschbärenpelze trägt und schnelle Autos fährt, und andererseits Dan, der hinter der Theke arbeitet und in seiner freien Zeit in die Bibliothek geht, um sich fortzubilden. Am Ende darf sich Millicent für Dan entscheiden, nachdem ihre Mutter am Weihnachtsabend heulend über dem Bett zusammenbrach und schluchzte: »Ich wollte, wir hätten das Geld nie gesehen.« Hier wurde Rock Hudson das erste Mal bewußt als Idealbild des jungen Amerikaners besetzt, als einer, der seinem an Natur gemahnenden Namen alle Ehre macht. Er wurde zum Sinnbild des unverfälschten Amerika, zum Paradeschwiegersohn, der diesem Rollenbild auch im Privatleben entsprach, oder besser, zu entsprechen hatte. Douglas Sirk sagte einst über den Schauspieler, mit dem er insgesamt acht Filme drehen sollte: »Die Kamera sieht mit ihrem eigenen Auge. Sie sieht Dinge, die das menschliche Auge nicht entdeckt. Ich testete ihn (Rock Hudson) ausgiebig und besetzte ihn dann in *Has Anybody Seen My Gal?* Das einzige, was mich in Hollywood nie im Stich ließ, war meine Kamera. Und sie hat sich auch in Hudson nicht getäuscht … Ich verwendete ihn als aufrichtigen, gutaussehenden amerikanischen Burschen. Ein bißchen verwirrt, aber voll guter Absichten.« Der Film ist eine nostalgische Satire voller Musiknummern aus den Zwanzigern, was Hudson die Möglichkeit gab, mit Piper Laurie zusammen einen Charleston zu tanzen. Schon in diesem Film ist es seine Beständigkeit, die am Ende für das Mädchen den Ausschlag gibt, sich für ihn zu entscheiden. Dan ist der kontrastierende Ruhepol inmitten der anderen Figuren. Das wird auch in den meisten seiner Rollen in

In einer Drehpause von ›Horizons West‹ (Fluch der Verlorenen, 1952) mit Judith Braun

späteren Sirk-Melodramen so bleiben. Er ist die Folie, vor deren Hintergrund die Falschheit der anderen um so stärker hervortritt.

Nach *Has Anybody Seen My Gal?* folgte dann der Budd Boetticher-Western *Horizons West* (Fluch der Verlorenen), in dem Rock Hudson Robert Ryans Bruder spielte. In der ersten Einstellung sieht man drei Texaner auf ihre heimatliche Ranch zurückkehren. Doch während Neal (Hudson) und Tiny (James Arness) ihre Arbeit auf der Ranch wieder aufnehmen, ist Dan am schnellen Geld und mehr Macht interessiert. Mit seiner Skrupellosigkeit erschafft er sich tatsächlich ein Imperium, aber auch eine Menge Feinde. Ryan verweist auf seine Erfahrungen im Bürgerkrieg als Legitimation, doch dieser Kredit ist schnell verspielt. Am Ende kommt es zum Showdown mit seinem Bruder, und Rock Hudson kann als guter Junge zeigen, daß Rechtschaffenheit am Ende immer belohnt wird – auch wenn man damit nicht reich werden kann. Regisseur Boetticher, dessen Western erheblich besser als ihr Ruf sind, gab nach den Dreharbeiten Zeugnis von der Gutmütigkeit, Unerfahrenheit, aber auch dem Lernwillen

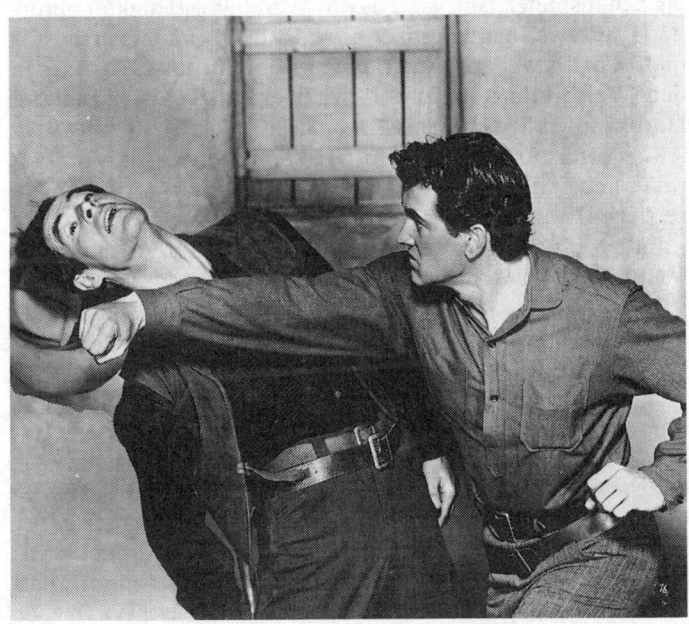

Der Sieg des Guten im Bruderzwist: Hudson schlägt Robert Ryan zu Boden

43

Hudsons: »Rock ist wie ein großer, verklemmter Junge, ein schüchterner Verlierer. Er ist am besten, wenn er grinst. Die schwierigsten Szenen sind für ihn die ernsten. Er schmeißt eine Menge Szenen, aber er entschuldigt sich jedesmal ausführlich, und er meint es auch tatsächlich so.« Die Kritik befand, er habe in *Horizons West* eine sympathische Vorstellung gegeben. Mit seinem nächsten, dem neunzehnten Film war Rock Hudson endlich an der Spitze der Besetzungslisten angelangt. Und zufälligerweise war es in einem Film des Mannes, der ihm als erster so viel Vertrauen geschenkt hatte, ihn einzusetzen: Raoul Walsh. *The Lawless Breed* (Gefährliches Blut/Gesetzlose Brut) spielt um 1870 in Texas und basiert vage auf der Autobiographie des Westernhelden John Wesley Hardin. Für Hudson sollte das der erste entscheidende Film seiner Karriere werden, denn erstens wurde von ihm als Schauspieler zum ersten Mal Wandlungsfähigkeit gefordert, und zweitens bekam er seine Rolle in *Giant* in erster Linie deshalb, weil George Stevens von Hudsons Leistung in dem Walsh-Film außerordentlich beeindruckt war. Er mußte Hardin sowohl als jungen Mann als auch als Mann mittleren Alters spielen. Walsh schildert den Start von Hardins Karriere, indem er die Episoden der entscheidenden Vorkommnisse seiner Biographie zeigt. Der erste Mord aus Notwehr, die ständige Flucht vor dem Arm des Gesetzes, die Rache der Verwandten, durch die er zu weiteren Morden gezwungen wird, der Verlust seiner Geliebten durch eine Kugel der Verfolger, die Bekanntschaft mit einer neuen Geliebten, die später seine Frau werden sollte und auf ihn wartet, während er 16 Jahre im Gefängnis absitzt. Als er endlich wieder freikommt, muß er feststellen, daß sein Sohn in ihm einen Helden verehrt und ihm auf jede nur erdenkliche Weise nachzueifern versucht. Um seinem Sohn zu beweisen, daß sich Verbrechen nicht auszahlt, greift er in ein Gefecht ein, bei dem er absichtlich verliert, sogar durch eine Kugel verwundet wird. Das Opfer erfüllt seinen Zweck, und der Sohn begreift, daß das Leben eines Banditen keineswegs so ruhmvoll ist, wie er sich das vorgestellt hatte.

Wie die meisten Helden Walshs hat auch Hardin zwei Wahl-

John Wesley Hardin, der Westernheld, und seine Jugendliebe: Hudson und Mary Castle in ›The Lawless Breed‹ (Gefährliches Blut/Gesetzlose Brut, 1952)

möglichkeiten. Auf der einen Seite Jane (Mary Castle), ein anständiges Mädchen, auf der anderen Seite Rosie (Julia Adams), die in einem Saloon arbeitet, also wie Hardin außerhalb der Gesellschaft steht. Die artige Frau erweist sich als unsympathisch und selbstsüchtig, während die unabhängige

John Wesley Hardin vor seiner Verurteilung zu 16jähriger Haft: Rock Hudson vor Gericht

Heldin sich Hardins Liebe durch Loyalität verdient. Erst die Liebe der beiden »out laws« bringt sie vom falschen Pfad ab. Und Hardins Reifeprozeß führt ihn zur Einsicht der Verantwortung gegenüber seinem Sohn.

Hudson gelingt als Hardin das Kunststück, einen Mann außerhalb des Gesetzes darzustellen, aber dennoch die Sympathien des Zuschauers auf seine Seite zu ziehen. Die Kritiker waren voll des Lobes über seine darstellerische Leistung, und sein Ruhm hatte einen ersten Gipfel erreicht, was sich in erster Linie darin ausdrückte, daß seine Fanpost auf durchschnittlich 400 Briefe pro Monat anstieg. Außerdem erschienen im Schnitt zwei Artikel monatlich über ihn in den Fan-

›The Lawless Breed‹ (1952): Abschied von der treuen Frau: John McIntire
und Julia Adams

Magazinen, die sich zuallererst damit beschäftigten, warum
Rock Hudson immer noch Junggeselle sei. Dazu erschienen
Photos von Hudson in allen Lebenslagen: im Straßenanzug,
zu Hause, bei den Dreharbeiten, in Verkleidung, in Badeho-
se, beim Musikhören oder beim Sonnenbaden. Dabei wurde
aber jedesmal darauf geachtet, daß seine Oberarme zu sehen
waren, damit seine mühsam antrainierten Muskeln zur Geltung kamen. Deshalb versah man ihn mit dem spöttischen Titel »König der Beefcakes« oder »Baron von Beefcake«. Als
er es sich leisten konnte, hat sich Rock Hudson später über
den Start seiner Karriere sowohl abfällig als auch belustigt
geäußert. Als »Unfug« bezeichnete er den Aufbau seines

47

Images und bezichtigte die Werbeleute der Idiotie: »Für die Photo-Aufnahmen mußte ich mich meistens bis zur Hüfte ausziehen. Dann sollte ich mit nacktem Oberkörper vor dem Telefon posieren, die Wählscheibe bedienen und dabei meine Muskeln spielen lassen. Meine Güte!« Außerdem gestand Hudson, daß er völlig außerstande sei, gleichzeitig seinen Text zu sprechen und eine Zigarette anzuzünden: »Entweder fiel mir die Zigarette aus dem Mund oder ich traf mit dem Feuer die Spitze nicht, oder ich blieb mitten im Text hängen. Ich habe das bis heute nicht gelernt, wir brauchen dafür jedesmal mehr Einstellungen.« Die *Saturday Evening Post* zitiert ihn folgendermaßen: »Ich kann mich auf der Leinwand nicht ausstehen; ich geniere mich jedesmal, wenn ich in den Vorführraum gehe. Ich kann nicht einmal ordentliche Liebesszenen spielen; das einzige, was ich mache, ist das Make-up zu verschmieren.« Die weiblichen Fans empfanden das offenbar anders, und die Studios kümmerte das auch nicht weiter, denn sie hatten in ihrer Fabrik mit Erfolg einen Star hervorgebracht. Es wurden sogar absurde Rechnungen aufgestellt, wonach Hudson bislang in 8000 belichteten Filmmetern zu sehen gewesen sei. Bei veranschlagten Kosten von 750 Dollar pro Meter ergab das eine Investitionssumme von 6 Millionen Dollar. Daß Hudson dieses Geld wert war, verdeutlichte eine Liste des *Motion Picture Herald,* in der er 1952 unter den »Stars von Morgen« auftaucht: an der Seite von Marilyn Monroe, Audie Murphy sowie Marge und Gower Champion, einem Tänzerehepaar, das in den frühen fünfziger Jahren in einigen Musicals zu sehen war, dessen Ruhm dann jedoch schnell wieder verblaßte. Spätestens jetzt begann für Hudson und Universal die Phase, in der sich investiertes Geld und Mühen auszahlen sollten. Hudson bekam einen neuen Vertrag, der ihm 1000 Dollar die Woche sicherte, wobei eine Klausel bereits eine Steigerung auf 3000 Dollar vorsah. Zur Feier dieses Erfolgs fuhr Hudson nach Detroit, wo er sich ein knallgelbes Lincoln Continental-Cabriolet kaufte, mit dem er in Illinois seine Mutter, die gerade Ferien bei ihrer Familie machte, abholte und zurück nach Kalifornien fuhr.

Der unschuldige Lieutenant muß sich vor einem Militärgericht verantworten: Hudson in ›Seminole‹ (Seminola, 1953)

Sein nächster Film war wieder ein Boetticher-Western, obwohl er dieses Genre eigentlich meiden wollte, da er Pferde nicht leiden konnte und also auch am Reiten keinen sonderlichen Spaß hatte. *Seminole* (Seminola, 1953) spielt im Florida des 19. Jahrhunderts und erzählt vom Kampf der Semiolen, einem Stamm, der in den Sümpfen lebt. Rock Hudson spielt den Leutnant Lance Caldwell, die Verkörperung des aufrechten Amerikaners, der den Gerechtigkeitssinn über Befehlsgehorsam stellt und dadurch in Schwierigkeiten kommt. Boetticher erzählt die Geschichte zum Großteil als Rückblende. Wir sehen Hudson vor dem Militärgericht in Fort King, die Anklage lautet auf Ungehorsam, Mißachtung von Befehlen und Mord, als Strafe droht die Exekution. Boetticher verwirrt den Zuschauer, indem er Hudson als scheinbar negative Figur einführt. Dieser möchte zur Rechtfertigung die Vorgänge noch einmal schildern, was ihm auch gestattet wird. »Es war ein schöner Morgen, wie es ihn nur in Florida gibt«: Schon der erste Satz der Rückblende relativiert das Gesehene; Caldwell offenbart sich als Patriot, der sein Land und dessen Schönheit liebt. Caldwell kommt gerade vom Offizierslehrgang in West Point als Kundschafter nach Fort King. Bereits die nächste Szene nimmt den Zuschauer noch ein bißchen mehr für Caldwell ein, denn als dieser sich beim kommandierenden Offizier – noch vom Ritt verstaubt – meldet, wird er angefahren: Hier herrscht Zucht und Ordnung! Sein Auftrag als Kundschafter lautet, einen Trupp zu den Seminolen zu führen, um diese gewaltsam von ihrem fruchtbaren Land zu vertreiben. Da Caldwell Einheimischer ist, kennt er die Seminolen als friedliebenden Stamm. Doch sein Vorgesetzter erweist sich als unbelehrbar – Befehl ist Befehl. Caldwell und sein Vorgesetzter geraten immer wieder aneinander, wobei das Recht natürlich immer auf der Seite des ersteren ist. Doch Caldwell hat ohnehin andere Sorgen, denn nach vier Jahren Ausbildung kann er endlich seine Jugendliebe Revere (Barbara Hale) wiedersehen: »Du bist eine Frau geworden – und wie denkt die junge Dame jetzt über uns?« Doch die junge Dame wirkt zerstreut, weicht Caldwells drängenden Fragen aus. Bald erfährt der Zuschauer den Grund, wobei uns Boetticher wieder vor Augen führt, daß man dem ersten Schein nicht trauen darf. Denn in derselben Einstellung, über die zu Beginn die Vorspanntitel liefen und die der Zuschauer sofort als Naturidylle dechiffrieren konnte, rudert jetzt Revere durch die Sumpflandschaft zu dem Mann, den sie in Wahrheit liebt: dem Seminolenhäuptling Osceola (Anthony Quinn), dem besten Jugendfreund Caldwells. Hier

50

eröffnet der Regisseur ein Dreieck zusammengehöriger Personen, die allesamt im Zwiespalt leben: Osceola, der bei Weißen aufgewachsen ist, aber der Tradition seines Stammes verpflichtet ist; Revere, die Caldwell mag, aber Osceola liebt und ihn nicht kriegen kann; und Caldwell, der, wenn er seinen Befehlen folgt, den Mann beseitigen könnte, der ihm bei Revere im Weg steht, aber der sein bester Freund war. Damit die Verwicklungen sich lösen können, muß einer der Beteiligten sterben. Damit, und das ist eine der Qualitäten Boettichers, wird aber über dem Happy-End und der Zukunft der Überlebenden der Schatten des Toten liegen. Durch diesen Zwiespalt zwischen Pflicht und Neigung entzieht sich der Re-

Das tragische Dreieck: Barbara Hale, Anthony Quinn und Rock Hudson in ›Seminole‹ (Seminola, 1953)

Getroffen in Feindesland: Hudson als Lieutenant Lance Caldwell

gisseur den Konventionen des Hollywood-Kinos.
Caldwell führt trotz seiner Warnungen einen Trupp durch die
Sümpfe. Wie er vorausgesehen hat, kommt der Vormarsch
sehr bald ins Stocken, Sumpffieber und mangelnde Ausrüstung untergraben zusätzlich die Autorität Lances. Der ge-
schwächte Überraschungsangriff auf die Seminolen mißlingt
gründlich. Der von einem Pfeil getroffene Caldwell wird von
den Indianern versorgt, was einige der Flüchtenden noch beobachten können. Caldwell kann, als er zurückkommt, den
Verdacht nicht zerstreuen und wird gezwungen, Osceola zu
Verhandlungen zu locken. Man nimmt den Häuptling kur-
zerhand fest und sperrt ihn ein. Bei einem Fluchtversuch
kommt Osceola durch eine verirrte Kugel um, woraufhin

Der Jugendfreund stirbt, der Konkurrent stirbt. Ein Happy-End ist nicht mehr möglich. Aus Budd Boettichers Western ›Seminole‹ (Seminola, 1953)

Caldwell vor ein Standgericht gestellt wird, das ihn zum Tode durch Erschießen verurteilt. Als alles bereit ist, tauchen die Indianer auf, deren neuer Häuptling den Mord gesteht. In der Schlußeinstellung gehen Caldwell und Revere Arm in Arm aus dem Bild, doch ihre letzten Sätze drehen sich nur um Osceola.

Rock Hudson zeigt in *Seminole,* daß er mittlerweile durchaus in der Lage war, zwiespältige Charaktere darzustellen. Die Darstellung seines Caldwell umfaßt die naive Arglosigkeit bei der Ankunft im Fort beziehungsweise bei seiner Jugendliebe, das Erdulden wider besseres Wissen sowie den Zwiespalt der Gefühle. Auch wenn seine Figur in *Seminole* am Ende vermutlich nicht allzuviel gelernt haben dürfte, zeigen sich

53

›Sea Devils‹ (Im Schatten des Korsen, 1953): Eine Reise durchs Abenteuer mit Yvonne De Carlo

in seinen Western-Rollen der frühen Fünfziger bereits Ansätze zu den Lernprozessen, die die Figuren späterer Filme prägen werden.

Sea Devils (Im Schatten des Korsen) brachte Hudson das erste Mal nach Übersee; zu einer Verfilmung des Victor Hugo-Romans »Toilers of the Sea«, der letztlich jedoch nur im entferntesten Sinn Vorlage genannt werden kann. Denn die Drehbuchbearbeitung durch Borden Chase ließ von dieser Geschichte aus den napoleonischen Kriegen lediglich ein paar Figuren und Schauplätze übrig. Die Regie bei diesem Technicolor-Film hatte wieder Raoul Walsh, der eigentlich mit Joan Fontaine drehen wollte. In letzter Minute ersetzte

54

das Studio sie dann doch durch Yvonne De Carlo, mit der Hudson nun bereits zum vierten Mal drehen sollte. Hudson spielte Gilliatt, einen naiven Schmuggler von den Kanalinseln, der in die Intrigen einer britischen Spionin in Frankreich verwickelt wird: »Es war eine sehr billige Produktion, so daß an allen Ecken und Enden gespart werden mußte; mit dem Ergebnis, daß von der Romanvorlage nichts mehr übrigblieb. Damals war ich darüber nicht allzu glücklich, aber letztlich ist das auch egal.«

Es mußten erst Jahre später die findigen französischen Cineasten kommen, damit die Qualität von *Sea Devils* erkannt wurde. Michel Marmin schrieb: »*Sea Devils* hat nur ein einziges Thema: die unerreichbare Schönheit, die den Zufällen einer unvorhersehbaren Reise durchs Abenteuer ausgesetzt ist.« Und er fährt mit einer musikalischen Improvisation zum Thema fort: »Der Titel des Films, *Sea Devils,* sein eleganter Gleichklang mit den Namen der Figuren: Gilliatt, Odette, Rantaine, die von Hugo inspirierten Dialoge, die hübsche Musik von Richard Addinsell, deren Komposition auf alten Matrosenliedern basiert und die Bilder einhüllt: wie Rock Hudson mit rotem Hemd und vom Wind zerzausten Haaren auf seiner Barke den Kanal überquert, die nächtliche Fischerbucht, die prunkvollen Kleider von Yvonne De Carlo.« So liebevoll kann man mit Hollywood eben auch umgehen.

Während der Dreharbeiten bekam Hudson zu spüren, daß sein Ruhm mittlerweile auch über den Ozean gedrungen war. Zusammen mit Kirk Douglas und Yvonne De Carlo wurde er auf dem Londoner Leicester Square vor Tausenden von Zuschauern der königlichen Familie vorgestellt: »Anders als bei der Tomahawk-Premiere war ich dieses Mal sofort bereit, auf die Bühne zu gehen. In dieser Nacht ging ich aus eigener Kraft, und ich fand es wunderbar, so ganz allein auf der großen Bühne zu stehen. Ein herrliches Gefühl! Da wußte ich, was es heißt, ein Star zu sein, ein Star namens Rock Hudson.« Soweit das wörtliche Zitat aus der *Filmrevue* des Jahres 1963. Wie bei allen Zitaten dieser nacherzählten Erlebnisberichte aus dem Deutschland der frühen sechziger Jahre, darf an der Wahrheit dieser Überlieferung gezweifelt werden.

›The Golden Blade‹ (Das goldene Schwert, 1953): Eigentlich sollten Piper Laurie und Rock Hudson Universals Traumpaar werden

Dessen ungeachtet beweist sie zweierlei: daß sich im Selbstbewußtsein des Schauspielers einiges geändert hatte und daß Roy Fitzgerald seinen Künstlernamen immer noch als Fremdkörper empfand.

Nach diesem Ausflug zu RKO spielte Hudson bei Universal in einem der Abenteuer-Filme in Technicolor mit, die zu dieser Zeit, zusammen mit biederen Familienfilmen, die Bilanzen des Studios in den schwarzen Zahlen hielten. Das Motto für *The Golden Blade* (Das goldene Schwert, 1953) hieß »Sand und Sex«, oder wie es die Zeitschrift *Photoplay* nannte, »eine persische Pferdeoper«. Hudson mußte aus seinem

›The Golden Blade‹ (Das goldene Schwert, 1953): Eine persische
Pferdeoper mit Piper Laurie

bereits angetretenen Urlaub überstürzt zurückkehren, nachdem die ursprünglich vorgesehenen Schauspieler Tony Curtis und Farley Granger abgelehnt hatten: »Ich will soviel Filme wie möglich machen, um dabei soviel Erfahrungen zu machen, daß ich irgendwann so gut bin, wie ich und die Regisseure sich das vorstellen.« An der Seite seiner Kollegin Piper Laurie, die zur gleichen Zeit wie er als Vertragsschauspielerin bei Universal angefangen hatte, spielte Hudson Harun, der mit Hilfe des magischen Schwertes, das er bei einem fliegenden Händler gekauft hat, den Tod seines Vaters rächt und

Der kanadische Norden im kalifornischen Studio 12 bei Universal: Mit Marcia Henderson in ›Back To God's Country‹ (Allen Gefahren zum Trotz, 1953)

›Back To God's Country‹ (Allen Gefahren zum Trotz, 1953): 200 Kilometer auf dem Hundeschlitten durchs ewige Eis

die schöne Prinzessin Khairuman aus den Händen des bösartigen Großwesirs und seines aufbrausenden Sohnes rettet. Die Kritik lobte Hudsons und Lauries Wirkung als romantisches Paar, und der Film lief, obwohl von Nathan Juran nach bewährtem Rezept erstellt, mit einigem Erfolg.
1953 folgte das Remake eines gleichnamigen Films aus dem Jahre 1927, *Back To God's Country* (Allen Gefahren zum Trotz), Hudsons vierter Film unter der Regie des Universal-Regisseurs Joseph Pevney. Aus dem Roman von James Oliver Curwood wurde ein bizarrer Film über das ewige Eis im Norden Kanadas – eine winterliche Szenerie, die übrigens im Studio 12 bei Universal gedreht wurde. Hudson spielt zusammen mit Marcia Henderson das Ehepaar Peter und Dolores Keith, das sich nach Seattle einschiffen will, um dort Pelze zu verkaufen. Paul Blake (Steve Cochran), der Dolores begehrt und folglich eifersüchtig auf Peter ist, hindert die beiden in

Pferde konnte er nicht leiden: Hudson in ›Gun Fury‹ (Mit der Waffe in der Hand, 1953)

einem abgelegenen kanadischen Hafen an ihrer Reise. Bei einer Schlägerei bricht sich Keith das Bein. Worauf seine Frau ihn mit Hilfe eines anderen auf dem Hundeschlitten zu einem 200 Kilometer entfernten Arzt bringen will. Doch auf der fünftägigen Reise stellt sich heraus, daß der Dritte ein Handlanger Blakes ist. Im letzten Moment werden die beiden von einer großen Deutschen Dogge gerettet, die den Bösewicht zu Tode beißt. Dem Film war kein sonderlicher Erfolg beschert.

Mit Donna Reed bei der Verteidigung der Ideale: ›Gun Fury‹ (Mit der Waffe in der Hand, 1953)

Dann drehte Hudson wieder mit seinem Entdecker Raoul Walsh. Diesmal einen Technicolor-Western in 3-D, *Gun Fury* (Mit der Waffe in der Hand, 1953). Hudson ist darin als Ben Warren zu sehen, der mit seiner Frau (Donna Reed) nach Westen reitet. Als Frank Slater (Phil Carey) mit seiner Bande seine Braut entführt, macht sich Ben auf die Jagd. Hudson zeigt eine großartige Leistung, indem er darstellt, wie einer versucht, nicht dem Rachewahn zu verfallen, nicht zum selben Psychopathen zu werden wie sein Gegner. Aber er verwirft sein Prinzip der Nicht-Einmischung, um im Verlauf der Jagd ein »man of action« zu werden, weil er Ideale damit verteidigen will, die er durch Slater bedroht sieht.

Bevor mit der dritten Arbeit unter Douglas Sirk, *Magnificent Obsession,* der große Erfolg kam, drehte Hudson seinen zweiten Film mit dem Exildänen. Doch die meisten Anhänger des Regisseurs sind sich einig, daß *Taza, Son of Cochise* (*Taza – der Sohn des Chochise,* 1954) weitgehend mißlungen ist – die melodramatischen Strukturen ließen sich nur schlecht auf das Genre des Westerns übertragen: »Ich glaube, wenn ich Amerikaner gewesen wäre, wäre ich Western-

Hudson als Indianer Taza

›Taza, Son of Cochise‹ (Taza – der Sohn des Cochise, 1954) mit Barbara Rush und Bart Roberts

›Taza, Son of Cochise‹ (Taza – der Sohn des Cochise, 1954)

›Taza, Son of Cochise‹ (Taza – der Sohn des Cochise, 1954) mit Gregg Palmer

Regisseur geworden, weil der Western das amerikanische Kino par excellence ist. Außerdem muß man im Freien drehen, was sehr nach meinem Geschmack wäre.« Der Film spielt im Arizona des Jahres 1875, nach dem Tode des Stammesvaters Cochise (Jeff Chandler). Taza (Hudson), sein Erbe, wird in den Konflikt zweier Welten verwickelt – zwischen Naiche (Bart Roberts), dem feindlichen Indianerbruder, der den Kampf gegen die Weißen predigt, und Captain Burnett (Gregg Palmer), der – obwohl Weißer – Taza wesentlich näher steht als seine Stammesbrüder. Der Film endet mit der Assimilierung Tazas an die Weißen, ein Indianer in Soldatenuniform. *Taza* ist eine Elegie auf eine verschwindende Rasse.

Aquarien aus Technicolor

Die vier großen Melodramen von Douglas Sirk

»Entweder heult man oder man kotzt.«

Frieda Grafe über Sirk

Es heißt, Darryl F. Zanuck habe einmal zu Douglas Sirk gesagt, ein Film müsse in Kansas City gefallen und in Singapur. Und Sirk hat diese Filme gemacht. Man muß kein Wort Englisch verstehen und versteht trotzdem den ganzen Film. Was man sieht, genügt völlig. Rainer Werner Fassbinder hat einmal geschrieben, Sirk habe gesagt, man könne nicht Filme *über* etwas machen, sondern nur *mit* etwas machen. Bei Frieda Grafe heißt das dann, seine Melodramen beschreiben nicht mit dem ausgestellten Gestus von Kritik, und bei Jean-Luc Godard, er assimiliere seine Definition vom Kino mit der seiner Helden. Wobei Godard hinzufügt, daß das vielleicht eine naive Idee sei, aber eben auch eine schöne Idee. Was Fassbinder dann wiederum steigert, indem er sagt, er habe zwar nur sechs Filme von Sirk gesehen, es seien aber die schönsten der Welt dabei gewesen. Das liegt wohl daran, daß man – wie Godard sagt – bei Sirk zu sehen glaubt, was man nicht sieht: nämlich die achtundvierzigstel Sekunde Dunkelheit, die zusammen mit der achtundvierzigstel Sekunde Licht das Bild ergibt, das im Kino vierundzwanzigmal in der Sekunde die Wahrheit ist. Wobei wir noch einmal bei Godard wären, der auf die Frage, weshalb Sirks Filme schön sind, unter anderem antwortet: »… weil die Schauspieler weit davon entfernt sind, unangenehm zu sein.« Und Anke Sterneborg fügt hinzu, man könne Sirks traurige Helden nie nur hassen; sie bleiben immer so verdammt menschlich und nah. Womit beide wiederum nur ausdrücken wollen, daß Sirk seine Schauspieler als gute Schauspieler erscheinen läßt. Vielleicht, weil sie es auch wirklich sind. Sirk ließ das zumindest für Robert Stack gelten, nicht jedoch für Rock Hudson. Der sei »kein eigentlicher Schauspieler« gewesen, sagt Sirk, fährt

»Wer sich so Schwierigkeiten macht mit der Liebe, glücklich wird der nicht sein können später.« – Rainer Werner Fassbinder über Rock Hudson und Jane Wyman in ›All That Heaven Allows‹ (Was der Himmel erlaubt, 1955)

aber dann fort: »Zum Lob dieses damals noch jungen Menschen muß ich sagen, daß er alles verstanden hat und daß er in dem, was er gespielt hat, ganz ausgezeichnet war, weil er richtig war.«

Rock Hudson hat in acht Filmen von Douglas Sirk gespielt, darunter in den vier großen Melodramen: *Magnificent Obsession* (Wunderbare Macht), *All That Heaven Allows* (Was der Himmel erlaubt), *Written On The Wind* (In den Wind geschrieben) und *The Tarnished Angels* (Duell in den Wolken). Er spielt darin den Playboy und Arzt Bob Merrick, den Gärtner und Baumschulbesitzer Ron Kirby, den Geologen Mitch Wayne und den Reporter Burke Devlin. Allein diese vier Rollen sollten Rock Hudson einen Platz in der Filmgeschichte sichern – vielleicht sogar in ihrem Pantheon.

Sirks Figuren sind Leute, die von etwas träumen, was wir nicht sehen. Das sind Bilder aus dem Reich jener besagten achtundvierzigstel Sekunde Dunkelheit, wo sich all die erfüllten Sehnsüchte und Träume der Figuren herumtreiben, in die auch die Zuschauer das große kleine Glück für die Figuren hineindenken. Godard hat dazu geschrieben: »Weil ich den Eindruck habe, daß die Bilder doppelt so lange dauern wie sonst in Filmen, eine vierundzwanzigstel statt eine achtundvierzigstel Sekunde, als ob der ehemalige Ufa-Cutter aus Treue zu seinen Personen versucht hätte, auch den Zeitraum mit ins Spiel zu bringen, währenddessen die Umlaufblende zu ist.« Sirks Kunst besteht darin, diesen Zeitraum, diese Dunkelheit, mitzuinszenieren. Immer muß der Zuschauer daran denken, wie nahe die Lösung der Unüberwindlichkeiten wäre. Aber genau das gewährt Sirk den Zuschauern nicht, und den Figuren sowieso nicht. Als Jane Wyman in *All That Heaven Allows* endlich ihren Stolz überwindet und zu Rock Hudson fährt, sieht dieser sie von einem Hügel aus und ruft ihr etwas zu. Aber sie hört ihn nicht und fährt wieder weg, weil er nicht zu Hause ist und vielleicht auch, weil sie froh ist, um diese peinliche Situation herumgekommen zu sein. Wir sehen nur Hudson, wie er beim Versuch, ihr hinterherzulaufen, einen Abhang hinabstürzt und sehen ihr hartes Gesicht hinterm Steuer. Das ist dann besonders grausam und tragisch, aber so ist das bei Sirk: ein Wechselbad der Gefühle von einem Bild zum nächsten. Dazwischen läge das Happy-End, das uns Sirk jedoch erst später gewährt. Aber da ist die Befriedigung längst nicht mehr so groß, weil – auch in den von den Studios aufgezwungenen Happy-Ends – Unglück und Scheitern bereits mitinszeniert sind: Natürlich wird Jane Wyman nach einiger Zeit bei dem Naturburschen Hudson das gesellschaftliche Leben der Kleinstadt vermissen, und natürlich wird Dorothy Malone nie aus Iowa zurückkehren, um dem verliebten Hudson das geliehenen Buch zurückzugeben. Woraus man ersehen kann, daß Rock Hudson aus diesen vier Filmen nur vermeintlich als Sieger hervorgeht, denn jedesmal wird der Satz gelten, an den Hudson am Ende von *Magnificent Obsession* denkt: »Glauben Sie mir, Sie werden ein ganz anderer Mensch werden.« Ein ganz anderer Mensch, das heißt, daß im Verlauf des Films Fragen gestellt werden, die etwas an ihm verändern, die – sei's im Positiven oder Negativen – seine Beziehung zu sich, zur Welt oder zu den anderen verwandeln. Fassbinder schreibt: »Später dann geht Jane zurück zu Rock, weil sie Kopfschmerzen hat, die hat jeder von uns, wenn er zu selten fickt. Aber jetzt, wo sie da ist, da ist das kein Happy-End, obwohl sie zusammen sind, die beiden. Wer sich so Schwierigkeiten macht mit der Liebe, glücklich wird der nicht sein können später.« Darüber macht Douglas Sirk Filme: über das Nicht-mit-einander und das Nicht-ohne-einander. Und trotzdem oder gerade deswegen hat der Zuschauer hinterher etwas gelernt über das Leben, die Liebe und die Menschen.

1979 hat Sirk über Rock Hudson gesagt: »Der schauspielerische Gehalt seiner Persönlichkeit war gering … Er war ein eher schüchterner Mensch. Trotz seines blendenden Aussehens prunkte er keineswegs mit seiner Persönlichkeit. Er war ein zurückhaltender, sehr lernbegieriger junger Mann, damals; eine jener seltenen Erscheinungen, den ich mit nach Hause nehmen konnte und mit ihm zu Hause probieren konnte. Er brauchte sehr viele Proben, sehr viel Arbeit und wuchs langsam. Aber ich glaube, das kann man im Film mit

›All That Heaven Allows‹ (Was der Himmel erlaubt, 1955): Melodrama heißt: In der Einstellung zuvor schien die Versöhnung, das Glück, so nahe

vollkommen ›sogenannten schauspielerisch unbegabten‹ Menschen machen. Fast möchte ich sagen, ist es manchmal besser, nicht zu viel schauspielerisches Talent in einem Menschen zu haben. Das muß dann zum Teil erst ausgeräumt und umgefingert werden. Was man für den Film braucht, das ist die Persönlichkeit, die ist die Hauptsache, denn die Kamera kann Gedanken lesen, sie hat Röntgenaugen, sie sieht mehr als nur das Gesicht, sie sieht die Persönlichkeit mehr als die Theater-Totale.

Der Schauspieler im Film, das mußte ich Rock Hudson lehren und das hat er auch gelernt, muß seine Rolle viel mehr denken als der Schauspieler auf der Bühne. Der Schauspieler auf der Bühne sieht seine Rolle von fast strukturellen Gesichtspunkten her, muß sie so sehen ... Steigerung usw., alles das ist beim Film nicht nötig. Eine Steigerung ist, wenn ich das Objektiv wechsle und zu einer Three-Inch-Lense übergehe. Die Steigerung muß innerlich stattfinden, in den Gedanken. Wenn man deswegen das Gesicht verzieht oder lauter wird, ist das im Film ganz schlecht.«

Wieder die Zurückhaltung und Bescheidenheit, wieder die unglaubliche Lernbegierde; was Sirk über Hudson geäußert hat, klingt genauer, aufrichtiger und plausibler als all die unzähligen Aussagen, die sonst seine Karriere begleitet haben.

Um Rock Hudsons Leistungen würdigen zu können, muß man keineswegs Zweifel an seinem schauspielerischen Untalent äußern. Worauf es allein ankommt, ist das, was er daraus gemacht hat, was hinterher auf der Leinwand zu sehen ist. Daß Hudson immer sein Bestes gegeben hat, kann man in den Filmen sehen. Anders gesagt, er war immer so gut wie der Regisseur, mit dem er zusammenarbeitete. Um so mehr gilt es die Leistung zu bewundern, mit der er sein »schauspielerisches Untalent« wettzumachen suchte. Die Kluft, die er zu überwinden hatte, war für ihn erheblich größer als für jede natürliche Begabung. Er hat diesen Rückstand verringert, indem er seine Liebe zur Arbeit und seine aufrichtige Selbsteinschätzung in die Waagschale warf. Rock Hudson zeigt bei Sirk mehr als nur angemessene schauspielerische Leistungen: seine Ausstrahlung und Präsenz in diesen Filmen machte ihn für das Publikum zum Dreh- und Angelpunkt, und das obwohl er dabei oft von den interessanteren Figuren überspielt wurde.

Seiner Rolle als Bob Merrick in *Magnificent Obsession* (1954) gingen einige Komplikationen voraus. Erst einmal hatte die weibliche Hauptdarstellerin Jane Wyman ein Vetorecht bei der Besetzung ihres männlichen Gegenparts. Als man ihr Rock Hudson vorschlug, hatte sie von ihm noch keinen Film gesehen. Also führte man ihr Walshs *The Lawless Breed* vor, und sie gab beeindruckt ihre Zustimmung. Doch dann wäre die Sache beinahe doch noch geplatzt, als Hudson sich beim Surfen in Laguna Bay das Schlüsselbein brach. Hudson wurde ins St. Joseph's Hospital in Los Angeles eingeliefert, bekam einen Gips angelegt und mußte eine Woche lang still liegen. Am Ende der sieben Tage überredete Hudson mit dem Versprechen, vorsichtig zu sein, den behandelnden Arzt, den Gips abzunehmen: »Also drehte ich den Film mit zwei lose aneinanderhängenden Knochenenden. Manchmal scheuerten sie einander. Jane Wyman schien ihr Ohr jedesmal direkt über dem Bruch zu haben, wenn gerade das knirschende Geräusch zu hören war.« Tatsächlich bedeutete dieses Remake für Hudson, was das Original einst 1935 für Robert Taylor bedeutet hatte: es machte ihn zum Superstar.

Die Hauptdarsteller und ihr Regisseur bei der Lektüre: Jane Wyman, Douglas Sirk und Agnes Moorehead

Was sich darin ausdrückte, daß einerseits seine Fanpost auf 2700 Briefe im Monat anstieg und andererseits sein Marktwert ums Vierfache stieg. *Magnificent Obsession* war ein phänomenaler Erfolg bei Publikum und Kritik; er hatte 850.000 Dollar gekostet und spielte zehn Millionen ein.

Rock Hudson wird in der Rolle des Bob Merrick wie so oft einer Wandlung unterzogen; vordergründig – wie in den Sex-Komödien – vom Playboy zum Ehemann, was hier jedoch von eher untergeordneter Bedeutung ist. Die entscheidendere Verwandlung geschieht hier auf spiritueller Ebene: vom verantwortungslosen Taugenichts zum hingebungsvollen Arzt, vom schlechten zum guten Menschen. Bob Merricks Hauptbeschäftigung besteht darin, das Geld seines verstorbenen Vaters durchzubringen. Er versucht dem übermächtigen Vorbild des Vaters zu entkommen, indem er das Gefühl der Impotenz durch Alkohol, schnelles Leben und noch schnellere Autos oder Boote betäubt. Er sagt: »Die Hauptschwierigkeit besteht darin, daß die Narkose, die man in diesen Bars kriegt, nie die Wirkung hat, die man sich davon verspricht.« Dasselbe Problem wird später Kyle Hadley in *Written on the Wind* haben. Doch keiner von beiden nennt das Problem beim Namen: Kyle sagt, er habe eine Gesellschaft gegen Langeweile gegründet, und Merrick, er wolle nur das Leben genießen, ehe es zu spät ist. Glücklich sind sie beide nicht. Mit dem Geld ihrer Väter kaufen sie sich das Vergessen, die Verdrängung. Eine erste Ahnung von der Sinnlosigkeit seines Lebens erhält Merrick, als er erfährt, warum der verdienstvolle Arzt und große Menschenfreund Dr. Phillips sterben mußte: weil das einzige Beatmungsgerät des Ortes während der Herzattacke des Doktors gerade gebraucht wurde, um Merrick nach einem leichtsinnigen Unfall mit dem Motorrennboot wiederzubeleben. Er erkennt: »Also, Phillips mußte sterben, damit dieser andere leben konnte.« Doch erst einmal ändert diese Erkenntnis an seinem Leben nichts. Er wird weitertrinken, um das Bewußtsein seiner Schuld zu betäuben. Erst nach einem Gespräch mit Edward Randolph, einem alten Freund von Phillips, und der Zurückweisung seines Geldes durch Phillips' Witwe gerät bei Merrick etwas in

Erlösung durch Selbstlosigkeit und Vergebung – Jane Wyman und Rock Hudson

Bewegung. Als er zufällig vor Randolphs Haus betrunken an einen Baum fährt, wird er von dem Künstler für eine Nacht in dessen Haus beherbergt. Da kann er noch überheblich sagen: »Eine nette Wohnung haben Sie hier, wirklich sehr hübsch«, und »um einen Merrick aus der Fassung zu bringen, gehört mehr als ein kleiner betrunkener Autounfall«. Doch genau das schafft Randolph; er bringt Merrick mit der Schilderung von Phillips' Lebensphilosophie aus der Fassung. Die ist relativ einfach: Es geht darum, gute Taten zu vollbringen, dafür aber weder eine Belohnung zu verlangen noch sie publik zu machen. So isoliert man die Kraft seiner Persönlichkeit und gibt dem Leben einen Sinn. Doch Randolphs Warnung, Mer-

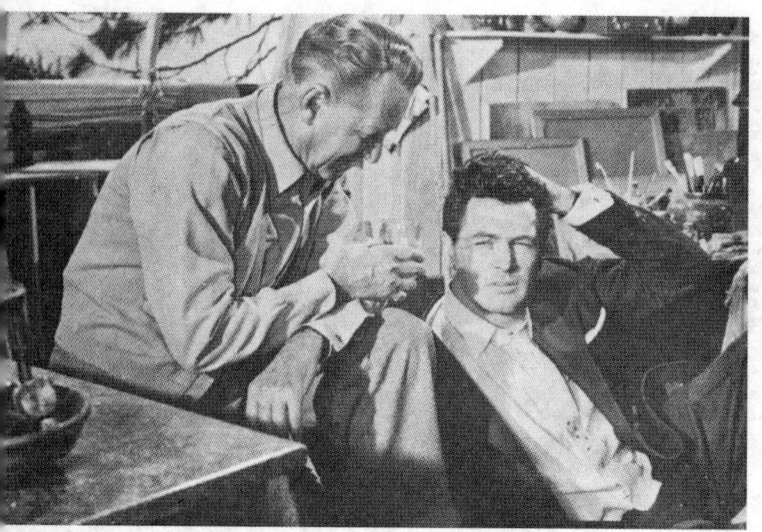

›Magnificent Obsession‹ (Die wunderbare Macht, 1954): Das böse Erwachen aus dem Suff: Glauben Sie mir, Sie werden ein ganz anderer Mensch werden! Mit Otto Kruger

rick solle nicht an die Verwirklichung dieser Gedanken gehen, ehe er reif dazu sei, interessiert diesen kaum. Der will nur mit Phillips und vor allem dessen »bezaubernder Frau« ins reine kommen. Er macht genau das Falsche, er spendet »aus Selbstgefälligkeit«, probiert diese Philosophie aus »wie ein neues Auto«. Er sagt in kaum zu überbietender Ignoranz: »Ich werde schon noch jemand finden, der ein paar tausend Dollar braucht; dann bin ich all meine Sorgen los.« Worauf Phillips' Witwe entgegnet, er habe die Philosophie ihres Mannes gründlich mißverstanden.

Also muß noch etwas geschehen, was Merricks Schuld so übermächtig werden läßt, daß er nicht anders kann, als sein Leben zu ändern: Als er Mrs. Phillips bedrängt, flüchtet die aus dem Taxi und stürzt direkt vor ein Auto: »Sie wird nie wieder sehen können durch meine Schuld.«

In den darauffolgenden Wochen versucht er mehrmals, zu Mrs. Phillips vorgelassen zu werden – ohne Erfolg. Statt dessen setzt er sich an den Strand unterhalb des Anwesens und wartet auf eine Gelegenheit, um mit der Blinden ins Gespräch zu kommen. Mit Hilfe eines Mädchens, das Mrs. Phillips vorliest und die Zeit vertreibt, gelingt es Merrick, als »Robbie Robinson« ihr Vertrauen zu gewinnen und ihr nahe sein zu können. In der Zwischenzeit hat Merrick auch sein Medizinstudium, das er beim Tod seines Vaters aufgegeben hatte, wieder aufgenommen. Mit einem Mal wirkt Rock Hudson so edel und gut, daß man versteht, warum er mit diesem »women's weepie« den Frauen das Herz brechen konnte. Er gibt sein Geld für gute Zwecke weg und arrangiert für Mrs. Phillips eine Reise in die Schweiz zu den besten Augenärzten der Welt, ohne daß sie allerdings erfährt, woher das Geld stammt. Ihre Blindheit läßt Hudson endlich klar sehen,

›Magnificent Obsession‹ (Die wunderbare Macht, 1954): Der Versuch, sich mit einem Scheck aus der Schuld freizukaufen, scheitert bei Jane Wyman

den Sinn des Lebens erfassen. Es ist, als könne nur ein Blinder den Weg durch den täuschenden und verführerischen Glanz der Gegenstände weisen. Tatsächlich scheinen die Hotelzimmer in der Schweiz durch die Blindheit von den unnützen Dingen, die vorher die Menschen einengten, entrümpelt. Sie wirken kahl und leer.

Überraschend fliegt Hudson hinter ihr her, um just in dem Moment anzukommen, als ihre Verzweiflung über die Unheilbarkeit ihrer Blindheit am größten ist. Es folgt eine Zeit des Glücks, in der die beiden Ausflüge durch die Schweiz unternehmen. Dabei sind ihre Autofahrten in Rückprojektion

›Magnificent Obsession‹ (Die wunderbare Macht, 1954): Das blinde Opfer (Jane Wyman) und der Schuldige – Hudson büßt, indem er einen hilfreichen, jungen Mann spielt

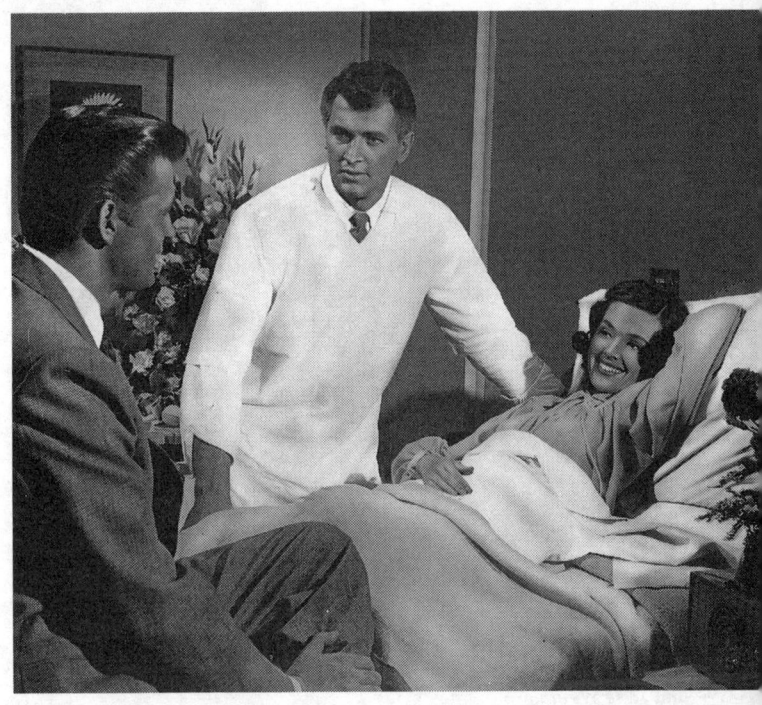

Als Arzt das Vertrauen zurückgewonnen. Mit Gregg Palmer und Barbara Rush

aufgenommen, die durch nichts versuchen, realistisch auszusehen. Ihre Künstlichkeit korrespondiert mit den künstlichen Farben und der ›unrealistischen‹ Ausleuchtung der Innenräume. Wodurch Sirk vorführt, daß die beiden die Wahrheit immer noch nicht sehen, sondern nur das, was sie sehen wollen – Postkartenansichten einer idyllischen Natur. Am Ende eines glücklichen Abends macht Hudson Wyman das Geständnis, daß er in Wirklichkeit Bob Merrick ist. Was sie nur zu der Bemerkung veranlaßt, daß sie das schon seit langem gewußt habe. Als er ihr jedoch einen Heiratsantrag macht, findet er am anderen Morgen ihr Zimmer leer vor; in einem Brief schreibt sie, es werde kein Wiedersehen geben und es

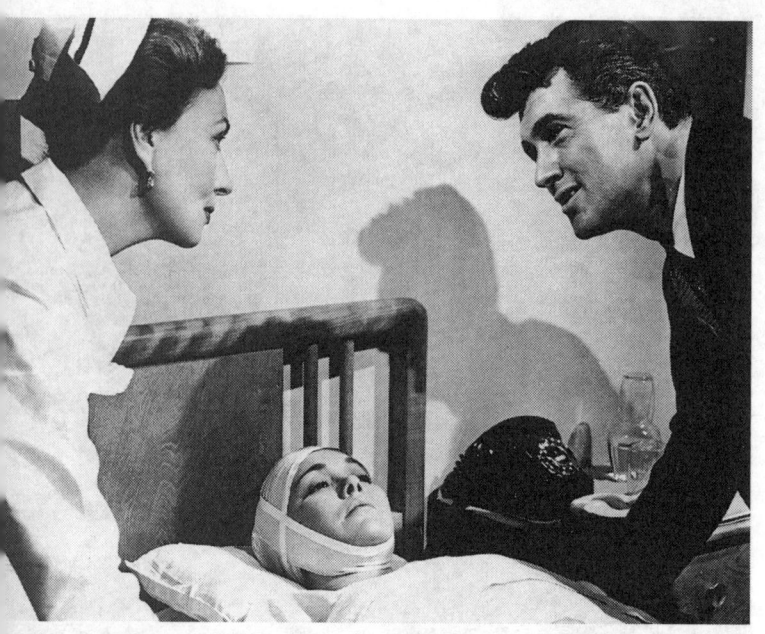

›Magnificent Obsession‹ (Wunderbare Macht, 1954): Nach der Operation gegen jede Chance ist Liebe nur noch Fürsorge. Mit Agnes Moorehead und Jane Wyman

sei zwecklos, sie zu suchen. Tatsächlich scheitern alle seine Versuche, ihren Aufenthaltsort ausfindig zu machen.

Mittlerweile ist aus Hudson ein talentierter Arzt geworden, ein zweiter Dr. Phillips. Die Dankbarkeit der Leute weist er mit denselben rätselhaften Worten wie Phillips zurück: es werde ohnehin bald alles aufgebraucht sein. Und nach einiger Zeit kommt endlich die Gelegenheit, seine Schuld endgültig zu begleichen: Er wird von Wymans mütterlicher Freundin nach Neumexiko gerufen, weil diese im Sterben liegt. Tatsächlich schafft er es, in einer Eins-zu-einer-Million-Operation nicht nur ihr Leben zu retten, sondern ihr auch das Augenlicht zurückzugeben. In dieser Operationsszene wird vollends klar, wie sehr alle Figuren des Films Gefangene im Räderwerk des Melodrams sind.

Man sieht Randolph (wie Sirk ein Künstler!) hinter der Scheibe eines Kontrollraums über der ganzen Szenerie stehen und dem verzweifelten Hudson vertrauensvoll zunicken. Dann nimmt Sirk das Licht von ihm weg, öffnet den Polarisationsfilter, und plötzlich sieht man in der Scheibe den Operationstisch sich spiegeln. Randolph, der den ganzen Film hindurch Initiator und Geheimnisträger war, wird hier zum Sinnbild des allmächtigen Regisseurs, der die Bilder arrangiert und die Personen zum Leben erweckt. Ironischerweise trug Hudson nach seinem kleinen Autounfall ein Baustellenschild mit der Aufschrift ›Danger‹ (Gefahr) unterm Arm, als er auf Randolphs Haus zuging.

In *Magnificent Obsession,* der vielleicht der schwächste der vier Filme ist, fehlt der Übergang von der Bewußtlosigkeit zum neuen Bewußtsein. Wir sehen zunächst nur einen

Die »Melo-Company«: Kameramann Russell Metty, Agnes Moorehead, Regisseur Douglas Sirk, Jane Wyman, Rock Hudson, Produzent Ross Hunter, Dialogregisseur Jack Daniels (von links nach rechts)

schlechten Menschen, der ohne rechte Überzeugung ein paar klägliche Versuche unternimmt, sein Leben zu ändern, und dann einen guten Menschen, der die neue Philosophie bereits angenommen hat, während die anderen erst nach und nach von seiner Aufrichtigkeit überzeugt sind – erst die äußeren Taten ohne innere Überzeugung, dann die innere Überzeugung, die von außen erst geglaubt werden muß. Was wir nicht sehen: wie die ›wunderbare Macht‹ langsam zu wirken beginnt.

Nur 17 Monate danach wollte man das Erfolgsrezept ein zweites Mal nutzen: wieder eine Ross Hunter-Produktion, wieder Sirk als Regisseur, Rock Hudson, Jane Wyman und Agnes Moorehead in den Hauptrollen; auch Musik und Kamera wurden von denselben Leuten besorgt. Der Titel war *All That Heaven Allows* (Was der Himmel erlaubt, 1955). Schon Laura Mulvey hat in ihrem Artikel ›Notes on Sirk & Melodram‹ angemerkt, daß Rainer Werner Fassbinders Inhaltsangabe zu diesem Film kaum zu übertreffen sei. Dem ist nicht zu widersprechen. Fassbinders Text über Douglas Sirk gehört vielleicht zum schönsten, was je über Film geschrieben wurde: »Jane Wyman ist eine reiche Witwe, Rock Hudson schneidet ihre Bäume. In Janes Garten blüht ein Liebesbaum, der nur blüht, wo eine Liebe ist, und so wird aus Janes und Rocks zufälligem Zusammentreffen die große Liebe. Rock aber ist fünfzehn Jahre jünger als Jane, und Jane ist total in das gesellschaftliche Leben einer amerikanischen Kleinstadt integriert, Rock ist ein Primitiver, und Jane hat etwas zu verlieren, ihre Freundinnen, das Ansehen, das sie ihrem verstorbenen Mann verdankt, ihre Kinder. Rock liebt zu Anfang die Natur, Jane liebt erstmal gar nichts, weil sie alles hat. Das sind ein paar beschissene Voraussetzungen für eine große Liebe.«

All That Heaven Allows beginnt mit einem klassischen ›establishing shot‹, einem Blick aus der Vogelperspektive auf das Idealbild einer amerikanischen Kleinstadt. Und als wollte Sirk sagen, »Laßt uns da mal genauer hinschauen, laßt uns gucken, wie es um den Postkartenglanz wirklich bestellt ist!«, taucht die Kamera hinab mitten ins »Leben« dieses Ortes. In

Die Witwe und der Gärtner: ein paar beschissene Voraussetzungen für eine große Liebe. Mit Jane Wyman in ›All That Heaven Allows‹ (Was der Himmel erlaubt, 1955)

weniger als zwei Minuten ist alles klar – ökonomischer und durchdachter kann eine Exposition kaum sein. Da ist eine Frau, die ist Witwe, ist aber noch nicht zu alt, um Lust auf Männer zu haben. Da sind zwei neunmalkluge Kinder, die gerade auf dem Sprung aus dem Elternhaus sind, ein Wirtschaftsstudent und eine Soziologiestudentin. Da ist eine Freundin, deren Leben aus Klatsch und Intrigen besteht, und die will die Witwe möglichst schnell wieder verkuppeln, damit sie wieder was zum Reden hat. Und da ist schließlich Rock, der Felsen, der eins mit der Natur ist, aber auch keine Frau hat. In der Tat, ein paar beschissene Voraussetzungen für eine Liebe, aber auch ein paar gute Voraussetzungen für ein ordentliches Melodram.

Wenn man Rock das erste Mal sieht, steht er mit seiner Leiter irgendwo im Hintergrund des Vorgartens, als sei er nur ein unbedeutender Statist. Weiter Fassbinder: »Und weil die Freundin nicht Kaffee trinken kann mit Jane, trinkt Jane Kaffee mit dem Statisten. Auch hier immer noch nur Nahaufnahmen auf Jane Wyman. Rock hat immer noch keine rechte Bedeutung. Wenn er die hat, hat er auch die Nahaufnahme. Das ist eben einfach und schön. Und jeder kapierts.« Was bei Sirk so einfach und schön aussieht, ist noch zusätzlich angereichert mit Bedeutung: Blumen sind nicht nur Blumen, eine Wedgewood-Kanne ist nicht nur eine Kanne und ein Damhirsch ist nicht bloß ein Hirsch. Ein ganzes Netz von Bedeutungen legt sich über die Bilder, das noch verstärkt, was man eh schon sieht, und noch öfter dem verlogenen Gerede der Figuren hohnspricht.

All That Heaven Allows besteht aus lauter Idealbildern: die ideale amerikanische Kleinstadt, die idealen Wohnungen, die idealen Ehemänner, der ideale Naturbursche, die idealen Kinder und die idealen Freundschaften. Alles ist so ideal, daß es wahrhaft zum Kotzen ist. Weil aber die Ideale oft genug einander widersprechen, kommt es zu den melodramatischen Verwicklungen. Da gibt es etwa Janes Haus; der Traum eines jeden Amerikaners, eine Musterwohnung aus den *Home & Garden*-Magazinen, die Apotheose des ›Schöner Wohnen‹. Wohin man sieht, verstellen erlesene Einrichtungsgegenstände den Blick. Die Oberflächen funkeln und leuchten greller als die Menschen in diesen Räumen. Sie funktionieren die Räume zu Grabmälern um, worüber sogar noch Witze gerissen werden: Im alten Ägypten habe man die Witwen zusammen mit dem ganzen Hausrat in die Gräber des Mannes mit eingemauert. In Sirks Räumen ist es wie in den Aquarien, in die man zur Dekoration Spielzeughäuser oder sonstige Modelle stellt – dekorativ und nutzlos. Wie die Fische im Aquarium sind die Personen bei Sirk in den Räumen gefangen.

Ganz anders Rocks Zuhause, eine geräumige alte Mühle auf dem Land, inmitten der Natur. Wenn man die Landschaft allerdings sieht, ist sie wieder eine dieser falschen Idyllen aus Technicolor. Das liegt daran, daß wir die Natur durch Janes

›All That Heaven Allows‹ (Was der Himmel erlaubt, 1955): Die Apotheo-se des »Schöner Wohnen« – ein ägyptisches Grabmal. Jane Wyman, die Mutter und Witwe, William Reynolds, der Sohn, Hudson, der Liebhaber und Gloria Talbot, die Tochter

Augen sehen, und die sehen nur das, was ihre illustrierten Magazine auch zeigen – Postkartenansichten. Rocks Freunde sind natürlich bessere Menschen als die Gesellschaft im Ort. Sie sind einfach, fröhlich und ohne Vorurteile, kümmern sich nicht darum, »was und wie die anderen von ihnen denken«. Und wenn sie malen, dann sind sie »natürlich keine abstrakten Maler«, sondern »malen, was sie sehen«. Was auch heißt, daß sie möglicherweise eine Menge nicht sehen. Durch Rocks Person gehen, anders als bei seinen Freunden, keine Risse. Er ist in der Natur aufgewachsen, hat immer dort gelebt und offenbar auch nie an seinem Leben gezweifelt. Schon sein Vater war Gärtner, und auch er ist in und mit der Natur aufgewachsen, hat dann ebenfalls als Gärtner gearbeitet, um sich jetzt völlig von der Gesellschaft zurückzuziehen in seine Baumschule. Seine Freunde hatten erst Krisen durchmachen müssen, ehe sie den Wert eines Lebens außerhalb der Gesellschaft zu schätzen anfingen. Sie mußten Bücher von Jean-Jacques Rousseau und Henry David Thoreau lesen, um ihre Entscheidung ideologisch zu untermauern. Auf Janes Frage, ob denn auch Rock ›Walden‹ gelesen habe, antwortet Alida, der hätte das nie nötig gehabt, weil er selber Walden sei. So wird Rocks ungebrochene Persönlichkeit zum Katalysator für das Verhalten anderer, insbesondere für deren Schwächen. Denn er ist zwar in der ›Wildnis‹ aufgewachsen, beherrscht aber doch alle Formen des gesellschaftlichen Verkehrs, weiß, wie man in feiner Gesellschaft Konversation betreibt, hält den Damen die Türen auf und führt sie am Arm über Hindernisse hinweg. Er flucht nicht, ist weder jähzornig noch aufbrausend und hat eine Menge Verständnis dafür, daß nicht jeder so leben möchte wie er. Auf die Frage, woher er seine Kraft nehme, antwortet Alida: »Er schöpft seine Sicherheit aus sich selbst.« Der weitere Handlungsablauf ergibt sich wie von selbst: Die beiden verlieben sich, sie zögert, versucht es aber doch. Die Leute zerreißen sich das Maul, und die beiden altklugen, unerträglichen Kinder können es nicht ertragen, daß ihre Mutter mit einem Mann ins Bett steigt, der kaum älter ist als sie. Weil Jane an ihren Kindern hängt, ihnen ein sicheres Zuhause bieten will, verläßt sie Rock. Doch die Freude der Kinder ist nicht so groß wie erwartet. Kein Wunder, sie sind ja gerade im Begriff, sich von der Mutter endgültig abzunabeln: er geht als Ingenieur in den Iran, sie heiratet einen Studienfreund. So sitzt Jane, im Bewußtsein, die falsche Entscheidung getroffen zu haben, vor dem Weihnachtsgeschenk ihrer Kinder, einem Fernseher, dem Tröster der Einsamen und Alleinstehenden. Während der Vertreter noch sagt: »Drama, Komödie, das ganze Leben gehört Ihnen!«, sieht Jane ihr Spiegelbild auf der Mattscheibe und weiß, daß genau das Gegenteil der Fall ist: sie ist lebendig tot, gefangen im ägyptischen Grab ihres Haushalts.

All That Heaven Allows läßt sich deuten als Variation von Max Frischs Bildnistheorie: wie das Bild, das man sich von seinem Gegenüber macht, den anderen festlegt und einengt. Nur die Liebe kann aus dem Bildnis erlösen. Und wenn Jane Rock verläßt, dann hat auch sie das Bild, das sich die anderen von ihm machen, übernommen, begreift den Naturburschen nur noch als Hinterwäldler. Es sind bei Douglas Sirk immer die Bilder, die eine übermächtige Gewalt auf die Menschen ausüben. Hier als Gefängnis, später in *The Tarnished Angels* als Traum, dem die Figuren vergeblich nachjagen. Dazu Frieda Grafe: »Das Ideal im Bild steht ihm zu nah vor Augen, als daß es individuelle Erfindungen zuließe.«

Am Schluß steht Jane an Rocks Krankenbett, so wie dieser in *Magnificent Obsession* an ihrem stand, und wir ahnen be-

Rock mit Jane Wyman im Kreise seiner Freunde. Lauter bessere Menschen, Künstler, die nur malen, was sie sehen. Was auch heißt, daß sie möglicherweise eine Menge nicht sehen

reits, daß dies schon nicht mehr das erhoffte Happy-End sein kann. Denn ihre freie Willensentscheidung hat mehr mit mütterlichen Instinkten als mit Liebe zu tun; sie kehrt nicht als Liebende, sondern als Krankenschwester zurück. »Wenn Jane in ein anderes Haus kommt, in Rocks Haus z. B., würde sie sich ändern können? Das wäre eine Hoffnung. Oder aber, sie ist so kaputt gemacht und geprägt, daß ihr in Rocks Haus der Stil, der dann schon der ihre ist, fehlen wird. Das ist wahrscheinlicher. Drum ist das Happy-End auch keines. Jane paßt in ihr Haus besser als in Rocks Haus.«

1957 produzierte wieder Ross Hunter *Written On The Wind*. Rock Hudson hätte darin gern die Rolle des betrunkenen, neurotischen und reichen Kyle Hadley gespielt, doch das Studio intervenierte, weil die Fans es nicht akzeptiert hätten, wenn Rock einen schäbigen Neureichen gespielt hätte. Und Dave Lipton, Chef der Universal-Werbeabteilung, sagte: »Sie mögen ihn, weil er einer ist, den sie gern als Mann ihrer Töchter sähen oder gar als Vater ihrer Kinder, oder als ihre Jugendliebe. Wenn wir ihn aus dieser Rolle ausbrechen ließen, gäbe es ein Mordsgeschrei.« Die Rolle bekam also stattdessen Robert Stack, und der erhielt dafür eine Oscar-Nominierung. Daß Hudson durchaus auch gebrochene Charaktere darstellen konnte, wird man dann an *Tarnished Angels* sehen. So blieb er also fürs erste auf die Rolle des Baumstamms, des in der Natur verwurzelten aufrechten jungen Mannes, der keine halben Sachen macht, festgelegt. Welche Rolle Hudson in *Written On The Wind* spielt, soll wiederum Fassbinder erzählen: »Robert Stack ist der Sohn, der immer schlechter war in allem als sein Freund Rock Hudson. Robert Stack weiß etwas mit seinem Geld anzufangen, er fliegt, säuft, reißt Mädchen auf, Rock Hudson ist immer dabei. Aber sie sind nicht glücklich. Was ihnen fehlt, das ist die Liebe. Da treffen sie Lauren Bacall. Die ist natürlich anders als alle anderen Frauen. Das ist eine einfache Frau, die steht im Arbeitsprozeß, die ist sanft und verständig. Und dennoch, sie entscheidet sich für Robert, den Bösen, obwohl Rock, der Gute, viel besser passen würde zu ihr. Der muß auch arbeiten, um zu leben, der ist auch einfach, verständig und hat ein

Glück mit Einschränkungen: Jane wird sich nie wohlfühlen in Rocks Haus. Aus ›All That Heaven Allows‹ (Was der Himmel erlaubt, 1955)

großes Herz wie sie … Die Schwester Dorothy Malone, das ist die einzige, die den Richtigen liebt, nämlich Rock Hudson, und die steht zu ihrer Liebe, was natürlich lächerlich ist.« Man sieht, daß Hudson wieder den Ungebrochenen spielt, dessen großes Herz jedoch Platz für die vielen Fehler der anderen hat. So kennt die Bacall ihn bereits, bevor er sich ihr vorstellt, weil sie in den Gesellschaftskolumnen sein Photo gesehen hat: Kyle Hadley, der Lebemann, »nebst Freund«. Als Lauren und Rock dann vom Büro in den Club 21 fahren, um dort Stack zu treffen, stellt Rock bereits fest: »Wissen Sie was, ich glaube, wir gehören zur gleichen Gattung.« Das sagt er, weil beide festgestellt haben, daß eine Er-

»Wissen Sie was, ich glaube, wir gehören zur gleichen Gattung.« Mit Lauren Bacall in ›Written On The Wind‹ (In den Wind geschrieben, 1956)

währung in der Zeitung »nicht alles ist, wofür sie leben«. Sirk, der Meister in der Handhabung der Mechanismen eines Plots, packt auch hier wieder in die Exposition alles, was der Zuschauer über die Charaktere, ihr Verhältnis zueinander und ihre Tragik wissen muß. Rock ist immer an Roberts Seite, wodurch einerseits seine Qualitäten noch deutlicher zur Geltung kommen, aber andererseits – und das wird Rock erst später erkennen – seine ganzen Energien, sein ganzes Leben an das von Robert gebunden ist.

Wie eine Gouvernante ist er ständig hinter Robert her, um ihn vor dem Schlimmsten zu bewahren. Seine Loyalität zu Robert ist so groß, daß er nicht einmal den Versuch unternimmt, ihm Lauren auszuspannen, obwohl er sie abgöttisch liebt. Die beiden stehen in einem gegenseitigen Abhängigkeitsverhältnis, ohne das und mit dem sie nicht leben können. Die beiden sind Kinder, die das schwere Erbe der Freundschaft ihrer Väter zu tragen haben. Schon damals hat Rocks Vater in der Natur getan, was ihm Spaß macht, nämlich gejagt, während Roberts Vater, der Geld hatte, nie das tun konnte, wonach ihm der Sinn stand. Er besaß Millionen, Rocks Vater dagegen »eine kleine Ranch und einen Glorienschein bei den Leuten«. In der Hoffnung, daß »Rocks Qualitäten auf Robert abfärben«, hat der Millionär dafür gezahlt, daß Rock zusammen mit Robert die gleiche Erziehung genie-

Der Fluch des väterlichen Erbes: Lauren Bacall, Hudson als Kindermädchen und Traumbild eines Sohnes, Robert Stack, der Sohn als Versager und Robert Keith, der enttäuschte Vater

ßen konnte. Aber dadurch wurde die Kluft nicht verringert, sondern lediglich in die nächste Generation transportiert. Robert, der Geld hat, sagt über Rock: »Er ist ein Junge vom Lande; die Aktiva, die er hat, kriegt man nicht für Geld.« Und er meint damit Identität, Selbstsicherheit, Unabhängigkeit und Potenz. In der Tat genügt sich Rock völlig selbst, legt keinen Wert auf weltliche Güter: »Ich habe einen amtlichen Wisch, danach bin ich Geologe.« Womit er sagen will, daß nicht wichtig ist, *was* man ist, sondern zu wissen, *wer* man ist. Was ihm fehlt, ist eine Frau, die dieses Leben mit ihm teilen möchte.

Sein Problem ist, daß er die, die er kriegt, nicht will, und die, die er will, nicht kriegt. So geht es ihm auch bei Lauren, von der man anderes erwartet hätte. Als die drei den Club 21 verlassen, schickt Robert Rock nach Zigaretten, steigt dann jedoch draußen mit Lauren ins Auto, ohne auf Rock zu warten. Worauf die dann in ihrer unvergleichlichen Art sagt: »Bekommen Sie keinen Schreck, aber Sie haben Ihren Freund verloren.« Trotzdem schafft es Rock, noch vor den beiden am Flughafen zu sein. Was ihm aber nichts hilft, denn Robert zieht alle Register, ist nicht nur ein glänzender Unterhalter, sondern offenbart auch gleich noch seine Schwächen, seine Sensibilität und Verletzlichkeit. Damit hat er Lauren in der Tasche, auch wenn es zunächst nicht so aussieht.

Die drei fliegen mit Roberts Privatflugzeug nach Florida, wo dieser für Lauren nicht nur eine präsidiale Suite mietet, sondern auch noch alle Schränke mit Unmengen teuerster Kleidung füllen läßt. Als sich Lauren davon beeindruckt zeigt, gerät Rocks Frauenbild beträchtlich ins Schwanken. Auf ihre Frage, warum er so sarkastisch sei, antwortet er, er habe Kyles Charme unterschätzt. Worauf sie sehr richtig sagt: »Möglicherweise überschätzen Sie mich.« Womit Rocks Einstellung zu den Frauen in Sirk-Filmen auf den Punkt gebracht wäre. Von den Frauen, die sein Interesse wecken, erwartet er grundsätzlich ähnliche Integrität und Unbestechlichkeit wie von sich selbst. Von Lauren hat er geglaubt, »sie sei anders als andere Frauen«. Er hat gehofft, daß sie Robert wegen seines Geprotzes »anspuckt«. Zwar verläßt Lauren heimlich das

Hudson und Dorothy Malone, Mitch und Marylee, der Baumstamm und der Vamp: ein Traum in Rot unter blauem Himmel, inmitten eines Waldes von Phallussymbolen. Aus ›Written On The Wind‹ (In den Wind geschrieben, 1956)

Hotel, weil sie »daran dachte, wie häßlich es sein würde, morgen früh«, aber Robert holt sie noch im Flugzeug ein, und die beiden heiraten.

Rock, der Verlierer, wird von den Reportern zur Heirat befragt. Seinen Antworten kann man anmerken, daß die unwirsche Wurstigkeit nur etwas anderes verdecken soll. Er spricht von »einer Dame, einer wunderschönen«, die er »nur oberflächlich« kennengelernt habe.

Am Beginn dieses vergeblichen Liebesreigens (-ringens) Dorothy-liebt-Rock-liebt-Lauren-liebt-Robert-liebt-niemanden stehen Marylee, Kyles Schwester, und Mitch, die schon als Kinder »unten am Fluß« miteinander gespielt haben. Bei einer Tonrückblende im Off erfährt man, daß Marylee bereits damals Mitch liebte. Nachdem sich Marylee wieder einmal einen Arbeiter angelacht hat, schlägt Mitch diesen nieder: »Danke, mein edler Ritter, du machst dir doch Sorgen um mich.« Dann steigen die beiden in Marylees knallroten Sportwagen: »Ich fahr jetzt zum Fluß zu unserer alten Stelle, da waren wir doch immer so glücklich. Das war unsere ganz private Welt, deine und meine ... Ich liebe dich, Mitch, ich bin dir einfach verfallen. Deshalb muß ich mich auch mit solchen Kerls wie Ray Carter trösten.« – »Natürlich, ich bin schuld.« – »Ich hab ja gar nicht von Schuld gesprochen, sondern von Liebe ... Liebst du mich?« – »Wie ein Bruder!« – »Ich warte, und ich bekomme dich, mit Heiraten oder auf andere Weise.« In diesem Dialog steckt das ganze Verhältnis von Marylee zu Mitch – der Baumstamm und der Vamp, ein Traum in Rot unter blauem Himmel, inmitten eines Waldes von Bohrtürmen. Woraus zu ersehen ist, daß das Hadleysche Erbe allgegenwärtig, die Vergangenheit nicht abzuschütteln ist. Am Ende wird Marylee mit einem Bohrturmmodell, Zeichen materiellen Reichtums und Phallus-Symbol, am Schreibtisch ihres verstorbenen Vaters sitzen und langsam daran hinabstreichen (!), während Mitch mit Lucy das Anwesen der Hadleys verläßt. Rainer Werner Fassbinder schreibt zu Rocks Rolle: »Rock Hudson in *Written On The Wind,* das ist überhaupt die sturste Sau auf der Welt. Der muß doch auch was spüren von der Sehnsucht, die Dorothy Malone hat. Die bietet sich an, die treibts öffentlich mit Typen, die ihm irgendwie ähnlich sind, um ihm was klarzumachen. Da kann er nur sagen: ›Ich könnte dich nie zufriedenstellen.‹ Er könnte, weiß Gott. Als Dorothy in ihrem Zimmer tanzt, ... da stirbt der Vater. Er stirbt, weil er schuld ist. Er hat seine Kinder immer in dem Bewußtsein gehalten, daß der andere, Rock, der Bessere ist, bis er es wirklich war.« Parallel zum Herzanfall des Vaters schneidet Sirk Marylees ekstatischen Tanz auf dem Vulkan, den sie in einem rosafarbenen Negligée zusammen mit einer Photographie von Mitch aufführt. Wie in den anderen Filmen ist das Bild so nahe und doch so fern. Vorher hat sie noch zu Mitch gesagt: »Seit wir das letzte Mal als Nakkedeis gebadet haben, hab ich mich verändert«, und »Ich könnte mir Besseres vorstellen, als nur dummes Zeug zu reden.« Aber Rock, die sture Sau, geht auf ihre sexuellen Avancen gar nicht ein, sagt nur: »Also gut, tanzen wir.« Worauf Marylee in ungewöhnlicher Hellsichtigkeit Rocks Problem benennt: »Ach, heute noch der dumme Junge.« Zwar ist Rock stabil und ungebrochen, aber eben auch nicht zur Entwicklung fähig. Auch auf ihm lastet der Fluch der väterlichen Beziehung.

Als der Vater tot ist, übernimmt Mitch die Geschäfte. Der Tod ist der Bruch, ist seine Erkenntnis: »Ich hab hier nichts mehr zu suchen.« Außerdem sei er »angeekelt, vorwiegend von mir selbst«, und er sei nur deshalb noch hier, um Lauren zu helfen. Als sie fragt, ob sie ihm wirklich so viel Mühe ma-

»Ich könnte mir Besseres vorstellen, als nur dummes Zeug zu reden.« –
Unerreichbare Nähe zwischen Hudson und Dorothy Malone

93

che, antwortet er, sie ahne gar nicht, *wie* viel. Dann geht er seinen Vater besuchen, der eine kleine Hütte draußen in der Natur besitzt und seine Zeit mit Jagen zubringt. Mitch erzählt ihm, daß er vorhat, Lucy zu gestehen, was er für sie fühlt. Tatsächlich sagt er: »Ich liebe sie seit damals.« Zwar küßt ihn Lucy, doch fügt sie hinzu: »Das war zum Abschied.« Und vermutlich ist Mitch darüber sogar froh, denn es beweist ihm, daß Lucy tatsächlich anders als andere Frauen ist. Trotz ihrer Neigung, trotz seines blendenden Aussehens entscheidet sie sich aus Integrität und Loyalität für den dauernd betrunkenen, ausfallenden Versager Kyle. Fassbinder: »Robert fängt wieder zu saufen an. Jetzt zeigt sich, daß Lauren Bacall keine Möglichkeiten hat für ihren Mann. Statt daß sie mit ihm saufen ginge, was begriffe von seinem Schmerz, wird sie immer

Dorothy Malone im Teufelskreis der Wendeltreppe: Bacall und Hudson stehen außerhalb

Beider Loyalität verhindert ihre große Liebe. Bacall und Hudson in ›Written On The Wind‹ (In den Wind geschrieben, 1956)

edler und reiner und immer mehr zum Kotzen, und immer deutlicher sieht man, wie sehr sie eigentlich zu Rock Hudson passen würde, der auch zum Kotzen ist und auch edel.«
Bevor sich Kyle bei einem Kampf aus Versehen erschießt und der Liebesreigen endlich durchbrochen werden kann,

Rainer Werner Fassbinder: »Jetzt zeigt sich, daß Lauren Bacall keine Möglichkeiten hat für ihren Mann. Statt daß sie mit ihm saufen ginge, was begriffe von seinem Schmerz, wird sie immer edler und reiner und immer mehr zum Kotzen, und immer deutlicher sieht man, wie sehr sie eigentlich zu Rock Hudson passen würde, der auch zum Kotzen ist und auch edel.« – Mit Robert Stack

wirft er Mitch seinen ganzen aufgestauten Haß an den Kopf – und auch wenn Mitch nichts dafür kann, hat Kyle doch recht: er habe ihn beim Vater ausgestochen, es dahin gebracht, daß seine Schwester ihn anspuckt und ihm die Frau gestohlen. Doch im Todeskampf wird auch er ein letztes Mal vom verlorenen Paradies sprechen: »Was machen wir hier eigentlich, Mitch? Laß uns doch runter zum Fluß gehen, wo wir hingehören.« Die Suche nach dem verlorenen Paradies ist es, die die Menschen bei Sirk verbindet, und Rock ist immer der, der in der Natur versucht, die Zivilisation, den Sündenfall zu leugnen. Was ihm nie ganz gelingen kann, weil zu jedem Adam eine Eva gehört, die ihn verführt. Der so angelegte Garten Eden bleibt immer Rekonstruktion nach einem Bild, das er

mal mehr, mal weniger bewußt vor seinem geistigen Auge
stehen hat. Das verlorene Paradies wiederherstellen ist nur
eine andere Formulierung für das Glück, hinter dem Sirks Figuren vergeblich herjagen. Daß sich in *Written On The Wind*
alle nach dem Fluß, dem Spielplatz ihrer Kindheit, zurück-
sehnen, zeigt nur, daß sie nicht allzuviel dazugelernt haben.
Das ist den Menschen bei Sirk nicht beizubringen, daß in jedem Paradies ein Apfel hängt, in den früher oder später einer
hineinbeißen wird. So steckt die ganze Vergeblichkeit ihres
Strebens in Marylees Aussage vor Gericht, die zum Bewe-
gendsten gehört, was im Kino je zu sehen war: »Er (Kyle)

*»Er war traurig, er war der traurigste von uns allen. Er hatte so viel nötig
und er hatte so wenig.« – Hudson und Lauren Bacall werden auch später
nie glücklich sein können*

war traurig, er war der traurigste von uns allen. Er hatte so viel nötig und er hatte so wenig.«

The Tarnished Angels (Duell in den Wolken, 1957) war Hudsons achter und letzter Film unter Douglas Sirk. Als Vorlage für dieses Schwarzweiß-Melodram diente William Faulkners Roman »Pylon« (dt.: Wendemarke), den wieder einmal George Zuckerman in ein Drehbuch umarbeitete. Auch sonst war die Besetzung wieder weitgehend die gleiche wie in *Written On The Wind;* in den Hauptrollen diesmal Rock Hudson, Robert Stack und Dorothy Malone. Hudson hatte den Reporter Burke Devlin zu spielen, der sich während seiner Recherchen die meiste Zeit betrinkt oder mit einem Kater herumschlägt. Nach zwei Drehtagen kam die Anweisung, den Star in weniger negativem Licht erscheinen zu lassen. Rock Hudson erinnert sich: »Zu jener Zeit dauerte es zwei Tage, bis die Nachrichten der maßgebenden Leute am Drehort ankamen. Diesmal hieß es, ›Oh nein, Sie sind ein gefragter Star. Das können wir nicht machen.‹ So mußten wir noch einmal anfangen, alles wieder drehen, und ich hatte die Rolle mit einem Presseausweis im Hutband und einem Fedora zu spielen.«

Burke Devlin ist der beste Reporter von New Orleans, und er könnte noch besser sein, wenn er nicht dem Alkohol in großem Maße zusprechen würde. Auf einem Jahrmarkt lernt er drei Leute vom Flugzirkus kennen: den Flieger Roger Shumann (Robert Stack), dessen Frau LaVerne (Dorothy Malone) und seinen Mechaniker Jiggs (Jack Carson). Devlin wittert eine Story über Geschwindigkeit und Gefahr, Leidenschaft und Opfermut. Er hängt sich an die drei an, und obwohl die sein »Mitleid nicht brauchen«, nehmen sie sein Angebot, bei ihm zu wohnen, an. Während Shumann und Jiggs ihr Flugzeug für das Wettfliegen am nächsten Tag noch einmal unter die Lupe nehmen, unterhält sich Devlin mit LaVerne die ganze Nacht lang über Literatur und Leben, Träume und Sehnsüchte. Das ist vielleicht eine von Rock Hudsons besten Szenen: wie er in einem Sessel lümmelt und mit der verlockenden Dorothy Malone, deren Rock nur notdürftig ihre Beine verdeckt, Glas um Glas hinunterkippt und sich mit

»Ich habe mich die halbe Nacht über Literatur unterhalten – und zwar mit einem bildhübschen, halbnackten Mädchen.« – Einen kurzen Moment lang dürfen Dorothy Malone und Rock Hudson glauben, sie könnten ihre Vergangenheit vergessen und neu anfangen

ihr über ein ganzes Leben unterhält, ohne daß sie weitergingen, intim würden. Man spürt die Erleichterung dieser beiden Menschen, endlich einmal vorbehaltlos, aber ohne die üblichen Verwicklungen, miteinander reden zu können. An der Art, wie Devlin Fragen stellt, kann man merken, daß sein Beruf ihm im Blut liegt. Und LaVerne erzählt von ihren Träumen und Enttäuschungen, von einem Plakat, das sie 1918 aus Iowa weggelockt hat, und von Shumann, der sich mehr für die Fliegerei als für sie interessiert und sie, als sie schwanger war, eher widerwillig geheiratet hat. So schlägt Sirk in dieser Unterhaltung das ständig wiederkehrende Thema seiner Filme an, die in einem Bild verkörperte Sehnsucht, der seine Menschen ein Leben lang hinterherrennen. Bei La-Verne ist es »ein einfaches, buntes Plakat«, auf dem der Flieger Shumann abgebildet war, und bei Devlin sind es Wochenschauaufnahmen von dem Kriegsberichterstatter Richard Harding Wesley, der sein Vorbild, »sein Ideal« wurde. Am anderen Morgen wird Devlin seinem Kollegen erzählen, er habe sich die halbe Nacht über Literatur unterhalten, »und zwar mit einem bildhübschen, halbnackten Mädchen«. Doch als er seinen Chefredakteur um Freistellung für die Recherche bittet, wird ihm beschieden, die Geschichte sei nicht interessant, er solle statt dessen seinem Redakteursdienst nachgehen. Natürlich ist Devlin völlig anderer Meinung, hält die Geschichte für einen »menschlich interessanten Knüller«, wobei er allerdings verbirgt, daß er eher aus persönlichen Gründen an der Sache interessiert ist. Einerseits aus Faszination für diese Leute, die »zwar aussehen wie wir, aber keine Menschen sind«, andererseits, »weil letzte Nacht doch etwas zwischen uns beiden (Devlin und LaVerne) war«; »bisher war es Berufsinteresse, dies jetzt ist persönlich«. Was Devlin allerdings nicht sieht: daß LaVerne nie ihr Bild aufgeben wird, ganz gleich, was Shumann tut. Selbst als er sie bittet, bei einem verhaßten Flugunternehmer schön Wetter zu machen – sich also zu prostituieren für die Erlaubnis, eine abgetakelte Maschine aus seinem Hangar benutzen zu dürfen – wagt sie nicht, sich zu weigern. Das tut Devlin für sie, weil er ihre Prostitution nicht mitansehen kann. Er geht zu Matt Ord und überredet ihn, die Maschine Shumann zu überlassen. Dann geht er zurück zu LaVerne, die allein bei ihm zu Hause sitzt, trinkt und liest. Devlin gesteht LaVerne, daß er sie für »ein seltsames, wunderbares, überirdisches Wesen« halte. Und einen kurzen Moment lang dürfen beide glauben, daß sie alles vergessen könnten: »Noch etwas mehr Wein, und ich sage Ihnen, wie sehr Sie mir fehlen werden« – »Sagen Sie es mir, ich habe vergessen, wie es ist, einem Menschen zu fehlen.« Doch als sie sich gerade küssen, dringt vom Maskenfest nebenan ein als Totengerippe Verkleideter mit entsetzlichem Gelächter zur Türe ein. LaVerne hat recht behalten, als sie sagte: »Die Feier ist eine Tür weiter, und so war es für mich schon immer.«

Anderntags wird Shumann die Maschine besteigen und – nachdem er LaVerne zum ersten Mal seine Liebe gestanden hat – fliegt bei dem Wettrennen um die Wendemarken (Pylonen) in den Tod.

Beim Leichenschmaus muß Devlin erfahren, daß LaVerne nicht daran denkt, mit ihm zusammen wegzugehen – ein

»Ich mußte durch Unrat und Dreck kriechen, durch Schmerzen, Schmutz und Mist, aber dadurch fand ich Schönheit und Wahrheit, wo ich sie nie vermutet hätte.« Hudson als Reporter Burke Devlin bei den Leuten vom Flugzirkus (Robert Stack, Jack Carson und Dorothy Malone), »die zwar aussehen wie wir, aber keine Menschen sind«.

Traum begraben, alle Träume begraben. Sie geht zu Matt Ord, um sich mit dessen Geld über Rogers Tod hinwegzutrösten. Burke Devlin betrinkt sich hemmungslos, um anderntags mit der schmerzhaften Nüchternheit eines Katers in der Redaktion aufzutauchen, wo man ihm eine Geschichte über Shumanns Tod präsentiert: »Da ist sie nun also: die Story. Tote Tatsachen, weiter nichts. Ich, Burke Devlin, habe die Geschichte. Ich habe sie im Herzen ... Ich mußte durch Unrat und Dreck kriechen, durch Schmerzen, Schmutz und Mist, aber dadurch fand ich Schönheit und Wahrheit, wo ich sie nie vermutet hätte.« Wer Zweifel an Hudsons Können hat, schaue sich diesen Monolog aus den Redaktionsräumen

Gerade fliegt der Mann in den Tod: der Reporter, die Frau (Dorothy Malone) und der Mechaniker (Jack Carson) in ›The Tarnished Angels‹ (Duell in den Wolken, 1957)

»Werde ich Sie je wiedersehen?« – Mit Malone und Sohn in ›The Tarnished Angels‹ (Duell in den Wolken, 1957)

an, in dem er beweist, daß er sehr wohl in der Lage war, auch gebrochene Charaktere darzustellen – kein Actors' Studio, nur ein Studio Actor, ohne den Zwang zum ›overacting‹.

Danach hat er nur noch eines zu erledigen, LaVerne von Matt Ord loszueisen, wobei er erst einmal auf taube Ohren stößt. Doch auch bei ihr zeitigt sein Plädoyer Wirkung: »Sie müssen fortfahren, sich immer von neuem zu fragen: Was ist dein Traum, LaVerne? Was ist dein Traum heute?« Und als sie tatsächlich mit ihrem Sohn ins Flugzeug nach Iowa steigt, fragt Devlin: »Werde ich Sie je wiedersehen?« – »Ich weiß es nicht.« Ehe das Flugzeug an einem der Pylonen vorbei in den Wolken verschwindet, überreicht er ihr das Buch, über das sie in der ersten Nacht diskutiert hatten, mit den Worten: »Geben Sie es mir wieder – aber persönlich.«

103

»Lauter Niederlagen. Dieser Film ist eine einzige Ansammlung von Niederlagen«, hat Fassbinder geschrieben. Und in der Tat bleibt diesmal keiner verschont, nicht einmal Rock Hudson. Der ist diesmal weit entfernt von der Natur, hat Druckerschwärze in den Adern wie die andern Maschinenöl. Darum ist Hudson in dem Film liebenswerter als in den anderen, weil er menschlich ist, weil er zu den Verlierern gehört und ihm die harten Worte von LaVerne sehr wohl etwas ausmachen. In *All That Heaven Allows* hat er Jane Wymans Eröffnung, sie verlasse ihn, noch mit Fassung angehört – er hatte ja immer noch die Natur. In *The Tarnished Angels* leidet er an seinem Scheitern, trinkt, wo immer sich Gelegenheit dazu bietet, läuft herum mit hochgeschlagenem Jackettkragen und ausgebeulten Taschen, unrasiert und unfrisiert: nie sah er besser aus. Da ahnt man, was man aus ihm hätte machen können, hätte er nicht dem Diktat des Box-Office entsprechen müssen. Der klarsichtlack-überzogene Rock gefiel den Frauen eben besser. William Faulkner, der Literatur-Nobelpreisträger, vermutete, aus Rock Hudson könnte ein zweiter Gary Cooper werden. Auch wenn sich darüber streiten läßt, man muß Faulkner Recht geben, daß in Hudson viel mehr steckte, als letztlich ausgeschöpft wurde.

Douglas Sirk selbst verglich Hudson mit John Wayne, weil bei beiden Schauspielern die individuellen Rollen im Schatten ihrer Leinwanderscheinungen standen. Daraus ergibt sich von selbst, warum Hudson nicht öfter Rollen eines Burke Devlin spielen durfte. Seine Erscheinung ließ sich nie von den Rollen trennen – dazu war er zu stark seinem Image verpflichtet. Was Sirk über John Wayne gesagt hat, stimmt in mancherlei Hinsicht auch für Hudson: »Selbstverständlich besteht da immer die Gefahr der Versteinerung, der Gleichheit, einer fehlenden Abänderung ihres Stils. Weil die einzige Art von Stil, die ihnen zur Verfügung steht, ihre Persönlichkeit ist ... Versteinerung macht aus jedem eine Statue. Wayne ist ein großer Schauspieler, weil er versteinerte ... Man bräuchte auch dafür eine Autorentheorie. Weil er eine ausgesprochen eigenständige Handschrift besitzt. Ich genieße es, ihn zu sehen: er ist eine Ziffer, ein Zeichen im Kino ge-

*Das Ideal im Bild steht ihnen zu nah vor Augen ⌐ Hudson und Malone,
Druckerschwärze und Maschinenöl in ›The Tarnished Angels‹ (Duell in
den Wolken, 1957)*

worden.« Was Sirk hier über Wayne sagt, ist mit gewissen
Einschränkungen auch für Hudsons Figur in den Melodramen zutreffend; für die unbewegliche, ideologische Figur,
die er dort darstellt. Diese Tendenz wird vor allem noch dadurch verstärkt, daß er in den mittleren beiden Melos Ide-
altypen zu spielen hat: ein Ideal physischer Schönheit und
psychischer Intaktheit. Im Gegensatz zu den anderen begreift er die ihn umgebende Welt und sich selbst als Teil von
ihr; er läßt sich von seinen »natürlichen« Instinkten leiten.
Von den unmittelbaren sozialen Umständen wird er kaum
berührt und gerät so zur geradezu mythischen Figur. Seine
narrative Funktion besteht in der Eindimensionalität und

Statik eines Ron Kirby oder Mitch Wayne, wodurch er zur Folie für all die gespaltenen Charaktere seiner Umgebung wird. Sirk: »Auf dem Theater würde man wahrscheinlich sofort sagen: Rock Hudson sollte überhaupt nicht spielen! Natürlich war er kein Schauspieler in dem Sinn, aber er war doch in seiner Art eine Persönlichkeit, die etwas repräsentierte für die damalige Zeit, die ich immer die Eisenhower-Epoche nenne ... Er war das Abbild des größeren Teils des Publikums ... Rock Hudson war kein ›split character‹. Er war kein Charakter, wie ich ihn an und für sich liebe, im Theater sowohl als auch auf der Screen, kein interessanter Charakter, wie James Dean einer war ...

Die Filme, die ich mit Rock Hudson gemacht habe, sind verkauft worden als Rock-Hudson-Filme, das heißt, er war für das Publikum das Anziehende an diesen Filmen. Der Erfolg der Filme, die ich gemacht habe, ist zum Teil zurückzuführen auf seine Präsenz in diesen Filmen. Das gilt auch für die späteren Filme, auch wenn ich einen anderen Star dazugenommen habe. Er blieb für Jahre die Box-Office-Nr. 1, das Sicherste, was es überhaupt gab in Hollywood ... Manchmal mußte ich Rock Hudson, wenn ich einen Film, so unbedeutend er sein mochte, interessant machen wollte, eigentlich ... nachteilig besetzen, d. h. ich mußte ihn in eine schauspielerisch untergeordnete Position ... schieben: wegen seiner Persönlichkeit, weil ich seine Persönlichkeit achten wollte. So ist er in einigen meiner Filme sozusagen überspielt worden von anderen Schauspielern neben ihm, die, was das Box-Office anging, wenig oder gar nichts bedeuteten.«

Der ständige Vorwurf, Hudson sei bloß ein Kunstprodukt der Studios, wird durch die vier Melodramen von Douglas Sirk zurückgewiesen. Er war ein Kunstprodukt – was sagt das schon über seine Leistung? Er war eines, aber was für eines! Bob Merrick, Ron Kirby, Mitch Wayne, Burke Devlin – Bilder vom amerikanischen Traum. Und Ulrich Kurowski schreibt: »Wer jemals *Written On The Wind* im amerikanischen Original gehört und gesehen hat, weiß, daß Rock Hudson Leiden spielen, verkörpern konnte. Und reflektieren konnte – ein Automat wäre dazu nicht fähig gewesen.«

Auf dem Weg zur Spitze

Eine Scheinehe und fast ein Oscar

»Ich verabschiede mich von Ihnen nicht
im Mondschein. Das wäre zu romantisch.«

Elizabeth Taylor zu Hudson in *Giant*

Der erste Film nach dem gigantischen Erfolg von *Magnificent Obsession* bei Publikum und Kritik war ein Rückfall in den Studio-Alltag. Nachdem Hudson das Script gelesen hatte,

Hudson auf dem Weg zur Spitze, 1956

weigerte er sich zwar nicht, die Rolle des Captain Jeffrey Claybourne zu übernehmen, aber er ließ doch durchblicken, daß er seiner Meinung nach bessere Drehbücher verdient hätte. Laslo Benedeks *Bengal Brigade* (Gewehre für Bengali, 1954) zeigt Hudson in der gewohnten Rolle als romantischen Helden, ohne dieser Figur neue Aspekte abgewinnen zu können. Hudson führt eine Brigade der Sepoy-Truppen (d. h. eingeborene Soldaten der britischen Armee in Indien) gegen anderslautende Befehle in ein Gefecht, das er gewinnt.

›Bengal Brigade‹ (Gewehre für Bengali, 1954) mit Arlene Dahl

Der Rebell im Irland der mit leichtem Herzen begangenen Untaten

Als man ihn wegen mangelnden Gehorsams belangen will, legt er freiwillig sein Offizierspatent nieder. Er gibt auch Vivian (Arlene Dahl), die Tochter des Colonels frei, weil er sie nicht mit seiner ungewissen Zukunft belasten will. Als er von den Plänen des Radjah Karam hört, der die Briten aus Indien vertreiben will, gibt er sich bei ihm als Verräter aus, um in Wirklichkeit sein Vorhaben zu vereiteln. Am Ende kann er den Colonel, Tochter Vivian und ein paar Sepoys retten und die Rebellion zerschlagen, wird rehabilitiert und bekommt die Tochter.

Auch der darauffolgende Film war ein Kostümfilm, diesmal wieder unter der Regie von Douglas Sirk, allerdings nicht an-

Hudson bekommt die Manieren eines Gentlemens auf dem glatten Parkett der hohen Gesellschaft beigebracht – mit Barbara Rush

nähernd so erfolgreich wie *Magnificent Obsession. Captain Lightfoot* (Wenn die Ketten brechen, 1955) war dafür besser, weil dort die melodramatischen Elemente innerhalb des meisterlichen Genre-Films weit weniger aufdringlich wirkten, sich harmonisch in den Kontext des Abenteuerfilms fügten. Der Film beginnt mit einem poetischen Vorwort: 1815 – Das Irland, der tiefen schwarzen Flüsse und Dragoner mit roten Mänteln, ein Land, verbittert durch den Widerstand gegen

›Captain Lightfoot‹ (Wenn die Ketten brechen, 1955) – mit Barbara Rush in einem Irland aus Technicolor

fremde Herrschaft. Das Irland der Geheimbünde und Stra-
ßenräuber auf staubigen Wegen. Das Irland der mit leichtem
Herzen begangenen Untaten. Letzteres wird von Michael
Martin (Hudson) verkörpert; sein Name daher: Captain

111

Lightfoot. Als er Streit mit Regis Donnell, dem Anführer einer Gruppe von Patrioten, die auf passiven Widerstand setzen, bekommt, geht er nach Dublin. Dort bringt ihm die hilfreiche Bardame Aga Doherty (Barbara Rush) das Betragen und die Manieren eines Gentleman bei. Er tut sich mit ihrem Vater John (Jeff Morrow) zusammen, der einen Spielsalon für die gehobenen Stände unterhält. Unter seinem Spitznamen ist er allerdings besser bekannt: Captain Thunderbolt, Irlands führender Freiheitskämpfer. Doch nachdem Lightfoot gefangengenommen und in Balleymore Castle gefangengehalten wird, ist es Regis, der die englischen Wachen in die Flucht schlägt und ihn befreit. Doherty geht ins Ausland, um sich von seinen Verletzungen zu erholen, und Lightfoot übernimmt die Führung der Rebellen.

Douglas Sirk erzählt diese romantische Geschichte von hitzköpfigen Abenteurern in Cinemascope und entwirft ein Bild des kühlen Irlands in Technicolor: verfallene Schlösser, weiß gestrichene Dörfer, neblige Wälder und kleegrüne Wiesen. In der in ihrer präzisen Eleganz schönsten Szene des Films stehen sich Lightfoot und ein englischer Offizier bei einem Duell auf friedlicher Wiese gegenüber. Beide sind in Schwarz gekleidet und rauchen Zigarren. Der Engländer schießt daneben. Lightfoot hebt die Pistole, zielt und trifft absichtlich eine Vogelscheuche. Beeindruckend ist dabei auch, wie Hudson die kaltblütig verachtende Überlegenheit des Hitzkopfs spielt.

Mitte der fünfziger Jahre hatte die Filmindustrie, aus welchen Gründen auch immer, einen Rückgang des weiblichen Publikums zu beklagen. Daraufhin wurden konzentrierte Anstrengungen unternommen, die Frauen wieder ins Kino zu locken; ein romantischer Held wie Rock Hudson schien genau das richtige Mittel. Dazu kamen die Ingredienzien wie Mißverständnisse, tragische Verwicklungen sowie enttäuschte oder erfüllte Mutterliebe. Dinge, die – wie es *Variety* ausdrückt – von jeher solche Mädchen ansprachen, die auch regelmäßig Seifenopern und Fortsetzungsromane verfolgten. Nach diesem Rezept drehte Jerry Hopper mit Rock Hudson gleich zwei Filme in Folge: 1955 *One Desire* (Und wäre die

Liebe nicht) und 1956 *Never Say Goodbye* (Nur Du allein).
Beides sind Melodramen, die jedoch nicht entfernt an die zur
gleichen Zeit entstandenen Filme von Douglas Sirk heranrei-
chen. Ihre Strickmuster sind beinahe identisch; was alleine
zählt, ist der sentimentale Effekt, ohne daß beim Zuschauer
etwas anderes als Tränen bewirkt würden. Das Melodramati-
sche kommt immer von außen – Eifersucht, Trennung von
den Kindern und Tod –, statt sich aus den Charakteren zu

Lightfoot mit Thunderbolts Tochter, Barbara Rush

entwickeln. Die Eindimensionalität der Figuren ergibt auf nur einer Ebene Konflikte; alles läßt sich durch Aktion lösen. Die Geschichten basieren auf einer Dreiteilung, an deren Grenzen jeweils die Spannung eskaliert, um sich zum Happy-End aufzulösen.

Auf alle Fälle waren beide Filme taugliche Vehikel, Rock Hudsons Ruhm zu mehren: der Herzensbrecher als alleingelassener Vater auf der Suche nach einer Mutter für sein Kind. Tacey Cromwell (Anne Baxter), Teilhaberin an einem zwielichtigen Spielsalon, liebt Clint Saunders (Rock Hudson), der seine Zeit an den Spieltischen zubringt. Clint entscheidet sich, sein Glück in Randsberg, einer neuen, aufstrebenden Kleinstadt zu versuchen. Tacey, die auf ein besseres Leben und eine Heirat mit Clint hofft, sowie Clints Bruder Nuggett gehen mit ihm. Tacey schließt Freundschaft mit dem verwaisten Mädchen Seely (Natalie Wood) und nimmt sie zu sich nach Hause. Judith Wartrous, Tochter des städtischen Bankpräsidenten, will Clint haben und veranlaßt, daß – mit Verweis auf Taceys Vergangenheit – ihr die Kinder genommen werden. Worauf Tacey zurück in ihre Spielhölle geht und Clint Judith heiratet, die die beiden Waisenkinder adoptiert hat. Doch Seely läuft davon zu Tacey, die die Kleine aber wieder zurückbringt, um dort zu erfahren, daß Judith für den Entzug des Sorgerechts verantwortlich war. Daraufhin eröffnet Tacey aus Rache im Haus nebenan einen Spielsalon. Als Clint erkennt, daß er in Wirklichkeit Tacey liebt, kommt es zu einem heftigen Streit, bei dem Judith eine Lampe umstößt und im Feuer umkommt. Das Feuer zerstört auch Taceys Spielsalon, womit die Schatten der Vergangenheit beseitigt sind und der Weg in ein besseres Leben freisteht. *Monthly Film Bulletin* nannte *One Desire* »ein schwerfälliges und klebriges Melodram, bei dem es außer den detaillierten und einfallsreichen Dekors nichts zu erwähnen gibt. Das Niveau des Stils und der Charakterisierung entstammen den Zeitschriftenromanzen für viktorianische Dienstmädchen, und die Schauspieler können nicht einmal für ihre erfolglosen Versuche, dies zu verdecken, verantwortlich gemacht werden.«

›Never Say Goodbye‹ (Nur Du allein, 1956) – Mit Cornell Borchers beim sentimentalen Effekt

Never Say Goodbye basierte auf einem Stück von Luigi Pirandello und war das Remake eines Films von 1945 mit Merle Oberon und Charles Korvin *(This Love of Ours)*. Rock Hudson spielt darin einen erfolgreichen kalifornischen Physiker, der mit seiner achtjährigen Tochter allein lebt. Nach einem medizinischen Kongreß in Chicago trifft er zwei Personen aus seiner Vergangenheit wieder, den Künstler Victor (George Sanders) und seine verloren geglaubte Frau Lisa (Cornell

Borchers), die, als sie Hudson sieht, davonläuft und auf der Straße vor dem Café von einem Lastwagen überfahren wird. Hudson nimmt die Notoperation selbst vor – Höhepunkt eins.

Es folgt eine Rückblende ins Nachkriegs-Wien, wo Hudson als Captain eines US-Corps Borchers kennengelernt hat. In einem Anfall von Eifersucht läßt er sie sitzen und nimmt das Kind mit. Eine Versöhnung mißlingt, als Borchers im russischen Sektor gefangengenommen wird. – Höhepunkt zwei.

Als sich Borchers von dem Unfall erholt hat, überredet Hudson sie, mit ihm nach Hause zurückzukehren. Sie kommt als seine Frau nach Hause und muß darum kämpfen, von ihrer Tochter akzeptiert zu werden, was ihr schließlich auch gelingt. *Variety* schrieb über Hudsons Vorstellung, sie sei »geeignet, dem weiblichen Publikum die Taschentücher herauszulocken«.

Die hatte er der vereinigten Frauenschaft noch vor den Dreharbeiten zu *Never Say Goodbye* im November 1955 ohnehin schon herausgelockt. Denn Rock Hudson, der ewige Junggeselle, hatte am Mittwoch, den 9. November, die Sekretärin seines Agenten, Phyllis Gates, geheiratet. Die Regenbogenpresse war begeistert: »Ein anderer, der gewartet und gewartet und gewartet hat, ist Rock Hudson. Allerdings, arg viel länger wird er nicht mehr warten, denn der neue ›König‹ hat seine Königin in der Person der hübschen und intelligenten, brünetten Phyllis Gates gefunden.« Wie erst 1985 bekannt wurde, hat Hudson seine Frau nicht gefunden, sondern man hat sie für ihn ausgesucht. Als das Enthüllungsblatt *Confidential* drohte, Hudsons homosexuelle Neigungen publik zu machen, zwangen die Universal-Studios ihren neuen Star, in dessen Aufbau sie eine Menge Geld investiert hatten, in eine Ehe. Sheila Graham beschrieb Phyllis in *Photoplay* als »keinen glanzvollen Star, keine strahlende Schönheit, sondern eine frühere Stewardeß aus Minnesota, wie ein Mädchen aus dem Nachbarhaus. Sie kann gut kochen und sich sauber anziehen.« Wen immer Phyllis' Kochkünste interessieren mögen, der Wahrheit kam man auch dadurch nicht auf die Spur. Was mag sich Phyllis Gates bei dieser Heirat gedacht haben?

Vielleicht hoffte sie als Sekretärin des Agenten dadurch ihren Job behalten zu können. Auf alle Fälle war Hudson natürlich eine gute Partie, und als drei Jahre später die Ehe wegen seelischer Grausamkeit wieder geschieden wurde, hatte sie dabei keinen schlechten Schnitt gemacht. Im Oktober 1955 wußte *Photoplay* zu berichten: »Rock Hudson hat es getan. Er hat dem Mädchen, das er liebt, einen Diamanten und ein Halsband aus Opalen geschenkt. Man weiß, daß es sich da um Liebe handeln muß, denn dies ist das erste Mal, daß Hudson Schmuck verschenkt hat. Das höchste, was seine frühere Freundin Betty Abbott von ihm bekommen hatte, waren ein paar Dutzend Rosen.« Auch das sagt natürlich nichts

›Never Say Goodbye‹ (Nur Du allein, 1956) – Mit Cornell Borchers und George Sanders

über die Beziehung der beiden aus, außer daß in Hollywood Liebe noch allemal in Geld aufgewogen wurde. Es wurde berichtet, daß die beiden nach ihrer Heirat in Santa Barbara auf die Bermudas in die Flitterwochen fuhren, um dann in Hudsons Junggesellenwohnung zu ziehen, die – Zitat – nur *ein* Badezimmer besaß. Und noch einmal die Kolumnisten, diesmal Cal York: »Selbst seine Mutter, die die Nachricht am Abend vor der Zeremonie erhielt, war nach wie vor überrascht. Von nun an wird der glückliche Bräutigam, der glaubt, er habe sich das Recht verdient, sein Privatleben privat zu halten, es vermeiden, in der Öffentlichkeit zu leben und zu lieben. Bei der riesigen Popularität des mächtigen Rock haben wir allerdings Zweifel, ob ihm das gelingen wird. Um seinetwillen wollen wir mit ihm hoffen.« Da allerdings hat der Kolumnist das Allwissen der Regenbogenpresse unterschätzt. Hudson gelang es fast ein ganzes Leben lang, seine Privatsphäre samt seinen Neigungen vor der Öffentlichkeit geheimzuhalten. Erst im Angesicht des Todes kam die Wahrheit ans Licht.

1956 folgte der für Hudson erfolgreichste Film seiner Karriere, der ihm, über dessen schauspielerisches Unvermögen so oft gespottet wurde, die Genugtuung verschaffte, für seine schauspielerische Leistung für einen Oscar nominiert zu werden.

Es begann bereits mit einem enormen Erfolgserlebnis. Bei der Besetzung der Rolle des Bick Benedict in der Warner-Brothers-Produktion *Giant* (Giganten) wurde er Top-Stars wie William Holden, Clark Gable und Gary Cooper, die sich auch für diese Rolle interessierten, vorgezogen. Als sich das Studio entschieden hatte, machte sich Hudson sofort an die Arbeit, hörte sich Aufnahmen aus Texas an und übte den typisch texanischen Akzent. Trotz seiner Vorbereitungen trat der als Perfektionist bekannte Regisseur George Stevens nicht mit ihm in Kontakt: »Ich wußte überhaupt nicht, was er von mir erwartete. Als ich ihn dann einfach anrief, sagte er: ›Warum fangen Sie nicht einfach irgendwie das Arbeiten an, und wir sehen dann, was wir daraus machen? Ich sorge mich selbst noch um den Film.‹ Das beruhigte mich. Er hat eine

Die Rolle seines Lebens – mit Elizabeth Taylor in ›Giant‹ (Giganten, 1956)

hypnotische Ausstrahlung. Er erzählt dir was, und danach hast du das Gefühl, genau das tun zu müssen, was er gerade gesagt hat.« Tatsächlich wurde Hudson für *Giant* das erste (und einzige) Mal für den Oscar nominiert; er verlor dann allerdings zusammen mit James Dean, Kirk Douglas und Laurence Olivier gegen Yul Brynner. Damals hieß es noch vielerorts, daß bei diesem Leistungsanstieg wohl zu erwarten sei, daß Rock Hudson früher oder später einen Oscar bekommen würde. Da rechnete noch keiner mit dem Zusammenbruch des Star-Systems.

Giant wurde nach *The Ten Commandments* (Die zehn Gebote) und *Around The World In Eighty Days* (In achtzig Tagen um die Welt) der drittgrößte Kassenerfolg des Jahres. Neben verschiedenen anderen Gründen war daran nicht zuletzt der Tod James Deans schuld, der noch vor der Premiere des Films eintrat und eine Menge Leute ins Kino lockte, um Dean in seiner letzten Rolle sehen zu können. Über die Beziehung zwischen Dean und Hudson wird wenig berichtet, außer daß sie sich nicht riechen konnten. Der eine konnte die Launenhaftigkeit des jungen Rebellen nicht ausstehen, was der andere wiederum als Arroganz auslegte. Zum Vergleich zwischen den beiden – Actors' Studio gegen Studio Actor – läßt sich bemerken, daß Hudsons Darstellung zwar weniger spektakulär, dafür jedoch wesentlich homogener und beständiger ausfiel. Da steht die Solidität des Arbeitstiers gegen den – wie es der Kritiker Claudius Seidl ausdrückte – Wahnsinn mit Methode.

Giant beginnt mit einer Zugfahrt. Man sieht eine Jagdgesellschaft und weiß, als Hudson aus dem Zug steigt, daß er hier nicht zu Hause ist. Die europäische Eleganz der Fuchsjagd kontrastiert mit den Cowboystiefeln, die Hudson zum Anzug trägt. Bald erfährt man, daß Rock Hudson einen texanischen Rancher und Großgrundbesitzer spielt, Bick Benedict heißt und nach Maryland an die neuenglische Ostküste gekommen ist, um Dr. Horace Lynnton den Hengst »Westwind« abzukaufen. Als die beiden vom Bahnhof zu den Lynntons fahren, sagt der Arzt, bei der Reiterin handle es sich um seine Tochter. Worauf Benedict antwortet: »Sie haben recht – ein wunderschönes Pferd.« Damit ist bereits der Ton angeschlagen, mit dem er später versucht, auch seine Frau zu behandeln. In Texas rangieren die Frauen nur wenig vor den Pferden. Trotzdem ist am Ende seines Aufenthaltes in Maryland der Handel perfekt – nicht nur bezüglich des Pferdes, sondern auch der Tochter. Daß Rock Hudson und Elizabeth

Taylor einander kriegen würden, war bereits klar, als sie sich am Frühstückstisch gestritten haben. Sie hatte sich nachts – beeindruckt von dem großen, gutaussehenden Mannsbild – aus Büchern etwas historisches Wissen über Texas angeeignet, was Bick zu der Bemerkung veranlaßte, er habe noch nie so törichte Ansichten über Texas gehört wie hier im Osten. Schon in dieser Exposition entfaltet George Stevens die grundlegende Problematik der späteren Ehe. Hier das Töchterchen aus gepflegt reichem Hause, intellektuell, gebildet, als Frau geachtet, zur Ironie fähig. Dort der borniere Texaner, pragmatisch, voller Stolz auf seinen Staat, an historischen und gesellschaftlichen Entwicklungen nicht interes-

Er hat noch nie so törichte Ansichten über Texas gehört wie hier im Osten: Hudson, Napoleon Whiting, Carolyn Craig, Elizabeth Taylor, Judith Evelyn und Paul Fix

121

siert. Und doch verpaßt Bick nicht ganz unabsichtlich seinen Zug und hat es Leslie nicht allzu eilig, ihn zu verabschieden. Und schon in der nächsten Einstellung liegen die beiden gemeinsam im Zugabteil, um als frisch verheiratetes Paar auf Reata, dem Gut der Benedicts, Einzug zu halten. Als ihr bei der Ankunft von mexikanischen Bediensteten geholfen wird, befaßt sie sich ausgiebig mit ihnen. Darauf Bick: »Bedank dich nicht so viel. Man macht hier nicht so viel Wirbel um diese Leute.« Man sieht, daß auch in der Ehe die Probleme nicht

Wie sich Gegensätze anziehen: Pragmatismus und Bildung, Borniertheit und Ironie, Texas und Maryland

Das frisch vermählte Paar im herrschaftlichen Haus von Reata – Hudson, Taylor und Mercedes McCambridge

abreißen. Leslies und Bicks Selbstverständnis stößt immer wieder aufeinander – Aufgeklärtheit gegen Traditionalismus (in all seinen Ausformungen: Patriarchismus, Rassismus, Konservativismus etc.). Trotzdem läßt Rock Hudson seine Rolle nicht zur Karikatur verkommen, verschafft seiner Liebe und Zuneigung zu Leslie Glaubwürdigkeit und erzielt mit seiner naiven, der Tradition verpflichteten Gutmütigkeit Verständnis für seinen Bick Benedict. Bicks Schwester Luz begegnet dem Neuankömmling Leslie mit unverhohlener Abneigung, muß aber einsehen, daß sie der gewandteren

Zunge der ihrer Meinung nach verweichlichten Leslie nicht beikommen kann. Um zu beweisen, daß sie dennoch die »Herrin« im Haus ist, will sie wenigstens Leslies Pferd »Westwind« bändigen. Doch auch das gelingt ihr nicht, und sie bricht sich bei einem unglücklichen Sturz das Genick.

Doch die Probleme sind dadurch nicht beseitigt. Leslie beharrt weiterhin auf ihrem Standpunkt, beschafft den in Baracken hausenden mexikanischen Arbeitern einen Arzt, obwohl ihr Bick das untersagt. Als die Benedicts jedoch den texanischen Geldadel der Umgebung zu einer Abendgesellschaft einladen, kommt es zum Eklat. Nach dem Kaffee ist sie keineswegs bereit, sich zu den Frauen zu gesellen, während die Männer »über Politik reden«. Sie ist erbost darüber, daß sie als Frau offenbar für zu dumm gehalten wird, um über Politik reden zu können, und beschwert sich lauthals. Bick wiederum geniert sich vor seinen Freunden, weil die den Eindruck haben müssen, er hätte in seiner Ehe nicht die Hosen an: »Was fehlt dir, bist du krank? ... Leslie, du bist müde!« Als sich Leslie dann in die ›Frauenecke‹ verzieht, um dort – wie sie spöttisch ankündigt – über »Kinder und Küche« zu reden, finden die anderen Ehefrauen Ausreden, »um sich zurückzuziehen«. Danach kommt es im ehelichen Schlafzimmer zur Diskussion: Sie habe ihn lächerlich gemacht, seine Freunde beleidigt, sie alle hingestellt, als seien sie gerade aus dem Urwald gekommen: »Wann willst du dich endlich einfügen und dich benehmen wie alle Frauen?« Doch das ist lediglich das letzte Aufbegehren des Patriarchats, das im amerikanischen Kino der Fünfziger systematisch demontiert wird. So auch im Schlafzimmer der Benedicts. Bicks Zorn verraucht angesichts der Verführungskünste seiner Frau. Dem bewußten Einsatz ihrer weiblichen Mittel hat er nichts entgegenzusetzen – Liebling, nimm den Hut ab; du kannst nämlich bezaubernd sein, wenn du willst; komm, Liebling, du mußt doch nicht so dumm sein. Sein letztes Aufmucken – alles, was Reata angeht, bestimme ich – geht in der Abblende unter.

Als sich dann auch noch sein kleiner Sohn mit Händen und Füßen dagegen wehrt, auf seinem Geburtstagsgeschenk, einem Pony, zu reiten, hat das Patriarchat endgültig ausge-

Die Dinge müssen sich ändern, damit sie die gleichen bleiben – der Niedergang des Patriarchen in den Fünfzigern

dient. In der nächsten Generation werden dann die Rollen getauscht, der Sohn wird Arzt und die Tochter geht auf die Landwirtschaftsschule, wird später vielleicht Reata übernehmen.

Mittlerweile hat Jett Rink (James Dean) auf seinem Stück Land Öl gefunden und kann es sich endlich leisten, den Benedicts die Meinung zu sagen. In diesem Aufeinandertreffen offenbaren sich auch Hudsons Qualitäten. Man spürt seine Schwerfälligkeit, seinen ganzen ohnmächtigen Zorn gegen den Emporkömmling – fast ein Abbild ihrer tatsächlichen Beziehung, ihrer grundverschiedenen Spielweise.

Dann überspringt der Film ein paar Jahre. Einiges hat sich

Eins zu Null für Hudson im Kampf »Studio Actor vs. Actor's Studio« –
Hudson, Taylor, Dean

geändert. Bick sitzt im Sessel und liest Zeitung, wie das Millionen anderer Amerikaner nach Feierabend tun. Auch die Inneneinrichtung hat sich verändert. Aus dem rustikal-pompösen, in Brauntönen gehaltenen Interieur ist ein modernes amerikanisches Wohnzimmer in Pastellfarben geworden. Da zahlt sich dann George Stevens' berüchtigte Pedanterie im Umgang mit der Ausstattung aus. Die Innenräume erzählen von den Veränderungen, die in und zwischen den Personen vorgegangen sind. So wie später Doris Day in *Pillow Talk* ihre Macht über Hudson ausüben wird, indem sie seine Wohnung neu einrichtet, so spiegelt auch hier das Mobiliar, wiewohl wesentlich subtiler, die Macht der Frau über ihren

Mann wieder. Mit einem Mal wirkt das große Mannsbild – in seinem Sessel inmitten der Pastellfarben – ganz harmlos, rührend hilflos. Und auf einmal ist es Bick, der in der Erziehung der Kinder liberaler und toleranter als Leslie wirkt. Nur als es darum geht, ob der Sohn Jordan Medizin studieren darf, bäumt sich sein väterlicher Stolz auf. Schließlich gilt es die Tradition Reatas zu wahren, der Besitz soll in die Hände des einzigen Stammhalters übergehen. Doch auch da muß er das bittere Opfer bringen.

Inzwischen ist Jett Rink zum dollarschweren Tycoon geworden und bedrängt Bick Benedict immer wieder, auch sein Land für die Ölerschließung frei zu geben. Aber nachdem er zuerst mit den Worten »Reata ist eine Ranch und kein Öl-

Hudson und James Dean: Die beiden können sich nicht riechen

feld« abgelehnt hatte, sieht er später ein, was auch Burt Lancaster in Viscontis *Leopard* einsehen mußte: daß die Dinge sich ändern müssen, damit sie die gleichen bleiben. Die überkommene Macht läßt sich in diesem Hochgeschwindigkeitsjahrhundert nur halten, wenn man mit ihm Schritt hält, sich anpaßt und Kompromisse eingeht. So richtet sich auch Bick Bendict in seinem neuen Ölwohlstand ein, lümmelt in einer Liege am Swimming-pool, um dort seine Geschäfte zu tätigen.

Bei einer Ehrung für Jett Rink kommt es ein letztes Mal zum Ausbruch der offenen Feindschaft zwischen Bick und Jett. Denn als Jordan, der ein mexikanisches Mädchen geheiratet hat, Jett auf dem Weg zum Bankett zur Rede stellt, warum seine Frau in seinem Hotel nicht bedient werde, wird er von Jett brutal zusammengeschlagen, während ihn zwei seiner Gorillas festhalten. Als Bick beim Faustkampf jedoch feststellt, daß Jett so betrunken ist, daß er sich kaum auf den Beinen halten kann, läßt er ihn einfach stehen und befiehlt seiner Familie, das Bankett sofort zu verlassen. Bick hat eine Menge gelernt. Und Rock Hudson ist in den Bankettszenen zwar nicht so spektakulär wie Dean, aber dafür so würdevoll, daß man sich fragt, warum Hudson, als er dann tatsächlich älter war, nicht den Sprung in ein anderes Rollenfach geschafft hat, wie das etwa Burt Lancaster gelang, der zu Beginn seiner Karriere ein ähnliches Beefcake-Image wie Hudson hatte.

Auf der Heimfahrt nach Reata machen die Benedicts halt in einer Raststätte, in der Mexikaner nicht bedient werden. Es kommt zwischen Bick und dem Besitzer zum Streit, zu einem Faustkampf, bei dem Bick schließlich unterliegt. Wie ein gefällter Baum liegt er inmitten des zertrümmerten Mobiliars und hat dennoch gewonnen – er, der frühere Rassist, hat sich gegen den Rassismus eingesetzt. Und so sagt auch seine Frau zu ihm, als die beiden in der Schlußszene auf dem Sofa liegen und Bick sich in Selbstvorwürfen ergeht (er sei eine traurige Figur, ein Versager, und nichts sei so geworden, wie er wollte): »Erinnerst du dich an all den Kram, mit dem du mich früher beeindrucken wolltest? Aber nichts von all dem ließ dich so groß erscheinen, als wie du da auf dem Boden von Sarges

Der Texas-Rancher in einer fremden, anderen Welt: Ein Bild von Degas (links) und ein Sohn, der lieber Arzt als Rancher werden will (Dennis Hopper, rechts)

Hamburger-Bude lagst. Als du über die schmutzigen Teller flogst, warst du mein Held.« Es ist die Frau, die entscheidet, was Heldentum ist und was nicht. Und Bick sagt dazu: »Ich kann mir nicht helfen, und wenn ich so alt werde wie Methusalem, aus dir werde ich mein Leben lang nicht schlau.« Und ihre beiden Enkel, beide Mischlinge, stehen daneben im Kinderstall und scheinen zu nicken. Sie sind Amerikas Zukunft. Der Erfolg von *Giant* und *Written on the Wind* ließ Rock

Hudson mit einem Schlag zum erfolgreichsten Star Hollywoods aufsteigen. 1957 erschien er das erste Mal in der jährlich vom *Motion Picture Herald* herausgegebenen Liste der erfolgreichsten Kassenstars. Er stand an erster Stelle. George Stevens sagte nach ihrer Zusammenarbeit:»Ich wußte damals, daß es ein Glücksspiel war, als ich Rock Hudson für die Rolle des Bick Benedict auswählte. Wenn ich aber zurückdenke, hat sich das Risiko, das ich einging, voll bezahlt gemacht. Für Hudson war es einfach *die* Chance, endlich wieder einmal seine Fähigkeiten unter Beweis zu stellen ... Nun gibt es für einen Regisseur nichts Befriedigenderes, als wenn er das Können seiner Schauspieler voll auszunützen vermag ..«

Dann erfolgte ein Gastauftritt in Jack Shers *Four Girls In Town,* Rock Hudson spielte Rock Hudson in einer Geschichte, die die Methoden der Studios auf die Schippe nimmt. Es geht um einen weltweiten Talenttest, bei dem die Manning National Studios versuchen, eine Hauptdarstellerin für ihre Bibelverfilmung *Die Geschichte der Esther* zu finden. Vier Mädchen aus aller Welt, Amerika, Frankreich, Österreich und Italien (Julie Adams, Elsa Martinelli, Marianne Cook und Gia Scala), werden für Probeaufnahmen nach Hollywood bestellt und werden erst einmal in Liebesaffären verwickelt, um am Ende die Hauptrolle an einen bereits bekannten Star, Rita Holloway, zu verlieren. Man kann Hudsons Ruhm ungefähr abschätzen, wenn man sich überlegt, wie viel es braucht, um in einem Film sich selbst spielen zu dürfen.

Dann drehte er wieder mit Douglas Sirk. Doch selbst der Regisseur gab später zu, daß Hudson in *Battle Hymn* (Der Engel mit den blutigen Flügeln) hoffnungslos fehlbesetzt gewesen sei: »Rock Hudsons Talent ließ ihn für eine unbewegliche Rolle ausscheiden. Aber hier mußte ich ihn besetzen – und unglücklicherweise gab ich ihm die Rolle eines gespaltenen Charakters. Ein Schauspieler wie Robert Stack wäre dafür wesentlich geeigneter gewesen.« Woraus man wieder einmal ablesen kann, daß Hudson nur vertikale, nicht aber horizontale Veränderungsprozesse darstellen konnte; für den Riß, der durch die Person geht, war sein Talent doch zu einseitig.

Was noch nichts über seine Qualität als Schauspieler aussagt, sondern nur etwas über das Rollenfach, für das er geeignet war. Ursprünglich hatte sich Robert Mitchum um die Rolle des amerikanischen Helden in Korea gerissen, doch das Vorbild für die Rolle, Colonel Hess, äußerte öffentlich, daß er

›Battle Hymn‹ (Der Engel mit den blutigen Flügeln, 1957) – Colonel Dean Hess und die Koreanerin (Anna Kashfi)

nicht bereit sei tatenlos zuzusehen, wie ein Ex-Sträfling ihn auf der Leinwand porträtiert. (Mitchum war in den späten Vierzigern wegen Drogenbesitzes verurteilt worden.) Auf diese Weise wurde leider die sicherlich vielversprechende Zusammenarbeit zwischen Douglas Sirk und Robert Mitchum verhindert. *Battle Hymn* schildert das Leben eines Predigers aus einer amerikanischen Kleinstadt, der nicht vergessen kann, daß er während des Zweiten Weltkriegs aus Versehen ein deutsches Waisenhaus bombardiert hat. Als er mitbekommt, daß der Korea-Krieg erfahrene Piloten erfordert, vertauscht er die Kanzel mit einem Job bei der Armee, in der er hilft, eine südkoreanische Luftwaffe aufzubauen. Neben seinen militärischen Pflichten findet er auch noch Zeit, koreanischen Waisenkindern ein Obdach zu verschaffen. Dabei

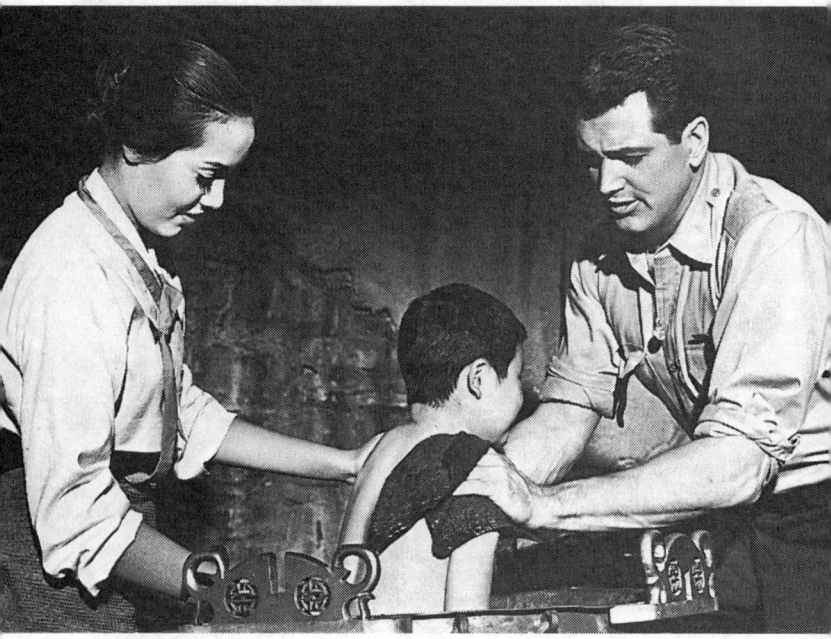

›Battle Hymn‹ (Der Engel mit den blutigen Flügeln, 1957) – Der Bomberpilot im Waisenhaus. Mit Anna Kashfi

›Battle Hymn‹ (Der Engel mit den blutigen Flügeln, 1957) – mit Martha Hyer

helfen ihm En Soon Yang, eine hübsche Eingeborene, und ein alter koreanischer Elfenbeinschnitzer. Eine erbarmungslose kommunistische Attacke zwingt das militärische und zivile Personal zur Flucht. Als Hess und seine Männer verzweifelt versuchen, die Kinder zu retten, wird Miß Yang von einem tieffliegenden Jäger getötet, als sie sich auf der Straße schützend über eines der Waisenkinder wirft. Doch die Luftwaffe war rechtzeitig gewarnt worden und hatte Transportflugzeuge geschickt, um die ganze Gruppe in Sicherheit zu bringen. Jahre später kehrt Hess mit seiner Familie zurück zu dem Waisenhaus, das zu errichten er einst geholfen hat. Er hat es nach En Soon Yang benannt. Sirk sagte hinterher über

Hudsons Darstellung des Colonel Dean Hess (für die er immerhin eine Ehrendoktorwürde verliehen bekam.): »Ich habe es nicht geschafft, Rocks Talent für diesen gebrochenen Charakter nutzbar zu machen. Die Hauptsache war seine aufrechte Herzensgüte und seine unkomplizierte Direktheit. Vor der Kamera kann man einfach nicht betrügen.« Immer wieder sprechen Regisseure von Hudsons Aufrichtigkeit, von seinem Lernwillen, aber auch seiner Unfähigkeit, vor der Kamera ihm entgegengesetzte Charaktere darzustellen. Das ist eine der wenigen Tatsachen, die sich festhalten lassen.

Nach *Battle Hymn* folgte *Something of Value* (Flammen über Afrika, 1957), ein Film von Richard Brooks. Dafür hatte MGM Hudson für 400.000 Dollar von Universal-International ausgeliehen – so zahlten sich nach und nach die jahrelangen Investitionen wieder aus. Die Verfilmung des Romans von Robert Ruark spielt inmitten des Mau-Mau-Aufstandes in Kenia. Rock Hudson ist Peter McKenzie, der zusammen mit dem Eingeborenen Kimani (Sidney Poitier) aufgewachsen ist. Als Kimani klar wird, daß er als Schwarzer unter Weißen nur ein Leben als Diener führen können wird und außerdem sein Vater nach einem Ritualmord ins Gefängnis gesteckt wird, läuft er zu den Aufständischen über, die mit Terror gegen die Ungerechtigkeiten des Kolonialregimes ankämpfen. Später führt Kimani einen Angriff auf die Farm von Hudsons Schwager Jeff, bei dem dieser und seine zwei Kinder umkommen. Verschont bleibt allein Elizabeth. Peter ist entsetzt darüber, wie Gewalt Gewalt hervorbringt und arrangiert ein persönliches Gespräch mit Kimani, in dem er Verhandlungen vorschlägt. Doch als sich der Stamm ergeben will, gerät er in einen Hinterhalt von anderen Siedlern, wobei Kimanis junge Frau umkommt. Kimani flieht mit seinem Sohn in den Dschungel und wird von Peter verfolgt. Bei einem Kampf kommt Kimani durch einen unglücklichen Zufall ums Leben. Peter nimmt den kleinen Jungen mit zu sich auf die Farm und adoptiert ihn in der Hoffnung, durch Verständnis die Probleme aus der Welt schaffen zu können.

Something of Value kreist um die zentrale Beziehung zwischen dem Weißen und dem Schwarzen, Rock Hudson und Sidney Poitier, die zusammen aufgewachsen sind. Beide wollen das Beste, Gleichheit und Brüderlichkeit – sie unterscheiden sich nur durch die Mittel, mit denen sie das erreichen wollen. Oder wie es Hudsons Gewehrträger ausdrückt: »Ich wünsche mir für uns dasselbe wie er. Nur glaube ich, daß es noch einen anderen Weg gibt, um dies zu erreichen.« Hudson ist der Grenzgänger zwischen beiden Ideologien, in ihm verkörpert sich die Schizophrenie der Kolonialisten, die einerseits an ihr Recht, im fremden Land eine Farm zu betreiben, glauben, andererseits aber wissen, daß der Kolonialismus nicht überleben kann ohne Verständnis und den Wil-

›Something of Value‹ (Flammen über Afrika, 1957) – mit Dana Wynter

len, die Würde des einzelnen anzuerkennen. Brooks schildert nur und wertet nicht, indem er die Person Poitiers, auch nachdem dieser für Terror plädiert, immer im Zweifel läßt, ob er das Richtige tut. Doch diese Ansätze zu politischer und ideologischer Auseinandersetzung über Kolonialismus und Gewalt treten zugunsten der melodramatischen Aspekte der Geschichte in den Hintergrund. Hudson wurde dafür gerühmt, der Rolle »eine ruhige Würde verliehen zu haben«.

Danach kam ein Angebot der MGM, Rock Hudson für eine dreiviertel Million Dollar für die Titelrolle in *Ben Hur* auszuleihen. Doch der Vertrag kam wegen sich überschneidender Drehpläne nicht zustande. Den Ben Hur in dieser 15-Millionen-Produktion übernahm dann Charlton Heston, der 1959 für seine Darstellung tatsächlich einen Oscar gewann. Das konnte damals bei Universal natürlich niemand ahnen, genausowenig wie die Tatsache, daß der Film zu einem der größten Dauerbrenner aller Zeiten an den Kassen werden würde.

Statt dessen setzte man Hudson als Reporter Burke Devlin in der Verfilmung eines Romans von William Faulkner, *The Tarnished Angels,* ein (siehe voriges Kapitel).

Dann lieh man Hudson für 17.000 Dollar die Woche an David O. Selznick aus, damit er die Hauptrolle in der Hemingway-Verfilmung *A Farewell To Arms* übernehmen konnte. Damit gab man diesem Projekt in Hudsons Karriere den Vorzug gegenüber einem eigenen Projekt, der Verfilmung des Romans *A Time To Live And A Time To Die* von Erich Maria Remarque (Jean-Luc Godard zeigte sich als Kritiker restlos begeistert von dem Einfall, das Wörtchen »life« durch »love« zu ersetzen). So wurde nichts aus Hudsons neuntem Film unter Sirks Regie, und John Gavin übernahm an seiner Statt die Hauptrolle. Hudson war darüber nicht sonderlich unglücklich, zumal er dem Hemingway-Roman klar den Vorzug gab. Obwohl Sam Goldwyn Selznick den Rat gab, einen großen Film nicht noch einmal zu verfilmen, sondern statt dessen lieber einen mißlungenen zu suchen, um ihn besser zu machen, wollte Selznick ein Remake des bereits 1932 von Frank Borzage mit Gary Cooper und Helen Hayes verfilmten

Romans drehen..Er – großer Verehrer des Autors und dieses Romans – war über die Qualität der damaligen Paramount-Produktion gänzlich anderer Meinung: »Seit der Roman erschienen war, hatte ich ihn verfilmen wollen; es brach mir das Herz, daß ich als Produzent noch zu neu war, um … ihn zu machen, als er zum ersten Mal verfilmt wurde …« Paramount hatte die Rechte an dem Roman später an Warner verkauft, die 1951 unter dem Titel *Force of Arms* eine zweite Verfilmung erstellten. 1955 wurde dann noch eine Fernsehfassung mit Guy Madison und Diana Lynn gedreht, die Selznicks Interesse an dem Stoff aufs neue erregte. Er erwarb von Warner im Tausch gegen die Auslandsrechte von *A Star Is Born* die Verfilmungsrechte von *A Farewell To Arms*. Doch damit fingen die Probleme überhaupt erst an. Selznick hatte John Huston als Regisseur verpflichtet, die beiden waren jedoch in fast allen Belangen verschiedener Meinung. Selbst über die Frisur von Rock Hudson wurde gestritten. Huston wollte die kurzgeschnittene, strenge Haartracht der Soldaten des Ersten Weltkriegs, während Selznick sich beschwerte, daß Huston damit Hudsons Sex-Appeal ruinieren würde. In der Hauptsache ging es allerdings um das Drehbuch, in dessen neunte Fassung Selznick und sein Co-Autor, einer der besten Drehbuchautoren aller Zeiten, Ben Hecht, einige Szenen hineingeschrieben hatten, die bei Hemingway nicht vorkamen. Huston ging über die Streitereien mit einem Achselzucken hinweg, muß gesagt haben: »Ich nicke einfach, und mach's dann so, wie ich will.« Doch da hatte er den Mogul unterschätzt, denn der liebte es gar nicht, wenn seine Weisungen nicht befolgt wurden. Selznick wollte immer die totale Kontrolle über seine Filme, vom Drehbuch bis zum Endschnitt. Also schrieb er Huston einen 16seitigen Beschwerdebrief, woraufhin der ebenfalls eigenwillige, zu wenig Kompromissen bereite Huston binnen 24 Stunden seine Koffer packte und abreiste. Statt dessen verpflichtete Selznick den umgänglicheren Charles Vidor, der es dann noch schaffte, das Budget nur um 300.000 Dollar zu überziehen. Was jedoch weitere Komplikationen nicht verhinderte; im Verlauf der Dreharbeiten verließen ein Regieassistent, ein Cutter,

›A Farewell To Arms‹ (In einem anderen Land, 1957) – mit Jennifer Jones

ein Regisseur für Spezialeffekte und drei Ausstatter die
Dreharbeiten. Wie gesagt, für Selznick war jedes Projekt
Ausdruck seines unbändigen Willens, seinen Filmen eine
persönliche Handschrift zu verleihen und sie zu Kassenerfol-
gen werden zu lassen. Dazu gehörte auch, daß der Film ein
perfekt angepaßtes Starvehikel für seine Frau, die Schauspielerin Jennifer Jones, sein sollte, obwohl die 38jährige 14 Jahre älter als die Heldin des Romans war. Inmitten all der
Schwierigkeiten gab es niemals Ärger mit Rock Hudson. Der
wurde in dieser Produktion seinem Ruf gerecht – gutmütig,
diszipliniert, allen Konflikten ausweichend. Entsprechend
hat er sich auch nie abfällig über dieses oder andere Projekte
geäußert. Sein Dialogregisseur sagte einmal: »Ich habe Rock

nie etwas Böses über irgend jemanden äußern hören, ob lebendig oder tot.«

Ben Hechts Drehbuch hielt sich wesentlich enger an Hemingways Vorlage als der Vorgänger von 1932. Italien 1917: Frederick Henry, amerikanischer Krankentransportfahrer in der italienischen Armee, trifft Catherine Barkley, die sich als Krankenschwester zum britischen Roten Kreuz gemeldet hat, und verliebt sich in sie. Henry wird verwundet und in ein Hospital in Mailand eingeliefert, wo Catherine ihn wiedertrifft. Später stellt sie fest, daß sie schwanger ist. Henry wird an die Front nach Caporetto zurückgeschickt, gerät aber, bevor er dies Ziel erreicht, in den italienischen Rückzug. Als ihn die Kriegspolizei der Spionage für die Deutschen verdächtigt, flieht er wieder nach Mailand. Dort erfährt er, daß Catherine mittlerweile in Stresa ist, und folgt ihr dorthin. Um einer Verhaftung wegen Desertion zu entgehen, rudert er mit

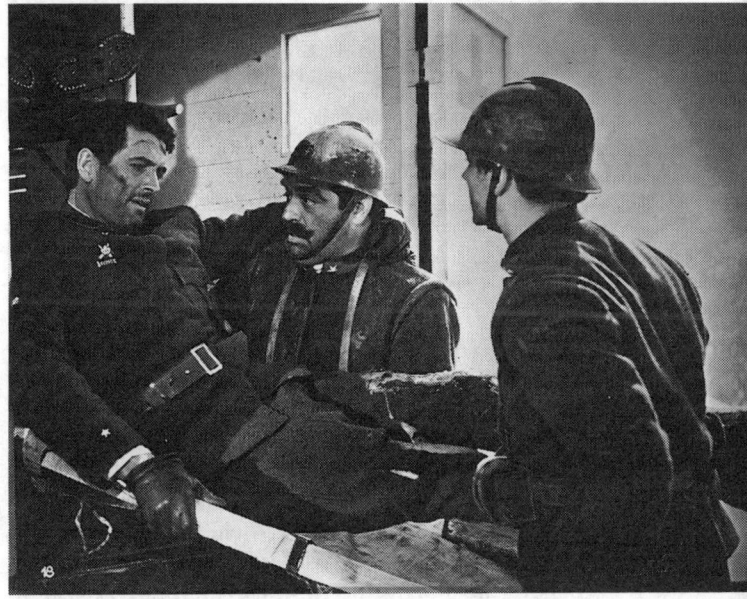

Verwundet »in einem anderen Land«

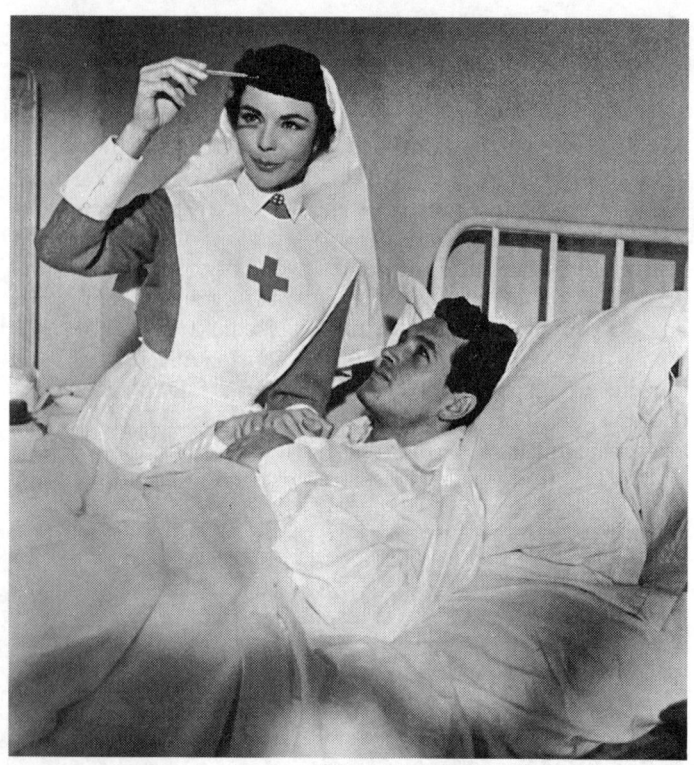

Liebe am Krankenbett – mit Jennifer Jones in ›A Farewell To Arms‹ (In einem anderen Land, 1957)

ihr über den Lago Maggiore in die Schweiz. Ein paar Monate später kriegt Catherine ihr Kind, das jedoch bei der Geburt stirbt. Und auch sie überlebt nur für wenige Stunden.

Trotz der größeren Treue zur Vorlage verfehlt die Verfilmung den Geist des Romans völlig. Hemingway soll die Vorführung nach einer halben Stunde verlassen haben, und auch Selznick gestand, daß dieses Projekt sicherlich nicht zu seinen besten gehörte. Der Film überzeichnet, dramatisiert oder heroisiert die nüchterne Vorlage unnötig. Aus dem Rückzug von Caporetto wird bei King Vidor eine Flucht aus

Atlanta wie in *Gone with the Wind*. Der Vergleich des Endes soll zur Verdeutlichung genügen. Im Roman heißt es: »... Nach einger Zeit ging ich hinaus und verließ das Hospital und ging im Regen zurück ins Hotel.« Im Film verläßt Rock Hudson das Krankenhaus, man hört Musik und dann Catherines Stimme. Dann sehen wir in einer kurzen Rückblende, wie sie sagt: »Wir werden ein merkwürdiges Leben führen, aber das ist das einzige Leben, das ich mir wünsche.« Dann wieder Hudson, wie er die lange Straße hinabgeht, der Morgensonne entgegen. Dann beginnt es zu regnen.

Hemingway als Technicolor-Epos zu verfilmen wäre vielleicht ein ganz interessanter, weil ungewöhnlicher Ansatz gewesen, doch die eklatanten Fehlbesetzungen verdarben schließlich alles. Dabei macht auch Hudson keine Ausnahme, dessen jugendliches Spiel der Abgeklärtheit des Frederick Henry nicht gewachsen war. Ein Hemingwayscher Held war Hudson bestimmt nicht.

Am 26. März 1958 machte Rock Hudson im Pantages Theatre Fernsehgeschichte. Anläßlich der 30. Oscarverleihung trat er im Duett mit Mae West, dem 66jährigen Ex-Sexsymbol, auf und sollte mit ihr »Baby, It's Cold Outside« singen. Geschätzte 90 Millionen Fernsehzuschauer waren Zeuge, wie das merkwürdige Paar mitten im Song steckenblieb – allerdings auf höchst sympathische Weise. Denn das alte Sex-Symbol warf sich ständig so übertrieben in romantische Pose, daß Hudson vor lauter Lachen keinen Ton mehr herausbekam. Später erinnerte sich Hudson an die Proben: »Wir hatten den Song ein paar Wochen lang geprobt und jedesmal, wenn ich sie berühren wollte, zog sie ihre Show ab; wir beide kamen zwei Wochen lang aus dem Kichern nicht mehr heraus. Wir haben den Song, glaub ich, nie fertiggesungen – jedesmal konnten wir uns vor Lachen nicht mehr halten. Sie war einfach großartig.«

Im Mai 1958 trat Rock Hudson in einer ABC-Radioshow anläßlich des zehnjährigen Bestehens der UNESCO auf. Zusammen mit June Allyson, Jack Benny, Ingrid Bergman, Boris Karloff, David Niven und 41 anderen wurden 21 halbstündige Sendungen aufgezeichnet. Daß sich Hudson solchen Dingen zuwenden konnte, beweist, daß sein Ruhm auf dem Gipfelpunkt angelangt war; er konnte es sich sogar leisten, 1958 nur in einem einzigen Film aufzutreten. Das war in *Twilight for the Gods* (Hart am Wind), einem Film von Joseph Pevney, mit dem Hudson ja bereits dreimal zusammengearbeitet hatte. Doch über die Beziehung der beiden gibt es keine Aussagen, was wohl unter anderem daran liegt, daß ihre Zusammenarbeit nicht selbstgewählt war, sondern in erster Linie durch beider Verträge mit Universal geregelt war.

Hudson war in diesem Film hoffnungslos fehlbesetzt. Er hatte David Bell zu spielen, einen meist betrunkenen Kapitän mit unrühmlicher Vergangenheit, dem sein Kapitänspatent bereits einmal wegen Nachlässigkeit entzogen worden war.

›Twilight for the Gods‹ (Hart am Wind, 1958) – die »Cannibal« leckt

›Twilight for the Gods‹ (Hart am Wind, 1958 – der unzuverlässige Kapitän und seine Passagierin, Cyd Charisse

Jetzt segelt er auf der »Cannibal«, einem der letzten Segelschiffe, die noch in Betrieb sind, durch den Südpazifik. Dabei kommt es wieder zur Katastrophe; die löchrigen Segel reißen entzwei, und die Pumpen bewältigen das durch die undichten Stellen hereindringende Wasser nicht. Doch Bell gibt nicht auf, obwohl die Mannschaft einen Anschlag auf sein Leben unternimmt. Als während eines heftigen Sturms das Schiff endgültig zu kentern droht, gibt Bell endlich nach und steuert Honolulu an, obwohl er weiß, daß das sein Ende, das der »Cannibal« sowie die Trennung von Charlotte (Cyd Charisse), einer Passagierin, die trotz seiner Trunksucht in ihn verliebt ist, bedeutet. In Honolulu jedoch setzt er nur Mann-

143

schaft und Passagiere ab und steuert die »Cannibal« mit Hilfe des ältesten Mitglieds der Mannschaft wieder ins offene Meer, wo er sie in Brand steckt. *Monthly Film Bulletin* kritisierte, daß »Hudson Schwierigkeiten hat, den eingefleischten Seemann, der seit dreißig Jahren auf See lebt, darzustellen«.

Danach verlegte sich die Öffentlichkeit wieder mehr auf Hudsons Privatleben, da seit einigen Monaten Gerüchte über Unstimmigkeiten in seiner Ehe kursierten. Tatsächlich ließ sich Hudson am 13. August 1958, nur 33 Monate nach der Eheschließung, von Phyllis Gates scheiden. Seine Frau hatte die Scheidung aufgrund von »seelischer Grausamkeit« erhalten: »Er war mürrisch und sprach manchmal wochenlang nicht mit mir«, erzählte sie vor Gericht, »manchmal kam er die ganze Nacht nicht nach Hause, und wenn ich ihn fragte, wo er gewesen sei, antwortete er nur: ›Das geht dich nichts an!‹« Aus der heutigen Kenntnis der Tatsachen spricht aus dieser Aussage die ganze Tragik einer Heirat, ja vielleicht sogar eines ganzen Lebens. Zwei Menschen in einer Ehe, die keiner von beiden gewollt hat, die ihnen aufgezwungen worden war von einer Maschinerie, der es in erster Linie darum ging, einmal getätigte Investitionen zurückzuerhalten. Den Studios kann man schließlich nicht verübeln, daß sie – in richtiger Einschätzung des Publikums – vermeiden wollten, daß Hudsons homosexuelle Neigungen publik wurden. Es war, von ihrer Warte aus gesehen, sicherlich nicht allzu unmenschlich, ihrem Top-Star ein Arrangement, so grausam es auch gewesen sein mag, anzuempfehlen, um ihre Einnahmequelle nicht zum Versiegen zu bringen. Solcher Eigennutz von seiten des Studios ist weder verwerflich noch erstaunlich. Wie recht es damit haben sollte, stellte sich dann bei den Welterfolgen der Filme mit Doris Day heraus. Schuld daran waren also die Umstände, ein restriktives öffentliches Klima, das sexuelle Andersartigkeit nicht nur nicht tolerieren konnte und wollte, sondern zudem ächtete. Man kann mit Sicherheit davon ausgehen, daß das Publikum damals solche Enthüllungen nicht annähernd so tolerant aufgenommen hätte wie heute. So blieb Hudson, dem Konflikte ohnehin ein Greuel waren, nur ein Leben im Verborgenen.

Man hüllte sich auch über die genauen Gründe der Scheidung in Schweigen. 1963 erzählte Rock Hudson dann allerdings Kirtley Baskette von *Good Housekeeping* (!): »Es wäre sehr unfair von mir, irgendwas zu sagen. Es war einfach Unvereinbarkeit. Aus naheliegenden Gründen gibt es bei einer Schei-

›Twilight for the Gods‹ (Hart am Wind, 1958) – mit Cyd Charisse

dung immer auf beiden Seiten Ärger. ›It takes two to tangle.‹ Auf alle Fälle hat mich diese Scheidung so verletzt, daß ich sie heute ablehnen würde. Man macht es sich da zu leicht.«

Nach seiner Scheidung zog Hudson in ein Haus in Malibu, wo er sich ein Boot kaufte und die meiste freie Zeit mit Tauchen zubrachte. An einem dieser Tage besuchte ihn eine Gruppe Freunde, unter denen sich auch ein Stuntman namens Paul Stater befand, den Rock schon seit Jahren kannte. Während sie sich auf Deck sonnten, erzählte Stater zufällig von einem Film, in dem er vom Mastkorb eines Schiffes in eine Lagune springen mußte. Als Hudson nach dem Titel des Films fragte,

›This Earth Is Mine‹ (Diese Erde ist mein, 1959) – ein Winzerdrama

Durch Intrigen entfremdet: Jean Simmons und Hudson in ›This Earth Is Mine‹ (Diese Erde ist mein, 1959)

antwortete Stater: »*The Hurricane*«. Hudson schrie auf: »Du Hurensohn, deine Schuld ist es, daß ich Schauspieler werden wollte; ich dachte immer, das sei John Hall gewesen.« So bestätigt sich die Legende.

Für seinen nächsten Film, *This Earth Is Mine* (Diese Erde ist mein, 1959), mußte Hudson erstmals Tadel einstecken. Selbst *Variety,* die sonst sehr wohlwollend mit seinen Filmen umging, schrieb: »Hudson gibt ein sympathisches Porträt ab, aber kein zufriedenstellendes, weil seine Darstellung durch Widersprüchlichkeiten auseinandergerissen wird.« Hudson spielt John Rambeau, den unehelichen Sohn des größten

Auf Knien die verbrannte Scholle wieder fruchtbar machen – mit Jean Simmons in ›This Earth Is Mine‹ (Diese Erde ist mein, 1959)

Weinbergbesitzers der Welt. Er rebelliert gegen den auto-kratischen Traditionalismus, mit dem sein Stiefvater Phillip-pe Rambeau (Claude Rains) sein Geschäft betreibt, und or-ganisiert den Verkauf von Reben der unabhängigen Winzer an Schwarzbrenner. Elizabeth, die ihn liebt, aber eigentlich Rambeaus richtigen Sohn heiraten soll, wendet sich von ihm ab, als sie erfährt, daß er ein Mädchen geschwängert haben soll. In Wahrheit ist das Ganze jedoch nur eine Intrige, die John aber so aufbringt, daß er den Weinberg in Brand steckt. Phillippe stirbt an einem Herzanfall und rächt sich in seinem Testament an John, indem er ihm die verkohlten Weinberge vermacht. Dadurch findet die für Hudsons Figuren so typische Bekehrung statt: auf seinen Knien beginnt er in mühsamer Kleinarbeit den Weinberg wieder fruchtbar zu machen. Und Elisabeth, nachdem sie erfahren hat, daß John mit dem Kind des Mädchens tatsächlich nichts zu tun hat, hilft ihm dabei.

»Ich in einer Komödie?«, soll Hudson ungläubig gefragt haben, als ihm Regisseur Michael Gordon eine Rolle antrug. Was er nicht ahnen konnte: daß die Komödien ihn berühmter als je zuvor machen sollten und daß man ihn fortan hauptsächlich als Komödianten besetzen sollte.

Guter, sauberer Sex
Drei Sexkomödien mit Doris Day

>»Sie schicken ihm eine Frau – das ist so, wie
>wenn die Feuerwehr mit Benzin spritzt.«

Doris Day über Hudson in *Pillow Talk*

Gehässiger als *Time*-Magazine hat es keiner ausgedrückt:
»Wenn die beiden prächtigen Objekte in den Clinch gehen –
von der Höhensonne glühend und von Haargel glänzend –,
dann sehen sie weniger wie Wesen aus Fleisch und Blut aus,

Das Traumpaar der »sex comedy« – Doris Day und Rock Hudson

als vielmehr wie ein Paar Cadillacs, die zufällig in zweideutiger Stellung nebeneinander geparkt wurden.« Daran sind, selbst wenn man die negative Meinung nicht teilt, zumindest zwei Dinge richtig. Erstens beherzigen diese drei Filme die alte Komödienregel, daß Zweideutigkeit allemal wirkungsvoller ist als Eindeutigkeit; und zweitens, daß darin sehr bewußt Statussymbole der ausgehenden fünfziger Jahre verwendet werden. Denn aus heutiger Sicht besteht eine Qualität dieser Filme auch darin, Geschmack und Sitten dieser Zeit sehr präzise widerzuspiegeln. Und doch unterscheidet sich hier der Gebrauch der Ausstattung grundsätzlich von dem in den Filmen Douglas Sirks, die ja auch aussahen wie die Illustrationen eines *House & Garden*-Magazins. Bei Sirk spielte das Styling eine eigene Rolle, verstellte den Personen den Blick, begrub sie unter sich und transportierte damit eine Kritik an gesellschaftlichen Zuständen. Dagegen sieht man in den Sexkomödien nun eine Leistungsschau der amerikanischen Möbelindustrie, für Millionen produzierte Traumwohnzimmer, deren Unpersönlichkeit allenfalls den standartisierten Typen dieser Filme entspricht. Andererseits stellt die Funktionalität des Interieurs dem Handlungsablauf keine Hindernisse in den Weg, mehr noch, auf den spiegelnd glatten Oberflächen läßt sich besser beschleunigen; die Komödien machen dort Tempo. Einige begeisterte Kritiker feierten anläßlich der Paarung Hudson/Day die Wiederkehr der *screwball comedy*. Obwohl sie Regisseuren wie Frank Capra, Preston Sturges oder Howard Hawks in keiner Weise gerecht wird, birgt diese Behauptung doch ein Körnchen Wahrheit. Natürlich steht *Pillow Talk* in der Tradition der *screwball comedy*, ohne jedoch an die formale Dynamik oder thematische Komplexität seiner Vorgänger heranzureichen. Die Hauptunterschiede liegen im Verhältnis zur gesellschaftlichen Konvention und in den Ursachen der Konflikte. Der klassische »Screwball«-Held gerät aus der Bahn, verläßt die (ihm) angestammte gesellschaftliche Normalität und durchläuft eine Entwicklung oder unterliegt einem Wertewandel. Die Schlußumarmung bleibt immer ein offenes Ende, während die Romanze der »sex comedy« mit der Zähmung ihres

Helden endet, mit seiner Einfahrt in den Hafen der Ehe, in die Normalität, mit einer Unterwerfung unter gesellschaftliche Sanktionen. Die Verlagerung der Konflikte von Innen nach Außen, von den Personen auf soziale Umstände, war der Anfang vom Ende der *screwball comedy*. Pervertierte Ausläufer dieser Entwicklung waren die »sitcoms«, die Situationskomödien des Fernsehens. Abgesehen von der Verwässerung der »Screwball«-Regeln sind *Pillow Talk* und *Lover Come Back* dennoch die besten Komödien ihrer Art. Über ihren Erfolg hinaus, sind sie für Rock Hudsons Karriere vor allem deshalb besonders interessant, weil sie beide die ganze Gegensätzlichkeit von Hudsons Rollen in jeweils einer Figur darstellen. Dadurch, daß er gezwungen wird, Doppelrollen zu spielen, kann er den Playboy und den Naturburschen vereinen, Brad Allen *und* Rex Stetson, Jerry Webster *und* Dr. Linus Tyler. Hier den verantwortungslosen, genußsüchtigen Lebemann, dort den naiven, weltabgewandten Verliebten. Das war seine Spannbreite, und darum war auch seine Besetzung in *Send Me No Flowers* etwas unglücklich; seine Darstellung des Hypochonders mißlang nicht etwa deshalb, weil Hudson diese Rolle nicht bewältigt hätte, sondern weil der Schauspieler von seinem Image nicht mehr zu trennen war. Und das war einem eingebildeten Kranken nun einmal völlig entgegengesetzt. Doch der Erfolg der ersten beiden Komödien ließ Rock Hudson 1959 an erster Stelle der Top Ten der Kassenstars sowie 1960 und 1962 an zweiter hinter Doris Day rangieren.

Der Song-Komponist Brad Allen und die Innenarchitektin Jan Morrow teilen sich denselben Telefonanschluß. Immer wenn Miss Morrow zum Hörer greift, muß sie feststellen, daß Brad Allen wieder mal mit einer seiner zahlreichen Geliebten schäkert und ihnen pausenlos neue Songs auf dem Klavier vorspielt. Als sie sich empört bei der Telefongesellschaft beschwert, wird zur Kontrolle eine weibliche Angestellte bei Hudson vorbeigeschickt, die ebenfalls sofort seinen Verführungskünsten erliegt. Doris Day sagt: »Schicken ihm eine Frau – das ist so, wie wenn die Feuerwehr mit Benzin spritzt!« Auf das Angebot Jonathan Forbes' (Tony Randall), sie brau-

Am Image gescheitert: Den eingebildeten Kranken nahm man Hudson in ›Send Me No Flowers‹ (Schick mir keine Blumen, 1964) nicht ab

che ihn nur zu heiraten, und er würde sie mit Telefonen überschwemmen, geht sie nicht ein, weil beim Kuß mit ihm keine chemische Reaktion einsetzt. Jonathan, Hudsons bester Freund und Arbeitgeber, klagt ihm verzweifelt sein Leid, schildert die Unbekannte in den schillerndsten Farben. Das erweckt Hudsons Interesse, ohne daß er anfangs ahnt, bei der Geschilderten könnte es sich um die Dame handeln, die seinen Telefonanschluß teilt. Als Randall jedoch ihren Namen nennt und außerdem erzählt, leider könne er sie telefonisch nur schwer erreichen, weil sie ihren Anschluß mit einem »Telefonfetischisten« teilt, geht Hudson ein Licht auf. Während Hudson und Day weiterhin am Telefon streiten,

Der »coup-de-foudre« in ›Pillow Talk‹ (Bettgeflüster, 1959): Nur, Hudson ist nicht der, für den er sich ausgibt

lernt er sie zufällig kennen, ohne sich ihr zu erkennen zu geben. Er spielt den unbedarften Texaner Rex Stetson, der ihr Herz vor allem deshalb erobert, weil er keinerlei Anstalten macht, sie zu verführen, kurz, weil er das genaue Gegenteil von Brad Allen ist. Während sich die Day in Rex verliebt, schimpft der eifersüchtige Jonathan vor Brad auf den ominösen Rex, »diesen Wildwest-Romeo«. Zwar kann Brad seine Enttarnung zunächst gerade noch verhindern, als Jonathan dann aber einen Detektiv auf Jan ansetzt, erfährt er, daß sein bester Freund ihn hintergangen hat. Er legt Brad nahe, zum Komponieren in sein Wochenendhaus zu ziehen, andernfalls würde er Jan über seine wahre Identität aufklären. Zwar schafft es Brad, Jan heimlich mit nach Connecticut zu nehmen, doch als sie dort eine Melodie vom Notenblatt spielt, erkennt sie, daß Rex und Brad ein und dieselbe Person sind. Erzürnt fährt sie mit Jonathan zurück nach New York. In der Einsamkeit erkennt Brad, daß Jan für ihn mehr als nur eine weitere Eroberung ist; er hat sich ernsthaft in sie verliebt. Er beauftragt Jan, seine Wohnung neu einzurichten, und sie nimmt den Auftrag an, um sich an ihm zu rächen. Doch sein Zorn, als er seine in ein mit Geschmacklosigkeiten angefülltes, überdimensionales Boudoir des 19. Jahrhunderts verwandelte Wohnung sieht, überzeugt sie schließlich, daß er sie wirklich liebt.

Pillow Talk ist schon allein deshalb eine »sex comedy«, weil

Rettung in letzter Sekunde, der außereheliche Verkehr kommt doch nicht zustande. Und Hudson trägt die Holzscheite, Überreste gefällter Bäume (!), schon in Händen. Mit Tony Randall und Doris Day

Doris Day und Rock Hudson in erster Linie durch ihre Einstellung zur Sexualität definiert sind. *Lover Come Back* (Ein Pyjama für zwei, 1961), drei Jahre danach mit demselben Personal produziert (Rock Hudson, Doris Day und Tony Randall, Drehbuch von Stanley Shapiro, Kamera von Arthur E. Arling, Ausstattung von Alexander Golitzen und Musik von Frank De Vol), vertraut auf dieses erfolgreiche Rezept, verwendet beinahe identische Dialoge und wirkt wie eine, allerdings gleichwertige, Kopie. Daß diesmal statt Michael Gordon Delbert Mann Regie führt, fällt kaum auf, denn die Sexkomödien wurden ohnehin in erster Linie von den Drehbuchautoren bestimmt. Vor Regie und Schauspielern rangieren in den beiden Filmen Dialoge und Ausstattung.

Wieder spielt Doris Day die unbemannte Karrierefrau, diesmal in der Werbebranche, und Rock Hudson den frauenmordenden Junggesellen Jerry Webster. Sie versucht für ihre Agentur an Aufträge heranzukommen, indem sie besonders gewissenhaft Werbekonzepte entwirft, während er sich, mit wesentlich mehr Erfolg, über private und intime Vorlieben seines zukünftigen Auftraggebers informieren läßt, um ihn dann ausgiebig mit Whisky und Mädchen zu versorgen. Tony Randall spielt diesmal Hudsons Chef als neurotischen, entscheidungsschwachen Feigling. Um einem Untergebenen gegenüber Stärke und Tatkraft zu beweisen, gibt er den Auftrag, Werbefilme für ein ominöses Produkt namens VIP – die Hudson nur hat produzieren lassen, um eine seiner Geliebten zu besänftigen – landesweit über das Fernsehen auszustrahlen. Entsetzt muß er feststellen, daß dieses VIP überhaupt nicht existiert. Statt den Fehler einzugestehen, kommt Hudson auf die Idee, einfach ein beliebiges Produkt herzustellen, das dann als VIP verkauft werden kann. Mit der Erfindung beauftragt er Dr. Linus Tyler. Als Doris Day von VIP Wind bekommt, versucht sie über Tyler in Erfahrung zu bringen, worum es sich dabei handelt. Doch als sie ins Labor kommt, ist Tyler für einen Moment außer Haus, während Hudson auf ihn wartet. Dieser erkennt die Chance, sich unerkannt von ihr umwerben zu lassen. Er spielt den weltabgewandten, naiven Wissenschaftler und läßt sich von ihr ausführen, einklei-

Hudson erteilt den Werbeauftrag für das fiktive Produkt »VIP«. Tony Randall ahnt bereits einen neuen Tiefschlag für sein labiles Selbstbewußtsein

den und umgarnen. Um sie anzustacheln, läßt er immer wieder Jerry Webster ins Gespräch einfließen. Natürlich verliebt sie sich in ihn, erkennt aber gerade noch, bevor es zu spät ist, seine wahre Identität. Daraufhin beschuldigt sie ihn vor der Kontrollkommission für die Werbebranche, er würde für ein

Produkt werben, daß überhaupt nicht existiere. Doch kurz vor dem gesetzten Ultimatum, sich zu offenbaren, hat der richtige Tyler VIP fertig – Pralinen, die sich im Blut in Alkohol verwandeln. Aus dem Termin bei der Kommission wird deshalb ein Besäufnis, und anderntags finden sich Hudson und Day verheiratet in einem Flitterwochenhotel wieder. Entsetzt läßt sie die Ehe sofort annullieren und bricht jeden Kontakt mit dem mittlerweile Verliebten ab. Neun Monate später bleibt ihr jedoch nichts anderes übrig, als sich auf dem Weg in den Entbindungssaal heiraten zu lassen.

Das Strickmuster ist das gleiche. Hier die alleinstehende Geschäftsfrau, dort der – wie sie es nennt – Sexualprotz, und dazwischen der mit allerlei Neurosen ausgestattete, ständig der Analyse bedürftige Tony Randall, dessen Figuren als einzige nicht zeitgebunden sind; sein Humor hätte in den Komödien der dreißiger Jahre genauso Platz wie in denen der Siebziger, etwa bei Woody Allen. Dieses Dreieck ist in den beiden Filmen um einige Figuren erweitert, wobei Thelma Ritter in *Pillow Talk* besondere Erwähnung verdient. Sie spielt als Haushälterin Doris Days »side kick«: ständig betrunken, lauscht sie mit Vorliebe am Telefon Hudsons amourösen Eskapaden und trinkt ihn später, als er ihr sein Leid klagt, glatt unter den Tisch. Ihre Darstellung brachte ihr den Oscar für die beste weibliche Nebenrolle. Sie ist die weibliche Instanz, die dafür sorgt, daß der Zuschauer erfährt, wie »unnormal« Days Single-Dasein ist.

Sie bringt die Sache auf den Punkt, etabliert so die patriarchalische Moral ihrer Zeit: es gibt, nur eines, was schlimmer ist als eine Frau, die alleine lebt; eine Frau, die sagt, daß sie *gerne* alleine lebt. Und doch geht Doris Day als Siegerin aus diesen Filmen hervor. Denn obwohl Hudson sie schließlich wider ihren Willen kriegt, muß sie nicht ihre Prinzipien dafür aufgeben. Sie bekommt den Mann, ohne eine voreheliche Sünde begehen zu müssen, während er seinen Junggesellenschwur brechen muß. Das ist die Macht der Frauen in den Filmen der Fünfziger: eigene Siege wie Siege des Mannes aussehen zu lassen – denn so weit ist man noch nicht, daß der Mann offensichtlich als Verlierer dastehen könnte.

Doch bis zum Sieg muß Doris Day eine Menge Niederlagen einstecken. Zum Spott über ihre Jungfräulichkeit kommen auch noch berufliche Schlappen. Schon die Voraussetzungen machen klar, daß ihr Leben nicht in Ordnung sein kann; die Gesellschaft weist der Frau ihre Rolle zu. Als sie ein eigenes

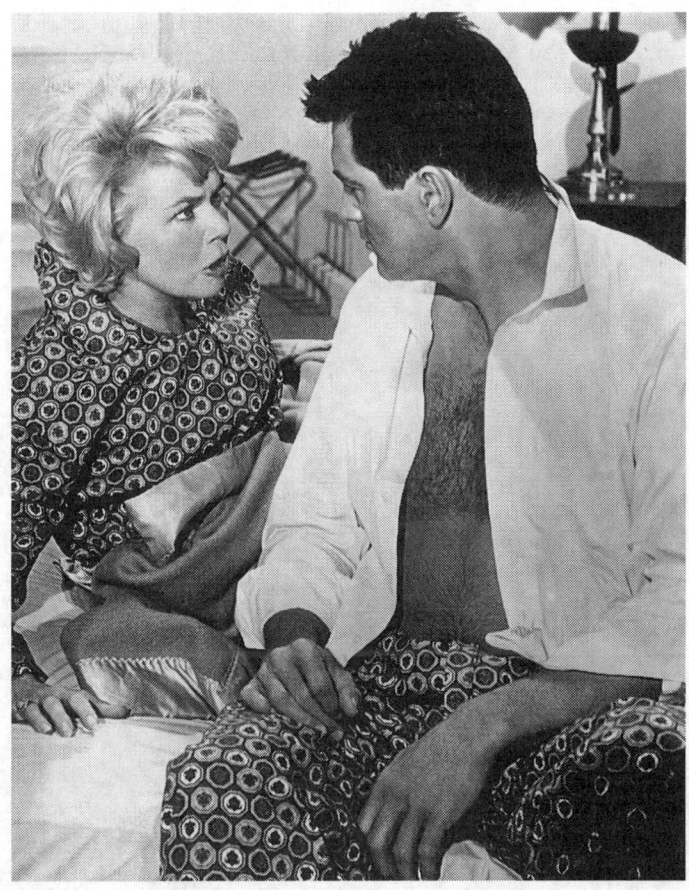

Böses Erwachen als Frischvermählte: Die subtile Erotik der Fünfziger Jahre steckt in der gerechten Verteilung der beiden Pyjama-Teile. ›Ein Pyjama für zwei‹ (!)

Telefon beantragt, wird ihr beschieden, daß sie darauf nur ein Anrecht hätte, wenn sie schwanger wäre – aber eine alleinstehende Frau kann keine Mutter sein. Erste Niederlage. Um Mutter zu werden, müßte sie ihre Karriere opfern; genau da will sie jedoch ihren *Mann* stehen. Ihr werden die fraulichen Qualitäten abgesprochen, wenn sie ihr nicht schon von allein abhanden kommen. Niederlage zwei. Und ihre rigide Einstellung zu Moral und Sexualität macht sie zum Gespött, zur unattraktiven Jungfer. Dritte Niederlage. Also zieht sie im Dialog den kürzeren; in beiden Filmen auf die gleiche Weise: »Ich benutze keinen Sex, um an einen Auftrag heranzukommen.« – »Wann sonst?« – »Nie!« – »Ihr armer Mann!«

Inmitten einer Leistungsschau der amerikanischen Möbelindustrie: Man beachte, daß Doris Day mit Wärmflasche im Bett liegt. Was für eine Frau!

Hier schnappt die Falle nicht ganz zärtlich zu. Links Thelma Ritter wie üblich vom morgendlichen Kater niedergedrückt

– »Ich habe keinen!« Was eigentlich bereits seine Antwort »Sie arme Frau!« impliziert. Und in *Pillow Talk* antwortet Hudson auf ihre Äußerung, sie habe keine Affären, folgerichtig, das könne er sich denken. Außerdem solle sie gefälligst ihre Schlafzimmerprobleme nicht an ihm auslassen. Ihre Antwort, daß es in ihrem Schlafzimmer nichts gebe, was sie ärgert, bedarf keiner Retourkutsche mehr. Das ist der Punkt, an dem ihr die Lücke in ihrem Leben bewußt wird, der sie empfänglich macht für den schüchternen Charme der Hudsonschen Doppelrollen. Gerade in seiner Passivität sieht sie die Chance, ihre Rolle als Karrierefrau bruchlos in die Beziehung hinüberzuretten, die ›Hosen anzubehalten‹. Das ist ihre Schizophrenie: Sie will einen Mann, der sich nicht wie einer verhält, sie will Sex, der nicht nach Sex aussieht. So sind es letztlich die Tarnungen und Manipulationen Hudsons, die die Schizophrenie wieder auflösen. Indem Hudson die Widersprüchlichkeiten zum bewußten Rollenspiel macht, kann Doris Day am Ende doch als Siegerin dastehen. Die Qualität des Triumphes ist wohl am besten mit einem anderen Filmtitel – »The Tender Trap – Zärtlich schnappt die Falle zu« – gekennzeichnet. Der Gewinner im Krieg der Geschlechter wird noch immer im Schlafzimmer ermittelt.

Man muß das Rollenbild von Doris Day erkannt haben, um die Rolle ihres Widerparts Rock Hudson verstehen zu können. Man muß ihr verfehltes, naives Vertrauen in den ›weiblichen Instinkt‹ kennen, um Qualität und Witz seines Rollenspiels richtig würdigen zu können. Und man muß Rock Hudsons Rollenentwicklung kennen, um die möglicherweise unbewußten, aber dennoch subtilen Volten des Drehbuchs zu erkennen – zumindest was seine beiden Figuren betrifft. In beiden Filmen wird betont – gerade um den Kontrast zu Randalls Figuren herzustellen –, daß Hudson für seinen Erfolg und sein angenehmes Leben hart arbeiten mußte. Wieder der amerikanische Traum: aus armem Hause zum Songkomponisten oder Werbemanager. Wobei er die Tugenden, die ihn so weit brachten, längst vergessen hat. Anstelle von Ehrgeiz und harter Arbeit stehen jetzt Müßiggang und Sex. Er sei »in Schmutz und Armut« aufgewachsen, ihm sei ohnehin »nur der Weg nach oben« geblieben, beklagt er sich bei Jonathan, der bereits reich auf die Welt gekommen ist. In *Pillow Talk* mußte Hudson erst sein Studium verdienen, indem er Schlager schrieb, während Jonathan von Geburt an acht Millionen hatte. In *Lover Come Back* zieht Hudson scherzhaft eine Verbindung von seiner Jugend zu seiner Beschäftigung mit Frauen. Auf die Frage, »Warum sind Sie nur so versessen auf hübsche Bienen?« antwortet er lakonisch: »Sie sagen es ja – ich bin arm auf die Welt gekommen, ich hatte nichts anderes zum spielen.« Was auch darauf schließen läßt, daß er seine momentane Lebensform nicht für ernste Realität, sondern bloß für Spiel hält. Und bevor ihn Doris Day am Schluß einfängt, betätigt er sich als pathologischer Spieler; sozusagen à tous risques: wieviele Damen kann einer nebeneinander handhaben? In *Pillow Talk* bringt er es auf stattliche vier. Und als er beschließt, sich von allen Affären loszusagen, muß er mit Hilfe des Notizbuchs einer Unzahl von ›Freundinnen‹ absagen, um sich von seinem Junggesellenparadies zu verabschieden. Daß bei diesen Affären eher Quantität als Qualität von Bedeutung ist, sieht man vor allem aus der Art, wie die Filme seine Geliebten nur kurz streifen. Sie dienen lediglich der Charakterisierung des Frauenhelden, zeigen aber auch die Zwangsläufigkeit des Bruchs. Wem alles so leicht fällt – die Dame von der Telefongesellschaft gerät schon ins Stottern, wenn sie ihn nur sieht –, der verliert bald das Interesse an dieser ›Beschäftigung‹.

Eine wirkliche Einordnung des Frauenhelden wird aber erst möglich durch die Einführung der Doppelrollen. Sie sprechen einerseits von Hudsons Einschätzung seiner eigenen Person und andererseits von seiner Einschätzung dessen, wovon er glaubt, daß es Doris Day von einem Mann erwartet beziehungsweise nicht erwartet. Nicht nur seiner Doppelrolle wegen ist Hudson in *Pillow Talk* und *Lover Come Back* eine wesentlich vielschichtigere Figur. Sondern weil er in der Lage ist, sich von seinem Leben zu distanzieren und es bewußt zu ironisieren, während Doris Day ausgerechnet auf das von ihm entworfene Klischee-Mannsbild hereinfällt. Ihr wird zwar bewußt, daß mit ihrem Leben etwas nicht stimmen kann, aber sie kann es weder formulieren noch mit Humor behandeln. Es muß erst Thelma Ritter kommen und die Dinge beim Namen nennen. Selbstverständlich lassen sich auch Hudsons Doppelrollen als Bruch sehen, als unbewußte Bewußtwerdung eines bislang verfehlten Lebens. Wobei es nichts zur Sache tut, daß sich der Bruch nie als solcher präsentiert, daß Hudson lediglich seiner Liste eine weitere Eroberung hinzufügen will; während die Day sich ›zufällig‹ gerade dann verliebt, wenn sie als Single allerorten auf Probleme stößt.

Der Texaner Rex Stetson und der Wissenschaftler Dr. Linus

Tyler sind seine Doppelrollen, sind Negativformen von Allen und Webster, ihre Spiegelbilder, die sich wie zwei Seiten einer Medaille zu einem Ganzen ergänzen, zu dem schizophrenen Traumbild, das Doris Day von ihrem zukünftigen Mann entwirft. Was »Tyler« von Webster hält, wird in *Lover Come Back* sogar formuliert: »Ich wollte, ich wäre wie er. Ein Mann von Welt, er ist gewandt, hat Geschmack und Erfahrung – ein wirklicher Mann ... In zwei Minuten wäre er mit Ihnen im Schlafzimmer.« Wobei der Doppelgänger genau weiß, daß er auf diese Weise Days mütterliche Instinkte weckt und auch kaum länger als zwei Minuten gebraucht hätte, wenn die Day nicht noch rechtzeitig erfahren würde, daß er der falsche Tyler ist. Was hier von der Doppelfigur selbst zur Sprache gebracht wird, streut in *Pillow Talk* Brad Allen als Teilhaber des Telefonanschlusses in Form einer Provokation aus. Wobei er dort noch weiter geht: Er drängt der Day sogar den Verdacht auf, Rex Stetson sei homosexuell: »Es gibt Männer, die ihre Mutter sehr vergöttern, die gute Kochrezepte sammeln und eine Schwäche für Klatsch haben.« Und tatsächlich verhält sich Stetson genauso, wie es Allen vorausgesagt hat – um allerdings hinterher doch zu beweisen, daß er ein ›wirklicher Mann‹ ist. Ein gut durchdachter Plan, der gleich auf mehreren Ebenen funktioniert: Erstens verschafft er Day die Gewißheit, daß sie sich auf ihren ›weiblichen Instinkt‹ sehr wohl verlassen kann, zweitens entfernt sich Stetson auf diese Weise in ihren Augen noch weiter von dem ›verdächtigen‹ Allen. Und drittens ist die Freude hinterher um so größer, wenn sich herausstellt, daß ihr Verdacht unbegründet war – »endlich mal ein Mann, dem man bedingungslos vertrauen kann«. In dem trotz ihrer Deutlichkeit besten visuellen Einfall der beiden Sexkomödien wird ebendies ironisiert. Als Hudson und Day durch ein Aquarium gehen, bleiben sie genau vor einem der Fenster stehen. Während sich die beiden im Vordergrund unterhalten, sieht der Zuschauer, wie dahinter ein großer Fisch vor einem zappelnden Wurm auf der Lauer liegt. Als Doris Day sagt, »Eine Frau spürt rein instinktiv, ob ein Mann ihr Vertrauen verdient ...«, schlägt der Fisch zu, doch im nächsten Moment

Doris Day fällt ausgerechnet auf das vom Weiberhelden entworfene Klischee-Mannsbild – der weltabgewandte, unbeholfene Wissenschaftler – herein. Aus ›Lover Come Back‹ (Ein Pyjama für zwei, 1961)

schießt aus dem Hinterhalt ein noch größerer Fisch und frißt den anderen plus Wurm. Da sagt die Day, »... und Ihnen kann man vertrauen.« Worauf der Riesenfisch im Aquarium aufstößt und Hudson vor dem Aquarium dasselbe tut. Die Fischbühne gibt eine deutliche Interpretation des Geschehens zwischen den beiden Hauptdarstellern, wie sie bösartiger im Kino selten zu sehen war.

Pillow Talk und *Lover Come Back* waren die ersten Filme, in denen die Figur »Rock Hudson« ironisiert wurde. Was aber möglicherweise auch daran lag, daß erst gegen Ende der fünfziger Jahre sein Ruhm als Box-Office-Star so groß war, daß sich einerseits die Figur von der Person zu lösen begann und andererseits seine Festlegung auf bestimmte Typen genügend ausgeprägt war. Bevorzugter Gegenstand des Ulks war diesmal noch der Naturbursche Hudson, später bei Howard Hawks und Blake Edwards auch der Frauenheld. Doch wird auch hier bereits mit seinem virilen Image gespielt, mal agiert er als schwangerer Mann, mal als Homosexueller. Der Witz entsteht immer in Situationen, in denen Dritte den Schein für die Wirklichkeit halten oder umgekehrt. Nachdem ein Paar von Kongreßteilnehmern Hudson bereits mehrere Male beobachten konnte, wie sich Frauen um ihn reißen (auch das waren bereits Mißverständnisse), muß er, nachdem die Day ihn aus der Wohnung geworfen hat, lediglich mit einem Pelzmantel bekleidet die Hotelhalle durchqueren. Das veranlaßt einen der beiden Neider zu der Bemerkung: »Von dem hätte ich das am allerwenigsten gedacht.« Wobei es natürlich müßig ist, darüber zu spekulieren, ob der Drehbuchautor Stanley Shapiro damit auf Hudsons tatsächliche Homosexualität anspielen wollte. Bei einem, der das Handwerk des Komödienschreibens so genau kennt wie Shapiro, ist dieser Witz nur eine logische Folgerung aus dem Rollenimage, das Hudson anhaftet. Die beiden haben ihn erst als Frauenhelden gesehen und schon dabei die beobachtete Situation mißdeutet; jetzt – nach mehreren Wiederholungen dieses Prinzips – bekommt die Wiederholung einen besonderen Dreh, der sie ins Gegenteil verkehrt. Das führt beim Publikum zum doppelten Lachen. Erst das Erkennen der Wiederholung, dann die neue Variante, hier: die homosexuelle Deutung. Das Spiel mit dem Widerspruch zwischen Schein und Sein, Rolle und Wirklichkeit, gehört zu den ältesten Prinzipien der Komödie. In *Pillow Talk* verkörpert Stetson den Menschen, der eins mit der Natur ist, der Pferde und sogar einen Berg (Rock!) besitzt. Er ist das genaue Gegenteil des Städters Allen, dieses Früh-Yuppies, oder auch des neurotischen Jonathan, der die verschmutzte, »charaktervolle« Luft New Yorks der texanischen entschieden vorzieht. Er spielt wie schon bei Sirk und teilweise bei Stevens den naiven Wilden, dessen Unbeholfenheit in Gesellschaft die Frauen immer besonders gereizt hat –

die damit verbundenen sexuellen Implikationen müssen nicht erst erwähnt werden. Er ist ein ›outlaw‹, wenn auch in einer gemäßigten Variante, die nicht gegen die Gesellschaft kämpft, sondern mit ihr lediglich nichts anfangen kann – und sich deswegen für ein Leben in und mit der Natur entscheidet. Es wirft natürlich ein bezeichnendes Licht auf Doris

»Von dem hätte ich das am allerwenigsten gedacht.« – Homosexualität als logische Folge komödiantischer Regeln: Verkehrung des gewohnten Rollenimages

Day, daß sie das Klischee nicht erkennt, daß bereits die domestizierte Fassung des Naturburschen sie erregt. Bei Jane Wyman hätte das nicht funktioniert – ihr Wilder hatte ja schließlich auch perfekte Umgangsformen. Doris Day hingegen hält Stetsons Kompliment, ein Abend mit ihr sei wie ein frostklarer Morgen an einem bullernden Ofen, für ›echte‹ Naturlyrik. Insofern ist Jonathans Vergleich mit dem »Wildwest-Romeo« ausgesprochen treffend. Die Entsprechung in *Lover Come Back* findet sich in »Tylers« Erzählungen von seinen Vorfahren, die allesamt zum Wohle der Menschheit, abseits der Gesellschaft, das Abenteuer gesucht haben – als

Die ewige Jungfrau und der biedere Wissenschaftler in einer Striptease-Show. Aus ›Lover Come Back‹ (Ein Pyjama für zwei, 1961)

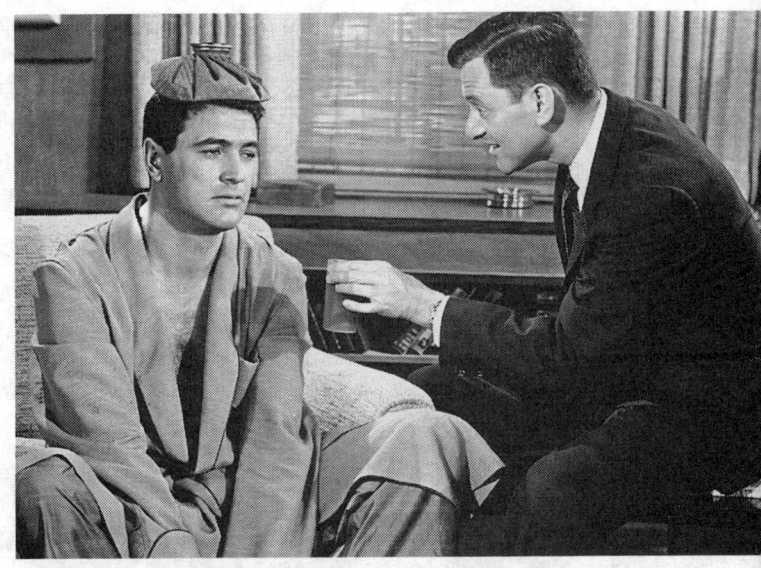

Tony Randall freut sich: »Die mächtige Eiche ist gefällt.« Hudson hat sich tatsächlich verliebt. Aus ›Pillow Talk‹ (Bettgeflüster, 1959)

Forscher, Astronauten oder Philosophen. Und tatsächlich ist auch hier die Day maßlos beeindruckt und hält Hudsons Zitate von belanglosen Aussprüchen oder »famous last words« seiner Vorfahren für reine Philosophie. Sie ist eine echte Vorläuferin von Woody Allens »sophisticated women«.

In seinem Buch »Sex in the Movies« verwendet Alexander Walker besondere Aufmerksamkeit auf eine Sequenz in *Pillow Talk,* die in ihrer nicht sehr subtilen Symbolik von der Kastration des Mannes in diesen Filmen und dieser Zeit spricht. Auf Randalls Frage, was er gegen die Ehe habe, antwortet Hudson: »Bevor ein Mann sich verheiratet, ist er wie eine Eiche im Walde. Er steht da, unabhängig, ganz eins mit sich selbst. Wenn er dann gefällt wird, schneidet man ihm die Zweige und Äste ab, sogar seine Rinde. Dann rollt man ihn zum Fluß, wo er zusammen mit anderen Stämmen zum Sägewerk treibt. Wenn er dort rauskommt, ist er die längste Zeit

169

Hudsons Doppelspiel ist durchschaut, der indignierte Blick der Jungfrau deutet auf die bevorstehende Explosion der Entrüstung hin

eine Eiche gewesen. Er ist dann ein Schlafzimmer, eine Babywiege oder eine Zeitung, mit der der Mülleimer ausgelegt wird.« Auf Randalls Entgegnung, daß man sich bei manchen Frauen »sogar freut, daß man die Zweige abgeschnitten bekommt«, reagiert er mit Unverständnis. Später kann Randall dafür voller Schadenfreude sagen: »Die mächtige Eiche ist gefällt. Ich konnte es gar nicht erwarten, bis die Holzfäller ›Achtung‹ schreien.« Hudson leidet, und er mokiert sich darüber. Endlich hat man dem Frauenhelden, der früher »drei Schwestern auf einmal aufs Korn nahm«, die Zweige »abgesäbelt, und er treibt mit den übrigen Stämmen«. Und am Ende freut sich Hudson tatsächlich: endlich kann er seine Probleme in einem statt in tausend Schlafzimmern lösen ... sagt Doris Day. Die Wahrheit ist allerdings, daß Hudson vorher keineswegs Probleme hatte. Die hatte er erst, als er es mit der Day zu tun bekam. Woraus sich schließen läßt, daß man sich nie mit Frauen aus der Waschmittelwerbung (deren ästhetische Vorläuferin Doris Day ist) einlassen sollte. Das ist die Moral von der Moral.

Auch *Send Me No Flowers* (Schick mir keine Blumen, 1964) wurde mit den gleichen Hauptdarstellern gedreht – Rock Hudson, Doris Day und Tony Randall. Die Regie führte diesmal Norman Jewison, und das Drehbuch schrieb der durch *Casablanca* weltberühmt gewordene Julius J. Epstein,

Aus einem Alptraum von Arzneimittelwerbungen erwacht, einen anderen Alptraum aus der Waschmittelwerbung neben sich. Aus ›Send Me No Flowers‹ (Schick mir keine Blumen, 1964)

171

der den neurotischen Humor, den bislang nur Randall verkörperte, mehr betonte. Schon die Grundidee beweist das: Es geht um Hypochondrie. Und damit begannen die Probleme, denn Rock Hudson als Hypochonder zu verkaufen war unmöglich. Was nichts daran ändert, daß der dritte Film sich durchaus mit den vorangegangenen messen kann, auch wenn ihm deren Homogenität fehlt.

Der Film beginnt mit einem Zitat von Sir Martin Olser: Das Verlangen, Medikamente einzunehmen, ist vermutlich der wesentliche Zug, worin sich Tier und Mensch unterscheiden. Dann sieht man Werbespots, die – wie sich später herausstellt – nur Träume von Hudson sind, Alpträume. Es ist nicht ohne Boshaftigkeit – wenngleich der Film diese Ironie nicht weiterverfolgt –, daß Hudson ausgerechnet mit Doris Day, der Apotheose der Waschmittelwerbung, verheiratet ist. Das ist der Grund, warum die Day als »Frau, von der zu träumen, Frauen ihren Männern erlauben« bezeichnet wurde – denn ihre Keimfreiheit schließt »feuchte Träume« aus. Und dennoch geht es in allen drei Filmen um Sex. Weil nichts das Publikum mehr an- und erregt als die »bewußte Abwesenheit« von Sex. Darum ist natürlich auch *Send Me No Flowers* eine »sex comedy«.

Schon zum Frühstück nimmt Hudson eine bunte Auswahl seiner Pillen ein – anstelle eines *Butter*brotes. Als Doris Day sich darüber lustig macht, meint er, ihr würde eines Tages, wenn er auf dem Schmerzenslager liege, das Lachen schon noch vergehen. Beim Besuch seines Lieblingsarztes kommt er durch ein Mißverständnis zu dem Glauben, er habe nur noch kurze Zeit zu leben. Auf einer Zugfahrt erzählt er seinem Nachbarn und besten Freund Arnold Nash (Tony Randall) von der unheilbaren Krankheit; sie beschließen, Hudsons Frau nichts zu sagen: »Ich weiß noch, wie sie war, als der Hund einging.« Statt dessen versucht er, sie auf ein Leben als Witwe vorzubereiten, fragt, ob sie weiß, was »Amortisation einer Hypothek« ist. Doris Day zeigt sich allerdings nicht sonderlich willig, sich mit diesen Dingen zu befassen. Schließlich »ist dafür der Mann zuständig«. Randall und Hudson müssen sich etwas anderes überlegen. Früher wurde

»Keine Butter aufs Brot, Liebling.« – Der Hypochonder am Frühstückstisch. Aus ›Send Me No Flowers‹ (Schick mir keine Blumen, 1964)

die überlebende Frau mit ihrem Mann mitverbrannt – heute besteht die einzige Chance darin, selbst für einen Nachfolger zu sorgen, auf daß die Frau in ihrer Instabilität nicht einem professionellen Witwentröster wie Winston Burr oder einem jugendlichen Bongo-Spieler wie dem, wie Hudson findet, allzu kessen Zeitungsausträger in die Hände fällt. Also mietet Hudson eine Grabstätte, in der auch Platz für den zweiten Mann seiner Frau ist, und macht sich mit Randall auf die Suche nach einem geeigneten Kandidaten. Die ersten Anwärter, die die beiden Freunde unter die Lupe nehmen, fallen allesamt durch ... bis Bert Power (!) auftaucht, ein Jugendfreund von Doris Day. Er ist reich, gut gebaut, charmant und selbstbewußt, kurz, ein richtiger Widerling. Doch solch subjektive Abneigung muß nun mal außer acht gelassen werden, schließlich geht es um Wichtigeres. Also lädt man Bert ein, um zusammen auszugehen, drängt ihn ständig, mit Doris

Day zu tanzen. Als die vier beisammensitzen, zeigt sich, welch begnadeter Drehbuchschreiber Epstein ist. Bert erinnert sich an die junge Doris Day: »Damals habe ich gedacht, sie würde einmal Cary Grant heiraten.« (Mit dem Doris Day 1962 tatsächlich in *That Touch of Mink* (Ein Hauch von Nerz) zusammen gespielt hat, und der der vielleicht größte Darsteller in der Geschichte der »screwball comedy« war.) Rock Hudson antwortet verdrossen: »Nein, sie mußte sich mit mir begnügen.« Und Tony Randall betrachtet angewidert Berts protzige Cowboystiefel (man denke an *Pillow Talk:* »Aus Texas? Oh, wie konntest du nur?«). Dann steht er auf und entschuldigt sich, er müsse etwas Rouge auflegen, und zu Hudson: »Du könntest auch etwas Rouge gebrauchen!« Worin sich, wie schon in den vorangegangenen Filmen, Zweifel an der Männlichkeit der Figur, die Hudson spielt, äußern. Das Prinzip ist dasselbe, aber es führt zugleich vor Augen, daß Hudson und Randall besser die Rollen getauscht hätten. Das ist jedoch eine andere Geschichte; denn natürlich ist jeder vernünftige Mensch viel mehr an Tony Randall interessiert als an Rock Hudson, der – zumindest in dieser Hinsicht – unter seiner Zugkraft als Kassenstar zu leiden hatte.

Was auch die folgende Szene unter Beweis stellt: Hudson, im Angesicht seines nahenden Todes, beginnt über die Versäumnisse seines Lebens nachzudenken und die Schönheit dieser Erde zu preisen: »Siehst du den Baum hier? Er ist wundervoll. Diese Stärke, einfach herrlich … Genieße das Leben, empfinde das Schöne, das dich umgibt!« Auch das ist eine Anspielung auf seine vorangegangenen Rollen, auf sein Rollenbild insgesamt. Das Baumgleiche, das Hudson von jeher zugesprochen wurde, wird ja bereits in *Pillow Talk* auf die Schippe genommen, wo der ›gefällte Baum‹ Chiffre für die Kastration des amerikanischen Helden ist. In *Send Me No Flowers* kann er nur noch bewundernd und wehmütig davon schwärmen. Zurück zu Arnold/Randall, der mit Fortdauer des Films immer mehr dem Alkohol verfällt. Bei der nächsten Gelegenheit sitzt er wieder einmal betrunken an einer Bar und sinniert über den Sinn des Lebens. Nachdenklich streichelt er den Holztresen der Bar und gibt seine verzweifelt-verwässerte Fassung von Hudsons philosophischen Anwandlungen zum besten: »Hast du schon mal einen Baum gesehen? Genieße das Leben!« sagt er zum Barkeeper. Die beste Szene des Neurotikers Tony Randall, der später wie so viele »side kicks« beim Fernsehen endete, wo er allerdings in der Serie »Männerwirtschaft« noch einmal eine Glanzleistung bot. Die beste Szene der drei Filme überhaupt.

Am selben Abend kommt es zum ersten Eklat: Hudson warnt seine Nachbarin, voller Verständnis für Probleme und Schwächen von Witwen, vor gewieften Tröstern, insbesondere vor Winston Burr, mit dem sie sich bereits eingelassen hat. Aus Dankbarkeit, daß er ihr die Augen über Burr geöffnet hat, küßt sie ihn überschwenglich, was Doris Day zufällig sieht. Als sie erzürnt abzieht, eröffnet ihr Hudson, daß er sterben muß. Außerdem sei das keine Frau gewesen, son-

Hudson will angesichts des Todes sein Leben noch ein letztes Mal genießen. Der neurotische Nachbar, Tony Randall, sieht zu – wie immer. Aus ›Send Me No Flowers‹ (Schick mir keine Blumen, 1964)

dern Linda Bullard; und er sei nie untreu gewesen, besonders jetzt, in der Endphase seines Lebens nicht. Von jetzt an wird er von Day und Randall umsorgt, bis zufällig der Arzt vorbeikommt, der voller Unverständnis auf Doris Days Sorge um ihren Mann reagiert – von Sterben könne keine Rede sein. Am obligaten Wendepunkt dieser Filme wirft sie Hudson raus, um letztlich doch wieder mit ihm vereint zu werden – ein Besuch des Mannes vom Bestattungsinstitut überzeugt sie, daß ihr Mann keine Affären hatte, sondern tatsächlich glaubte, todkrank zu sein.

Variety schrieb ganz richtig, daß es in diesen Filmen hauptsächlich um eines geht: S-E-X. Allerdings in speziell amerikanischer Spielart. In *A Very Special Favour,* wieder ein Hudson-Film von Michael Gordon, heißt es an einer Stelle: »In Amerika macht man keinen Sex, man begeht ihn.« (»In America they don't make sex, they commit it.«) Treffender läßt sich die Haltung zur Sexualität in diesen Filmen kaum ausdrücken – Sex als Verbrechen. Das ist allerdings kein Grund, bei den Sexkomödien, wie es George Morris in seinem schwachsinnigen Doris Day-Buch tut, von »fragwürdigem Humor«, »Geschmacklosigkeit« oder »dreistem Beispiel sexueller Anspielungen« zu reden. Es war von jeher eisernes Prinzip der Komödie, die Dinge nur anzudeuten statt zu zeigen, und mit der Doppeldeutigkeit des Scheins zu arbeiten. Zweideutigkeit ist nicht Ausdruck geschmacklosen Humors, sondern des Humors überhaupt. Daß die Dialoge nicht mehr so spritzig und brillant wie in den klassischen Komödien der Vierziger sind, kann man diesen Filmen kaum vorwerfen. In der Zeit des Niedergangs dieses Genres bilden sie die mit Abstand witzigsten und homogensten Filme. Aber die Kritik hat von jeher mit zweierlei Maß gemessen; Qualität wird lieber erst in der historischen Distanz erkannt. Superstars und kommerzieller Erfolg hatten traditionell etwas Anrüchiges.

Zwar ist bei der Kritik ständig die Rede vom genauen Abbild der Sitten und Moral dieser Zeit. Aber statt das als Qualität zu würdigen, überträgt man die Vorurteile gegen die extrem wertkonservativen Fünfziger auf die Filme. Auch das Ver-

dikt »modisch« kann hier nicht greifen, denn alle drei Komödien funktionieren heute noch vorzüglich. Und Morris redet
gar davon, daß »die Herrenwitze von einer Verachtung gegenüber der Ehe begleitet werden«. Was, wie bereits ausge-
führt, natürlich Unfug ist, zumal gerade darin der wesentliche Unterschied zu den klassischen Vorgängern liegt. Gestattet sind nämlich nur Dinge, die – so heißt es in *Send Me
No Flowers* – der Bridge-Club für angemessen erachtet.

Das Beste geben

Hudsons Abstieg zum Fernsehstar

>»Er sieht gut aus, ist charmant und
eitel.«

Darling Lili über Hudson

Rock Hudson hat immer versucht, sein Bestes zu geben. Er
hat an sich gearbeitet, war dankbar für jeden Ratschlag und
hat sich jedem Film mit demselben Fleiß und der gleichen
Loyalität gewidmet. Inmitten all der Verschleierungen und
erfundenen Geschichten kehrt diese Qualität beharrlich immer wieder. Außer Howard Hawks lobten alle Regisseure
seine Lernbegierde, seinen bedingungslosen Willen, sich
einem Projekt mit seiner ganzen Person zur Verfügung zu
stellen. Hudson wußte offenbar, was er seinem Glück schul-
dig war und nahm seinen Erfolg nie als Selbstverständlichkeit
hin. Er wußte, daß er um so mehr dafür arbeiten mußte, als
ihm zeitlebens der Ruf vorauseilte, keine schauspielerische
Größe zu sein. 1952 war sogar in Deutschland im *Westdeut-
schen Tagblatt* unter der Überschrift: »Ein Star wird fabriziert« zu lesen, sein Talent sei, kein Talent zu haben. Dem
hat er seine Karriere hindurch entgegengearbeitet: Keiner
sollte sagen können, er würde sich nicht bemühen. Aus diesem Gefühl der Minderwertigkeit – nie eine richtige schauspielerische Ausbildung genossen zu haben – schöpfte er die
Kraft, besser werden zu wollen. Unter all dem, was Regisseure über ihn gesagt haben, stammt das schönste Lob von Robert Aldrich, mit dem er 1961 *The Last Sunset* (El perdido)
drehte: »Rock Hudson hat sich achtbarer aus der Affäre gezogen als jeder andere von uns. Ich konnte feststellen, daß er
schrecklich hart arbeitete, sich der Sache voll und ganz wid-
mete und mit viel Ernst bei der Sache war: kein Unfug wie
›Ich muß gut aussehen‹ oder ›Ist das auch die richtige Seite?‹.
Wenn jeder, vom Produzenten über die Drehbuchautoren
bis zu den anderen Schauspielern, an die Sache mit der glei-

Der Rest vom Fest: Hudsons Abstieg zum Fernsehstar

chen Hingabe herangegangen wäre, wäre der Film viel besser geworden. Damit will ich nicht ausdrücken, daß Rock Hudson Laurence Olivier gleichkommt, aber er war sicherlich mit sehr viel mehr Aufrichtigkeit bei der Sache, als ich mir das von irgendeinem anderen vorstellen kann.«

Hudson reitet bei Aldrich für das Gesetz, auf der Jagd nach dem Mann, der seinen Schwager ermordet hat. Als er O'Malley, dargestellt von Kirk Douglas, der diesen Film auch co-produzierte, auf der Farm der Breckenridges (Joseph Cotton und Dorothy Malone) erwischt, läßt er sich überreden, mit ihm zusammen einen Viehzug aus Mexiko in die US-Territorien zu leiten, um dort dann die alte Rechnung zu begleichen. Natürlich haben sich beide Männer in Dorothy Malone verliebt, wobei es Kirk Douglas mehr um ihre Tochter Missy geht, die er mit sich nehmen möchte. Karlheinz Oplustil schreibt: »… als sich die beiden Männer um sie schlagen, beendet sie deren Prügelei mit einem Schuß aus dem Gewehr … sie ist realistisch und selbstbewußt. Als Rock Hudson vorschnell Heiratspläne entwickelt, macht sie ihm gleich klar, daß sie ihre eigenen Vorstellungen hat.« Und doch gewinnt Hudson am Ende, allerdings auch nur, weil Douglas vor dem Duell die Patronen aus seinem Gewehr entfernt hat. Denn nachdem Malone ihm eröffnet hat, daß Missy auch seine Tochter ist, will er entweder beide oder keine. Und da Malone ihr Herz an Hudson verloren hat, zieht er den Tod vor. Mittlerweile war Hudson von Malibu nach Lido Isle bei Newport Beach gezogen, um in größerer Entfernung von Los Angeles mehr Ruhe zu haben. Dort verbrachte er die meiste freie Zeit auf seiner neu erstandenen Jacht »Khariozaz« (arabisch für Glück), während er nur noch zwei Filme pro Jahr machte. Ansonsten trat er, wie sich das für Top-Stars gehört, in Fernseh-Shows auf, etwa in *The Big Party,* einer Serie, die daraus bestand, daß eine Berühmtheit in ihrem eigenen Haus Gastgeber für geladene Gäste spielen muß. Hudson hatte in seiner Folge Esther Williams, Sammy Davis jr., Tallulah Bankhead und Carlos Montoya. Wegen Finanzierungsproblemen wurde die Serie jedoch bald wieder eingestellt.

Mittlerweile hatte Hudson bei Universal einen neuen Vertrag unterzeichnet, der ihn zu zwei Filmen jährlich verpflichtete, für die er jeweils etwa 100.000 Dollar bekommen sollte, und der ihn auch für Filme anderer Studios freistellte. In diesem Jahr gründete Hudson zusammen mit seinem Agenten eine eigene Produktionsfirma, Seven Pictures, die dann auch gleich seinen nächsten Film mitproduzierte. *Come September* (Happy-End im September, 1961) sah ihn an der Seite der

Mit Dorothy Malone in ›The Last Sunset‹ (El Perdido, 1961)

italienischen Diva Gina Lollobrigida, mit der er an der italienischen Riviera drehte. Er spielt darin den reichen New Yorker Industriellen Robert Talbot, der sich für seinen Entspannungsmonat September in Italien eine Villa und eine Geliebte hält. Die Verwicklungen beginnen wie in jeder Komödie mit der Abweichung von der angestammten Ordnung: Hudson taucht mitten im Juli auf und muß feststellen, daß sein Angestellter die Villa zum Hotel umfunktioniert hat, um so einen größeren Nebenverdienst einzustreichen. Er schafft es auch nicht, vor der Ankunft seines Arbeitgebers alle Gäste heimzuschicken – zurück bleibt eine Gruppe von sechs Mädchen mitsamt ihrer Anstandsdame. Und tatsächlich ist Hud-

Gina Lollobrigida legt Hand an Hudsons Kravatte (!). Aus ›Come September‹ (Happy-End im September, 1961)

son dann auch außerstande, einer Gruppe von vier jungen Männern, die Zimmer gebucht hatte, abzusagen. Nachdem die Jungs alles unternehmen, um an die Mädchen heranzukommen, muß Hudson auch noch als Anstandsdame einspringen. Die Vorzeichen haben sich umgekehrt, die Verkörperung der ungeniert – und hier natürlich auch unmoralisch – genossenen Sexualität wird auf einmal zum Hüter der Moral. Das Publikum zu jener Zeit lachte darüber. Dabei handelte es sich um nichts anderes als die Darstellung der eigenen Schizophrenie: Bei anderen ächten, was man sich selbst gestattet.

Bereits im folgenden Jahr arbeitete Hudson wieder mit Ro-

›Come September‹ (Happy-End im September, 1961) mit Bobby Darin in der Mitte

bert Mulligan, diesmal nicht in Italien, sondern in der Javanischen See, und diesmal war es keine leichte Komödie, sondern ein religiöses Drama: *The Spiral Road* (Am schwarzen Fluß, 1962). Die Geschichte spielt 1936 in den holländischen Kolonien auf Guinea. Hudson spielt Anton Draeger, der mit einer Gruppe junger Ärzte in Südostasien ankommt. Er interessiert sich allerdings nicht sonderlich für die Begrüßungsworte, sondern studiert gleich eine Wandkarte. Dieselbe Zielstrebigkeit wird ihn weiterhin auszeichnen. Er sagt: »Ich bin nicht hier, um mich zu amüsieren.« Er hat auch ein ganz bestimmtes Ziel vor Augen, will zu dem Tropenarzt und Pest-Spezialisten Dr. Jansen (Burl Ives) in den Dschungel.

»Ich bin nicht hier, um mich zu amüsieren!« – Mit Burl Ives in ›The Spiral Road‹ (Am schwarzen Fluß, 1962)

Denn »ich gedenke nicht, nur mit einem zerknitterten weißen Tropenanzug und einer leichten Malaria zurückzukehren«. Seine Entschlossenheit überzeugt auch seine Vorgesetzten, die ihn anfänglichen Vorbehalten zum Trotz doch zu Jansen schicken. Tatsächlich erweist sich Draeger im Dschungel als talentierter Arzt, bis zu dem Punkt, an dem seine Verlobte auftaucht. Er heiratet Els (Gena Rowlands) überstürzt, obwohl Jansen ihn warnt, ein guter Arzt könne kein guter Ehemann sein. Bei der Hochzeitszeremonie kann sich Draeger scheinbar die Heiratsformel nicht merken, bleibt hängen. Doch Els hat gemerkt, daß er eigentlich vorhatte, »den Satz mit ›Gott‹ zu unterschlagen«. Auf seine Entschuldigung, er habe es eilig gehabt, meint sie, sie werde aus ihm doch noch einen guten Christen machen. Genau davon wird der Rest des Films handeln: Wie der Atheist Draeger ins Purgatorium geschickt wird, um geläutert daraus hervorzugehen. Erst wird er von Jansen verstoßen, weil der erkennt, daß es seinem jungen Gehilfen nicht um humanitäre Hilfe, sondern um Karriere geht, daß er mit seinen, Jansens, Notizen sich einen Namen machen wollte. Daraufhin gesteht Draeger, er wolle keineswegs seine Tage in der Wildnis zubringen: »Wofür denn?« Jansen prophezeit, auch er werde etwas brauchen, woran er glaubt, um nicht zugrunde zu ge-

»Man braucht niemanden, weil man auf sich gestellt ist, ganz allein.« Aus
›The Spiral Road‹ (Am schwarzen Fluß, 1962)

hen. Doch bevor es soweit ist, legt Draeger immer heftigere Bekenntnisse gegen den christlichen Glauben ab. Er spottet über eine Einteilung der Menschen in Sünder und Heilige, über den gottlosen Menschen, der für seine Sünden bestraft, von des Allmächtigen Faust niedergestreckt werden kann. Und dann erzählt er, daß er in Gott seinen brutalen Vater, einen Prediger, haßt. In der Kirche habe er sonntags gekniet, voll panischer Angst vor der donnernden Stimme seines Vaters, vor Gott: »Aber jetzt lasse ich mich von dem Zeug nicht mehr bangemachen. Das habe ich mir mit zehn ein für allemal abgewöhnt ... Man braucht niemanden, weil man auf sich gestellt ist, ganz allein.« Was Els zu der Antwort veranlaßt, er brauche nicht nur keine Menschen, er brauche auch sie nicht. »Ich habe immer neben dir hergelebt ... Sag mir, wie ich dir helfen kann.« In Rage geraten über so viel Selbstlosigkeit, erzählt Draeger ihr gleich noch, er habe »sich im Dschungel eine Eingeborene genommen, nicht nur einmal, sondern mehrmals«. Und mehr noch: »Ich brauche dich nicht, ich brauche keinen. Fahr zurück!«

Bei der nächsten Expedition findet sich Draeger mit einem Mal allein, die restlichen Leute in die Flucht geschlagen von Eingeborenen. Die trachten Draeger nach dem Leben, weil seine ärztlichen Methoden dem Medizinmann Konkurrenz machen. Draeger bleibt allein in der Wildnis, droht wahnsinnig zu werden. Die Stunde der Wahrheit ist gekommen, als er nach langer Zeit sein eigenes Spiegelbild wieder sieht, Bartzotteln und entzündete Augen: »Oh Gott ... hilf mir.« Und tatsächlich erhört Gott den Ungläubigen, schickt Rettung. Am Krankenbett findet die Aussöhnung zwischen Draeger, Els und Jansen statt.

The Spiral Road war Hudsons erster Versuch im dramatischen Fach, und er erhielt gute Kritiken dafür. Nach dieser religiösen Selbstfindung wurde Rock Hudson als Sprecher eingesetzt, in einem recht zweifelhaften Dokumentarfilm über Marilyn Monroe. Hudson sprach die verbindenden Kommentare zwischen den Spielfilmausschnitten, die allerdings nur aus Centfox-Filmen stammten, so daß *The Misfits* oder *Some Like It Hot* nicht zu sehen waren. Der Text war

Zwei Welten, zwei Zeiten: Der Tropenarzt und der Medizinmann (Reggie Nalder) in ›The Spiral Road‹ (Am schwarzen Fluß, 1962)

wenig anspruchsvoll, hob mehr auf ihr blendendes Aussehen als auf ihr Talent ab, und Hudson entledigte sich dieser Aufgabe mit seiner tiefen, sanften Stimme mit Anstand, vermied alle Anspielungen auf ihre privaten Schwierigkeiten, um so mehr als er sie auch persönlich kannte. Er war es, der Marilyn

Juni 1962: Zwei Superstars, Sex-Symbole ihrer Zeit. Zwei Monate später war Marilyn Monroe tot

Monroe im Juni 1962 die Auszeichnung für ihre Wahl zur beliebtesten Filmschauspielerin der Welt überreichte. Es gibt dazu ein sehr schönes Bild, auf dem sich die beiden Superstars, die überragenden Sex-Symbole ihrer Zeit, lachend in den Armen liegen. Zwei Monate später war sie tot.

Noch im selben Jahr drehte Hudson wieder unter der Regie von Delbert Mann, allerdings in dem weit schwächeren Film *A Gathering Of Eagles* (Der Kommodore, 1963), in dem man ihn als Leutnant Jim Caldwell sieht. Caldwell wird nach Carmody zur Strategic Air Command Base versetzt, um dort das Kommando zu übernehmen, nachdem man dort bei einem Test für den Ernst- bzw. Kriegsfall versagt hatte. Caldwells Ehrgeiz, die Durchschlagkraft der Airbase zu verbessern, verschafft ihm eine Menge Feinde und führt zum Protest des Vizekommandeurs, seines alten Freundes Colonel Hollis Farr (Rod Taylor). Durch die ausschließliche Beschäftigung mit seiner Arbeit vernachlässigt er seine Frau Victoria (Mary Peach), die sich deshalb mehr und mehr Farr zuwendet. Mitt-

›A Gathering of Eagles‹ (Der Kommodore, 1963) – In der Mitte Rod Taylor

lerweile hat Caldwell herausgefunden, daß die Schwäche der Truppe auf Farrs Prinzip, auf Popularität statt auf Effizienz zu setzen, zurückzuführen ist und beantragt dessen Versetzung. Es kommt zu einem heftigen Streit zwischen den beiden, als Caldwell auch noch von der Affäre seiner Frau mit Farr erfährt. Während er später im Krankenhaus Fowler besucht, wird wieder ein Test durchgeführt, bei dem Farr das Kommando übernehmen muß. Trotz einiger Zwischenfälle verläuft der Probealarm diesmal zufriedenstellend. Was wiederum Farr und Caldwell versöhnt und auch Victoria zu ihrem Mann zurückbringt, weil sie einsieht, daß seine vorübergehende Ruppigkeit von seinem Pflichtbewußtsein herrührte.

Delbert Manns einfallslose Regie zeigt, wie sehr er von Dreh-

›A Gathering of Eagles‹ (Der Kommodore, 1963) – Hudson rechts

190

Bei den Dreharbeiten zu ›Man's Favorite Sport?‹ Der Lieblingssport der Männer ist jedoch nicht Schach

büchern abhängig ist. Das vehemente Plädoyer für Vater-landsliebe und Teamgeist findet keine Entsprechungen auf menschlicher Ebene. Die Menschenopfer werden unter Sen-timentalität begraben. Hudson zeigte sich auch nicht sonder-lich zufrieden mit seiner Rolle, die er wie gewohnt intensiv vorbereitet hatte, indem er mit Piloten gesprochen und an Lehrgängen teilgenommen hatte. Wie in so vielen Filmen hatte Hudson wieder einmal eine Wandlung durchzuma-chen, diesmal von Unbarmherzigkeit zu Versöhnlichkeit. Sein Versuch, seine Bandbreite als Schauspieler wieder zu erweitern, begann also mit einem Fehlschlag. Tatsächlich waren seine Versuche, zur Vielfalt eines Studioschauspielers zurückzukehren, von wenig Erfolg gekrönt. So begann Mitte der sechziger Jahre sein Abstieg als Kassenstar.

Die Antwort auf die Frage im Filmtitel *Man's Favorite Sport?*, nach dem beliebtesten Sport des Mannes, wird in dem Song, der über der Credit-Sequenz liegt, vorweggenom-

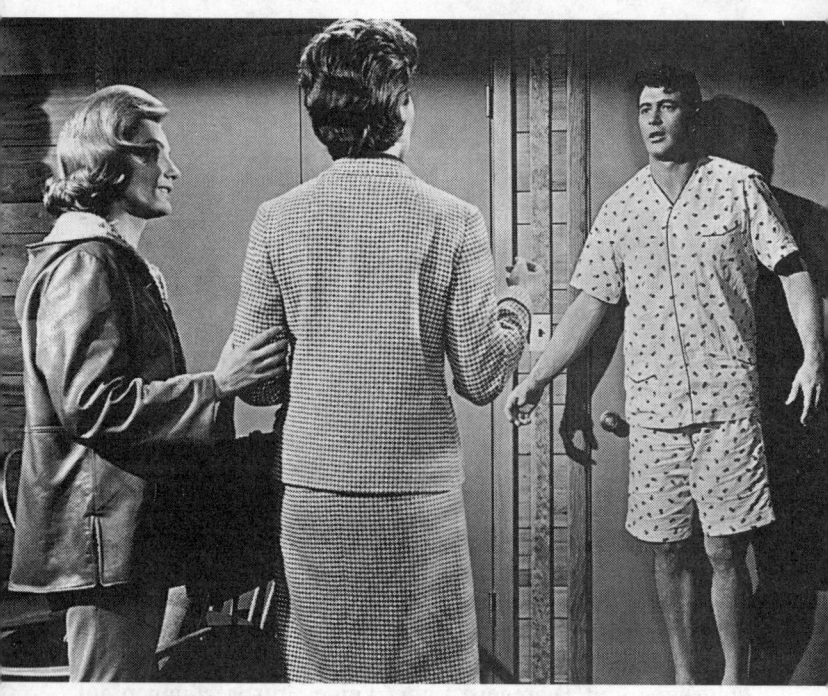

›Man's Favorite Sport?‹ Girls, Mädchen, natürlich. Mit Maria Perschy und Charlene Holt

men: Girls, Mädchen. Die eigentliche Antwort sollte natürlich »Sex« heißen, aber die verniedlichende Antwort paßt zur etwas altertümlichen Moral des Films, in dem man der Verlobten nicht einmal sagen kann, daß ein anderes Mädchen aus ganz unverfänglichen Gründen die letzte Nacht im selben Bungalow zugebracht hat. *Man's Favorite Sport?* (Ein Goldfisch an der Leine, 1964) wird auch von Hawks-Fans zu seinen schwächeren Werken gezählt, und der Komödienmeister selbst fand ihn schlichtweg schlecht. Was er zu einem großen Teil Rock Hudson anlastete, dem er jegliches komische Talent absprach und dessen Spiel er als angestrengt bezeichnete. Doch weder Hudson noch der Film sind so schlecht wie ihr Ruf. Gewiß, die Dialoge sind nicht mehr so spritzig und das

Tempo nicht mehr so hoch. Bezeichnenderweise ist es wieder einmal Cary Grant, der als unerreichbarer Maßstab für Hudson herangezogen wird. Es gibt Schlimmeres, als an den Meistern eines Fachs gemessen zu werden.

Roger Willoughby ist Angestellter in einem Geschäft für Anglerzubehör, und er hat ein Lehrbuch geschrieben, nur – er hat noch nie in seinem Leben eine Rute in der Hand gehabt. Zwei Damen (Paula Prentiss und Maria Perschy) kommen ausgerechnet auf die Idee, ihn zu einem Wettangeln zu nötigen. Natürlich versucht Hudson/Willoughby alle erdenklichen Ausreden, doch dem schlitzohrigen Charme von Abigail und Easy ist er nicht gewachsen. Er wird von seiner Firma Abercrombie & Fitch zu dem Turnier abgestellt, um eine

Der Theoretiker in der Praxis – ein Lacherfolg. Mit Paula Prentiss in ›Man's Favorite Sport?‹ (Ein Goldfisch an der Leine, 1964)

neue Ausrüstung zu testen. Obwohl er mehrmals auszusteigen versucht, wird er schließlich Sieger des Wettangelns. Von Hudson werden artistische Einlagen gefordert, wenn er etwa durch das Schiebedach eines kleinen Autos fällt. Genau darin sah Hudson den Grund für den Mißerfolg des Films: »Weil ich in einer Komödie, wie die Erfahrung beweist, immer der Teufel oder der Aufrührer sein muß, derjenige, der anderen einen Streich spielt. Ich bin sichtlich zu groß, als daß mir übel mitgespielt werden könnte, weil das Publikum es nicht glaubt oder nicht akzeptiert. Ich spielte den Clown. Der Witz war zu stark, die Rache war zu stark. Ich fühlte mich nicht wohl, als ich das spielen sollte.« Tatsächlich ist seine Rolle als Roger die passivste, die er je zu spielen hatte. Schon am Anfang kann er sich nicht durchsetzen, als Abigail ungeniert auf seinem reservierten Firmenparkplatz parkt. Der (Un-)Logik ihrer Antworten ist er nicht gewachsen, handelt sich gar noch einen Strafzettel wegen Falschparkens ein. Natürlich kommt es am Ende dazu, daß die beiden ein Liebespaar werden. Doch zuvor muß der Theoretiker durch die Praxis, wobei ihm Abigail zu helfen versucht.

Auf mehreren Ebenen des Films werden Frauen mit Fischen gleichgesetzt – aus Willoughbys Sicht zumindest. Die Schwierigkeiten mit beiden sind die selben. Zum Helden wird Hudson, weil er – aus welchen Gründen auch immer – antritt zu seinem eigentlich aussichtslosen Kampf. Am Ende gewinnt er nicht nur das Turnier, sondern kriegt auch noch das Mädchen.

Hudson ist im Vokabular der sexuellen Anspielung eine Jungfrau. Er hat sozusagen ein Sexlehrbuch geschrieben, empfindet aber tiefe Abscheu davor. Seine Verlobte (Charlene Holt) weiß nicht einmal, daß er nicht »fischen« kann. Die in jeder Hinsicht kompetente Paula Prentiss führt ihn ins Fischen ein, was auf der zweiten Ebene auch eine sexuelle Initiation ist. Wenn man die Fische als phallische Symbole betrachtet, gewinnt eine Szene an Bedeutung, in der sich ein Fisch im Hudsons weiten Fischerhosen verfangen hat und dort herumzappelt, während Hudson wie wild umherspringt. Hudsons Verbindung mit Paula Prentiss kann erst dann zustandekommen, als er sich im Kampf mit den natürlichen Gewalten als Mann bewiesen hat.

In einem brillanten visuellen Einfall versinnbildlichen sich Lebensuntüchtigkeit und Impotenz des amerikanischen Komödienhelden der sechziger Jahre. Man sieht Hudson auf einem gefällten Baumstamm (!) sitzen und einen Fisch in der linken Hand halten. Am linken Bildrand sitzt Abigail mit dem Rücken zum Zuschauer und paßt auf, daß er den Fisch nicht aus der Hand legt. »Wie lange soll ich das scheußliche Ding noch halten?« – »Sie halten ihn so lange, bis ich sage, es reicht.« Dann kommt Easy dazu, setzt sich an den rechten Bildrand. Sie fragt, was Hudson gerade mache, und Abigail antwortet: »Er übt gerade das richtige Fischgefühl, denn er kann sie nur nicht in die Hand nehmen.« Dann erzählt Easy, ein anderer Profi käme, und sie könnten nun auf Hudson verzichten. Während die beiden überlegen, wie man sein Ausscheiden begründen könnte, beginnt es zu regnen. Die beiden beschließen, er müsse sich nur ein Gebrechen zulegen, sich das Bein oder den Arm brechen. Mittlerweile sitzt Hudson wie auf glühenden Kohlen, denn offenbar beginnt der Regen die Blusen der Frauen zu durchweichen und durchsichtig zu machen. Er versucht die ganze Zeit, die beiden darauf aufmerksam zu machen, doch sie lassen ihn nicht zu Wort kommen. Als die beiden daraufkommen, daß man ihm lediglich den Arm eingipsen müßte, hält er sich die freie Hand vor die Augen. Darauf angesprochen, wird er es endlich los: »Weil Sie aussehen, als ob Sie gar nichts anhätten.« Das ist das Bild des Frauenhelden 1964: auf einem »gefällten Baum« sitzend, mit zwei halbnackten Frauen, die über gebrochene Glieder (!) reden, und einem toten Fisch in der Hand. Doch 1964 konnte das Publikum mit einer so konsequent gegen das Image besetzten Rolle nichts anfangen. Die so brillant inszenierte Demontage funktionierte nicht. Und noch ein Schlag unter die Gürtellinie, als die beiden Frauen sich auf den Weg nach Hause machen: »Roger, wollen Sie das Ding mit nach Hause nehmen? ... Eigentlich ein Jammer, wo Sie sich so schön daran gewöhnt haben.«

Dann folgte wieder eine »sex comedy«, diesmal von dem

recht erfolgreichen Team Norman Panama und Melvin Frank, die Story, Drehbuch, Regie und Produktion bei *Strange Bedfellows* (Fremde Bettgesellen, 1965) innehatten. Der Film reicht nicht im entferntesten an die Martin Melcher-Produktionen heran, die Dialoge sind einfallslos, mit Klischees wird nicht operiert, sie werden lediglich reproduziert: Daß eine Italienerin aufbrausend ist und beim Ehekrach mit Geschirr wirft, ist allein noch nicht sonderlich lustig. Für die Rolle der Italienerin Toni wurde Gina Lollobrigida verpflichtet, mit der zusammen Hudson bereits in *Come September* spielte, damals allerdings mit wesentlich mehr Esprit und Erfolg. *Strange Bedfellows* beginnt mit einem Prolog, in dem ein Erzähler berichtet, wie es vor sieben Jahren dazu kam, daß der amerikanische Verkaufsdirektor von In-

›Strange Bedfellows‹ (Fremde Bettgesellen, 1964) – Schon die »Lollo«
Hudson »Daddy«

›Strange Bedfellows‹ (Fremde Bettgesellen, 1964) - Mit Gina Lollobrigida vom Scheidungsanwalt ins Ehebett

ter Allied Petroleum, Carter Harrison, in London die italienische Künstlerin Toni heiratete und vor allem, wie es nur kurze Zeit später wieder zur Trennung kam; dazu Szenen von Streitereien an allen möglichen Orten, fliegende Farbtöpfe und zerbrechendes Geschirr. Sieben Jahre später ist Harrison einer der fähigsten Vertreter seiner Firma, muß aber für die in Aussicht gestellte Direktorenstelle ein einwandfreies Privatleben vorweisen können: Aus dem fröhlich verheirateten Junggesellen muß ein Familienvater werden. Doch zuerst einmal steht ein Termin beim Scheidungsanwalt an. So treffen sich Toni und Harrison nach sieben Jahren zum ersten

Mal wieder, und prompt ist die Anziehungskraft immer noch oder schon wieder so stark, daß die beiden zusammen im Bett landen. Schon am nächsten Morgen geht der Streit von neuem los; er mokiert sich über ihr gesellschaftliches Engagement, und sie wirft ihm Arroganz und Ignoranz vor.

Dabei hatte alles bestens begonnen. Beim Anwalt funktionierte die Anziehungskraft ohne ein einziges Wort, eine Szene, die Melvin Frank mit viel Geschick aufnahm. Erst sieht man ihre übereinandergeschlagenen Beine, dann rückt die Kamera den beiden mit Groß- und Nahaufnahmen wechselseitig auf den Leib: sehnsüchtige Augen und bebende Münder. Und weil es regnet, nehmen die beiden hinterher gemeinsam ein Taxi. Vor ihrer Haustür weiß dann keiner so recht, was er sagen soll, bis sie ihn vor lauter Verlegenheit noch auf einen Kaffee einlädt. Da gewinnt auch Hudson seine Sicherheit wieder, und ein paar Einstellungen später folgt eine lange Kamerafahrt den auf dem Boden verstreuten Kleidungsstücken bis zum Bett. Woraus man ersehen kann, was sich seit Doris Day geändert hat. Im Bett plant die ›Lollo‹ bereits für die Zukunft, nennt Hudson »Daddy« und spricht davon, daß er männlich, stark, zottelig und ein wunderbarer Familienvater sei. Viel mehr wird man auch im weiteren Verlauf des Films nicht über Rock Hudson erfahren, seltsam passiv bewegt er sich durch all die Komplikationen, ohne daß dabei irgendwelche prägnanten Charakterzüge zutage träten: er sieht gut aus, ist arbeitsam, im Umgang mit Frauen geübt.

Anderntags überzeugt ihn sein Freund und Kollege Bramwell (Gig Young), er müsse es ein weiteres Mal versuchen, den Streit beizulegen, was ihm nach einer Taxijagd durch London auch gelingt. Hudson, der im Taxi die Lollobrigida in einem anderen Taxi verfolgt, nimmt über den Taxi-Funk Kontakt mit ihr auf – über vier Stationen. Er teilt seine Entschuldigungen und flehentlichen Bitten seinem Fahrer mit, der sie der Zentrale übermittelt, die sie an den anderen Fahrer weitergibt, der sie der ›Lollo‹ mitteilt. Und umgekehrt. In dem daraus entstehenden Wirrwarr wird Hudson abwechselnd für einen Sexprotz, einen Eunuchen und für schwanger gehalten. Wobei der Witz mit der Schwangerschaft bereits in

So kriegt man keine Direktorenstelle. Aus ›Strange Bedfellows‹ (Fremde Bettgesellen, 1964)

Pillow Talk vorkommt, wo sich Hudson von Zeit zu Zeit im Sprechzimmer eines Frauenarztes verstecken muß und durch seine konfusen Antworten den Eindruck erweckt, er sei schwanger. Beides ist typisch für die Ambiguität dieser Helden, für ihre Demontage.

Bevor sie also das Flugzeug besteigen kann, hat Hudson sie zurückgewonnen, doch ihr »neues« Glück wird dauernd von Tonis Freund und Kampfgenossen Harry Jones (Edward Judd) gestört, der sie dazu überredet, vor der amerikanischen Botschaft wegen eines impressionistischen italienischen Bildhauers als Godiva verkleidet zu streiken. Zufällig soll dieser Protest genau an dem Tag stattfinden, da Hudsons Boß die Botschaft besucht. Also entwirft er zusammen mit Bramwell einen Plan, nach dem sie einen Zeitungsartikel über Zustände in Afrika lancieren, um Toni aus dem Land zu bekommen. Doch Harry bekommt Wind von der Sache und eröffnet Toni die Intrige, die daraufhin in ihrem Godiva-Dreß auf einem Pferd durch London galoppiert, daß der gesamte Verkehr in Soho zum Erliegen kommt. Vor den entsetzten Augen seines Bosses zerrt Hudson die Lollobrigida vom Pferd und wird dabei zusammen mit anderen Querulanten festgenommen. Er und Bramwell werden daraufhin prompt gefeuert, aber vor dem Gericht macht Hudson solch einen guten Eindruck, daß die Sache fallen gelassen wird. Hudson und Toni versöhnen sich, und auch sein Boß gibt wohlwollend nach. *Strange Bedfellows* ist nicht zuletzt deshalb so schwach, weil Gig Young in Tony Randalls Standardrolle völlig blaß bleibt.

Noch im selben Jahr folgte mit *A Very Special Favor* (Ein Appartement für drei) noch eine Sexkomödie von dem *Pillow Talk*-Regisseur Michael Gordon, der allerdings noch weniger Erfolg beschieden war. An Hudsons Seite war diesmal der Musicalstar Leslie Caron zu sehen. Immerhin hatte der versierte Stanley Shapiro das Drehbuch zusammen mit Nate Monaster geschrieben, der einmal gesagt hat: »Filme sind der letzte Ort in Amerika, wo Männer die Frauen noch überlisten können. Schließt die Kinos, und das Spiel findet ein Ende.« Tatsächlich gelingt es Hudson auch hier, die Frau durch ein Rollenspiel zu überlisten, doch letztlich wieder nur, um sein Junggesellendasein zu beenden und »als gefällte Eiche ins Sägewerk zu treiben«.

A Very Special Favor beginnt mit einer amüsanten Anspielung auf Hudsons Weltruhm. Als Paul Chadwick gewinnt er für seine Firma einen Prozeß in Paris nicht zuletzt deswegen, weil der Richter eine Frau ist. Michel Boullard (Charles Boy-

Was die Moral der Sechziger erlaubt: einen kurzen Blick durch vorgehaltene Hände. Aus ›A Very Special Favor‹ (Ein Appartement für drei, 1965)

er, der französische Ex-Charmeur in Hollywood), der geschlagene Rechtsanwalt, erzählt Hudson auf seiner Rückfahrt nach New York, daß kein Franzose gern in seiner nationalen Domäne geschlagen wird und bittet ihn um den Gefallen, seine Tochter, die erfolgreiche Psychiaterin, aber mit 30 noch eine Jungfer ist, in die Freuden der Liebe einzuführen. Hudson akzeptiert und konsultiert Lauren, weil seine Wirkung auf Frauen ihn aus dem emotionalen Gleichgewicht gebracht habe. Als er insistiert, daß ihn von allen Seiten Frauen bedrängen, schließt sie ihn zur Sicherheit in ihrem Schlafzimmer ein. Arnold, Laurens Verlobter, ein Muttersöhnchen, findet ihn dort, zieht seine Schlüsse und droht Lauren, er

›A Very Special Favor‹ – Die Psychiaterin Leslie Caron in die Freuden der Liebe einführen

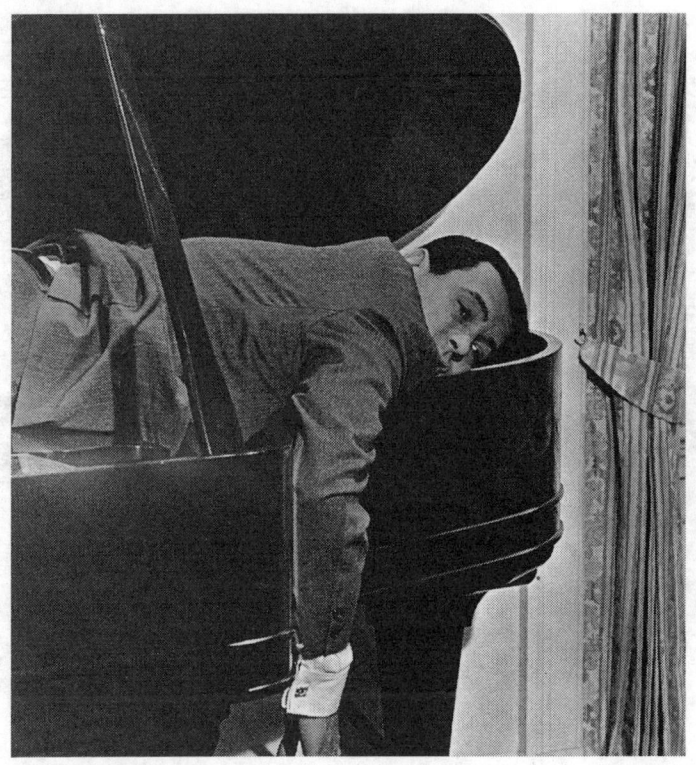

Betrunken in die Verlobung – ›A Very Special Favor‹ (Ein Appartement für drei, 1965)

würde seine Mutter vorbeischicken, damit sie nach dem Rechten sähe. Als Lauren Paul zum Abendessen einlädt, trinkt sie eine Flasche Champagner und endet in seinem Appartement. Von ihrer eigenen Unmoral entsetzt, erwartet sie heulend Arnolds Mutter. So findet sie ihr Vater, und gemeinsam hecken sie einen Plan aus, um sich an Hudson zu rächen. Sie erzählt, sie habe ein wildes Wochenende mit einem spanischen Matrosen namens ›El Magnifico‹ verbracht. Hudson beschließt, sich von ihr loszumachen, sammelt ein paar Pantoffelhelden und taucht völlig betrunken in ihrer Wohnung

Mit Küssen und Psychotherapie vor der Homosexualität bewahrt – mit Leslie Caron in ›A Very Special Favor‹ (Ein Appartement für drei, 1965)

auf. Michel sieht ein, daß seine Intrige zu weit gegangen ist und schlägt Paul vor, Lauren zu heiraten. Doch zunächst überredet Paul eine Telefonistin, sich Männerkleidung anzuziehen, und richtet es so ein, daß ihnen Lauren in ein Motel folgt, worauf die Freundin sagt, sie habe schon immer bei einem flotten Dreier dabei sein wollen, aber sie hätte nie gedacht, daß sie dabei der andere Mann sein würde. Lauren denkt tatsächlich, ihre Gleichgültigkeit habe Hudson in die Homosexualität getrieben und rettet ihn mit Küssen und Psychotherapie vor diesem Unheil – Heirat.

Wie deutlich Shapiro Mitte der sechziger Jahre geworden ist, mag man an einem Satz Hudsons sehen, den er verzückt vor sich hinmurmelt, nachdem ein Mädchen ihm sein Frühstück zubereitet hat: »Sie sagt, meine Eier werden keine Pfanne außer ihrer berühren.« Rock Hudson sagte dazu: »Was ich mit Leslie Caron anstellen mußte, war grausam. Nur um des

Ein Paar wider Willen – mit Claudia Cardinale in ›Blindfold‹ (New York Expreß, 1966)

Witzes willen war das nicht lustig. Ihre Rache war auch viel zu grausam; sie kastrierte mich völlig und funktionierte nicht. Es war einfach zu hart.«

Bevor Hudson in Philip Dunnes *Blindfold* (New York Expreß, 1966) auftrat, übernahm er noch eine Sprecherrolle in *The Nurses* für die American Heart Association, eine dieser Wohltätigkeitsaktionen, die jeder Hollywoodschauspieler irgendwann mal leistet.

Blindfold wurde wieder von Hudsons Produktionsfirma Seven Pictures mitproduziert und ist zwar auch eine Komödie, aber nicht nur. Hudson spielte wieder mit einer Italienerin zusammen, diesmal mit Claudia Cardinale, deren größeres

›Blindfold‹ (New York Expreß, 1966) – mit Claudia Cardinale

›Blindfold‹ (New York Expreß, 1966) – Scheinverlobung mit Claudia Cardinale

Talent und Vielseitigkeit ihrer Rolle zugute kam. Hudson spielt diesmal Dr. Bartholomew Snow, einen Modepsychiater, der vom Geheimdienst den Auftrag bekommt, den an neurotischen Verwirrungen leidenden Physiker im Staatsdienst Arthur Vincenti zu kurieren. Um ihn behandeln zu können, werden Hudson jede Nacht die Augen verbunden, und er wird zur Basis X geflogen – top secret. In seiner täglichen Praxis bekommt er es mit Vincentis Tochter zu tun, die ihn beschuldigt, an der Entführung ihres Vaters beteiligt zu sein. Die beiden fangen einen Streit an, der sie nur deshalb nicht ins Gefängnis bringt, weil Hudson behauptet, sie seien verlobt. Doch als die beiden erkennen, wo der wahre Feind

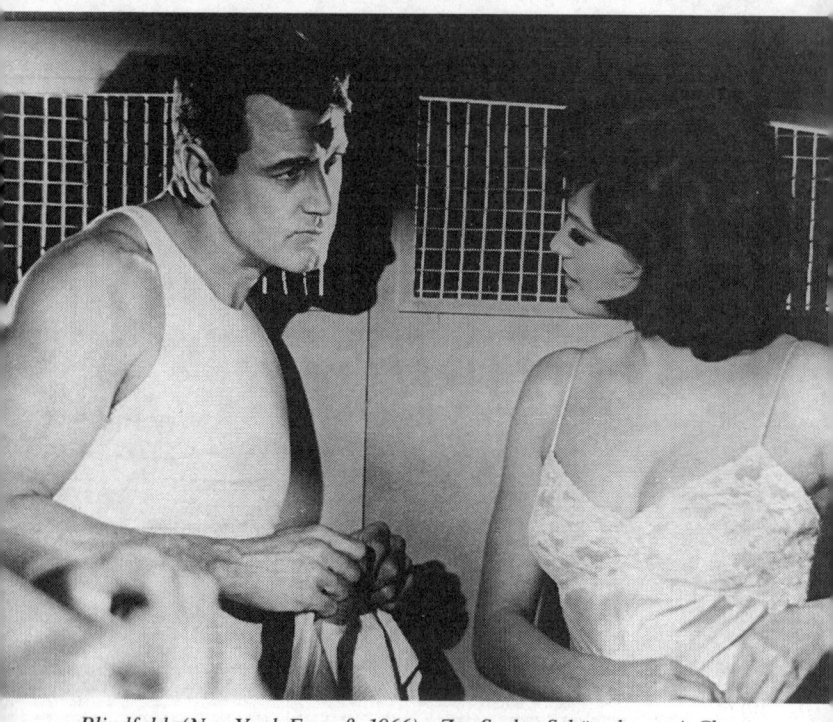

›Blindfold‹ (New York Expreß, 1966) – Zur Sache, Schätzchen, mit Claudia Cardinale

steckt – der feindliche Agent Fitzpatrick, der Vincentis Gehirn auf dem Schwarzmarkt verscherbeln will –, gründen sie fürs erste eine Notgemeinschaft. Was als handfester Thriller begann, wird bei der Verfolgungsjagd zu Vincenti oftmals zur Parodie. Da gibt es dann einen komischen italienischen Onkel und einen Esel, der mit den Hinterhufen die Leute ins Wasser kickt. Der Film fällt deswegen in Hudsons Spätwerk angenehm auf, weil er nicht die Handlung als Alibi für sexuelle Anspielungen verwendet, sondern in Hitchcockscher Manier ein Paar wider Willen inmitten eines Agententhrillers zeigt. Für diese Art Unterhaltung war Hudson zu dieser Zeit, nach Cary Grant, die Idealbesetzung.

»Ursprünglich sollte Kirk Douglas die Rolle spielen. Aber ich hielt das für keine gute Idee, weil ich nicht glaubte, daß wir ihn gut genug hätten herrichten können, daß niemand auf den Gedanken gekommen wäre, es handle sich um den gleichen Mann ... Ich hatte einen Traum: der Mann, der diese Rolle spielen müßte, wäre Laurence Olivier, weil das genau die Art von Spiel ist, die man braucht. Aber es gab keine Möglichkeit, ihn zu bekommen ... Schließlich entschieden wir uns für Rock Hudson, zum Teil, weil er so begierig darauf war, es zu versuchen. Ich möchte damit in keiner Weise andeuten, daß ich mit Rock Hudson nicht völlig glücklich gewesen wäre. Er ist ein ziemlich talentierter Bursche. Wir wußten, wir würden ein furchtbares Problem damit haben, das

Claudia Cardinale beim Psychiater auf der Couch – ›Blindfold‹ (New York Expreß, 1966)

Publikum glauben zu machen, daß ein Mann, der zu einer kosmetischen Operation in den OP-Raum geht, als Rock Hudson wieder herauskommt ... Ich denke das Problem war, daß der Film keinen zweiten Akt besaß. Mit anderen Worten, wir machten nicht klar, warum er sein zweites Leben nicht genießt. Und ich glaube, daß die Leute das mit dem Gedanken der Verwandlung von John Randolph in Rock Hudson durcheinandergebracht haben. Ich glaube, wenn wir den zweiten Akt erfolgreich dramatisiert hätten, hätte niemand das je in Frage gestellt.«

Soweit John Frankenheimer zu seinem Film *Seconds* (Der Mann, der zweimal lebte), der 1966 auf dem Festival in Cannes bei Kritik und Publikum weitgehend durchfiel. Heute betrachtet, wirkt *Seconds,* als ob bei seiner Entstehung Kafka und Frisch Pate gestanden hätten. Arthur Hamilton (John Randolph), ein Mann mittleren Alters, ist finanziell zwar gut gestellt, aber mit seinem Leben unzufrieden. Er bekommt eine Chance, deren Unwahrscheinlichkeit ihn erst vor den Kopf stößt, zu der gezwungen zu werden, er später jedoch froh ist. Die Chance des völligen Neubeginns, eines neuen Lebens in absoluter Freiheit. Eine makabre Gesellschaft bietet für 30.000 Dollar eine neue Existenz an: Durch plastische Chirurgie wird der gesamte Körper verändert, eine Leiche wird bereitgestellt, um die alte Identität aus der Welt zu schaffen, und für die neue Identität wird mittels Drogen das Unterbewußtsein nach den geheimsten Wünschen ausgehorcht, um sodann eine komplette Biographie bereitzustellen. Da geht Frankenheimer noch weiter als Max Frisch in »Biographie: Ein Spiel«, wo Kürmann die Gelegenheit bekommt, sich an den wichtigsten Wegstellen seines Lebens noch einmal neu zu entscheiden. Als Ergebnis stellt sich bei Frisch heraus, daß der Mensch im wahrsten Wortsinn nicht aus seiner Haut herauskann, was bei *Seconds* zwar durch die Chirurgie gewährleistet ist, am Ende aber doch zu demselben Ergebnis führt. Arthur Hamilton, so findet die Gesellschaft heraus, wäre am liebsten Maler geworden. Also werden ihm Diplome von Akademien verschafft, sowie dafür gesorgt, daß er sich »organisch weiterentwickelt«, etwa »zum Surrea-

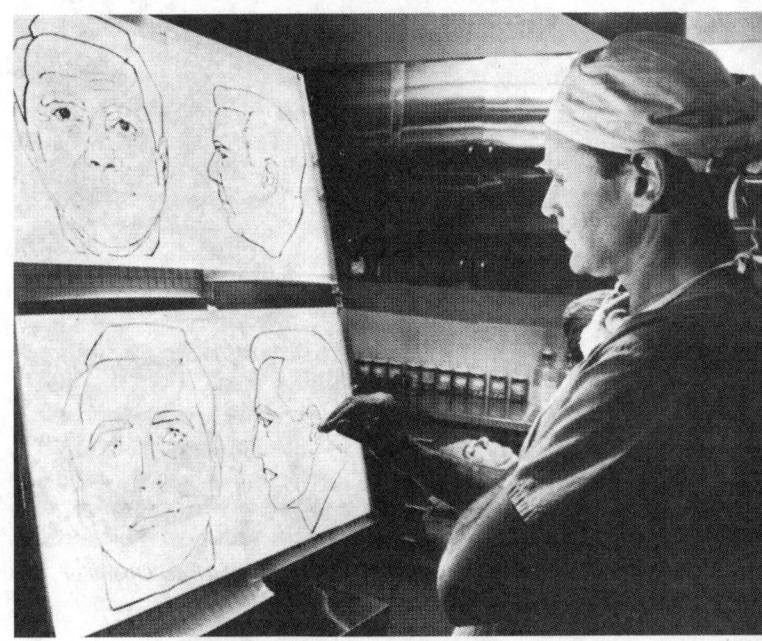

*›Seconds‹ (Der Mann, der zweimal lebte, 1966) – Hudsons erster Auftritt:
als Konstruktionszeichnung für ein zweites Leben*

lismus oder Impressionismus«. Interessant oder, wenn man
so will, ironisch an *Seconds* ist, daß Rock Hudsons erster
Auftritt als Zeichnung, als Bild stattfindet. Er, der ab Mitte
der sechziger Jahre sein Star-Image ablegen wollte, weg wollte von dem Bild, das sich die Öffentlichkeit von ihm machte,
taucht hier als Bild, als Konstruktionszeichnung für ein neues
Gesicht auf. Und – auch das ist Ironie – der Chirurg wird am
Ende sagen, Hudson sei seine bisher beste Arbeit gewesen.
Das Grauen in *Seconds* liegt in der Lakonie, mit der die Ent-
scheidungen über die Existenz der Menschen getroffen werden, von Frankenheimer noch dadurch verstärkt, daß etwa
die Operation in pseudodokumentarischem Stil gezeigt wird.
Wohl selten wurde ein Superstar auf so bizarre Weise in
einen Film eingeführt wie hier Hudson als Tony Wilson: erst

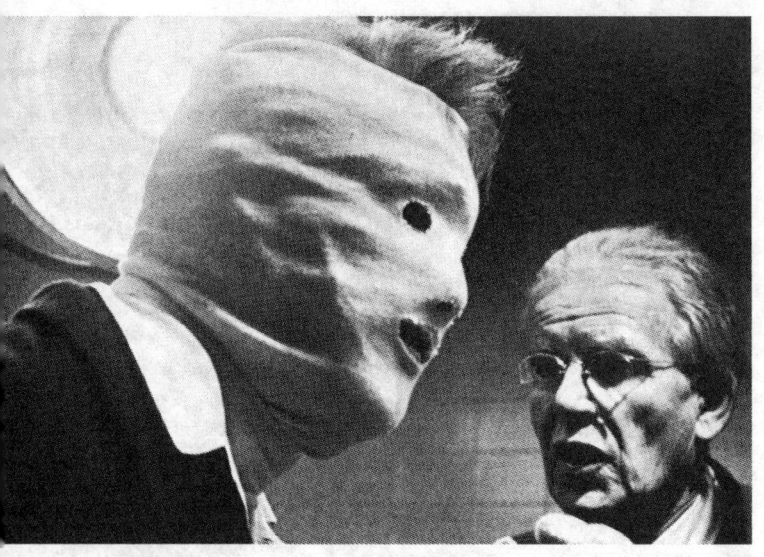

›Seconds‹ (Der Mann, der zweimal lebte, 1966) – Nach der Operation, das neue Gesicht steckt noch unter den Wundverbänden

als Konstruktionszeichnung (bemerkenswert, wie hier Frankenheimer eine makabre Paraphrase der Mechanismen, mit denen Hudson zum Star aufgebaut wurde, zeichnet), dann, wie sein Gesicht langsam aus den Wundverbänden herausgeschnitten wird und sein Gesicht, voller Narben und mit noch wirr-strähnigem Haar, dem Zuschauer zugekehrt wird. Wie eine Mumie, die wieder zum Leben erwacht, ertastet und erforscht Hudson sein Gesicht, spielt das Erschrecken, als er sich zum ersten Mal im Spiegel sieht, überzeugend, macht glaubhaft, daß hier einer noch keine Beziehung zu seinem neuen Gesicht entwickelt hat, sich selbst durch sein neues Aussehen fremd geworden ist. So berichtet also der zweite Akt, wie sich einer einzurichten versucht in seiner neuen Haut, wie er umgeht mit dem, »was sich jeder Mensch in den besten Jahren wünscht: Freiheit«. Anfangs schließt er sich in seinem neuen Haus in Santa Barbara ein, malt ein wenig und verläßt nur manchmal sein Atelier, um am Strand entlangzuwandern. Bei einem dieser Spaziergänge trifft er auf Norma Marcus (Salome Jens), die ähnliche Sorgen wie er zu haben scheint. Die beiden lernen sich näher kennen, besuchen gemeinsam ein bacchantisches Weinfest, das ganz nach der erd- und körpernahen Choreographie der sechziger Jahre abläuft. Auch hier, wie in den expressionistischen Anfangsszenen des Films, spiegelt die Kamera Hudsons subjektive Sicht des Geschehens: anfangs die geradezu bedrohliche Ausgelassenheit der Orgie, später das Eintauchen in den Taumel der Nackten in einem Weinbottich. Als Wilson dann endlich seine Einstandsparty gibt, verliert er in seiner Volltrunkenheit alle Zurückhaltung und beginnt andeutungsweise die Wahrheit über seine »Wiedergeburt« zu erzählen. Seine Gäste reagieren ungewöhnlich feindselig – auch hier verwandelt sich die Umge-

›Seconds‹ (Der Mann, der zweimal lebte, 1966) – Der erste Blick aufs neue Gesicht: Entfremdung

bung wie bei Kafka in eine Bedrohung, deren Ursachen der »Held« nicht erkennen kann –, bis sich schließlich herausstellt, daß auch seine Gäste meistenteils ›Wiedergeborene‹ sind. Außerdem wird Wilson eröffnet, daß auch Norma zu ihnen gehört und ihm von der Gesellschaft lediglich zugeteilt wurde, um ihm das Einleben in seine neue Existenz zu erleichtern.

Angewidert beschließt Wilson, es ein drittes Mal zu versuchen, und besucht seine frühere Frau, die ihn natürlich nicht erkennt und überhaupt wenig Trauer über sein Verschwinden zeigt. Er geht zurück zur Gesellschaft, um sich dort eine neue Identität zu verschaffen. Dort eröffnet man ihm, daß das nur dann ginge, wenn er einen neuen »Kunden« benennen könne – womit sich aufklärt, daß er deswegen ausgesucht

›Seconds‹ (Der Mann, der zweimal lebte, 1966) – Hudson und Salome Jens haben die gleichen Sorgen, der Schein trügt

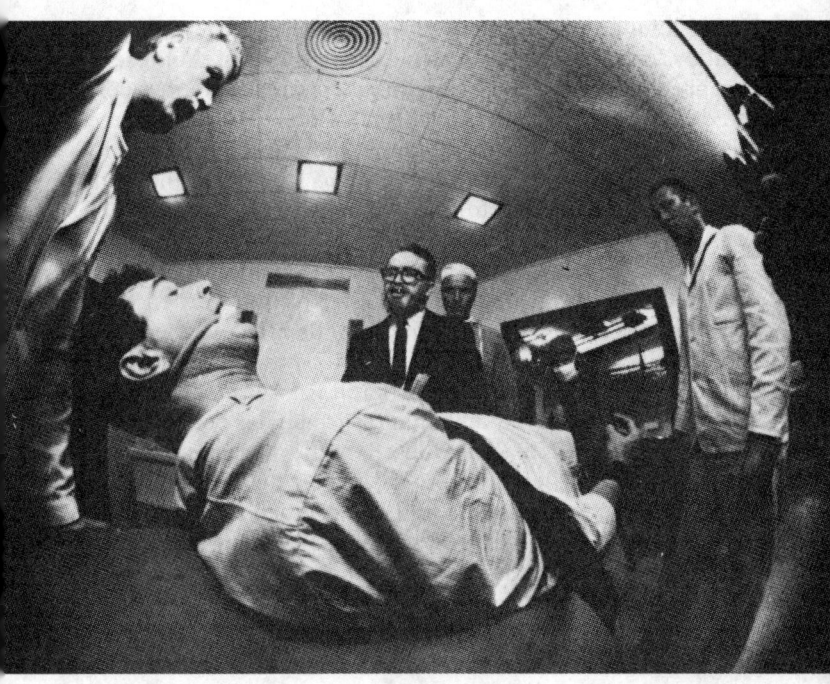

›Seconds‹ (Der Mann, der zweimal lebte, 1966) – »Schade, Sie waren meine beste Arbeit.« Hudson auf dem Weg in den Tod

wurde, weil er selbst von einem Freund, den er für tot hielt, benannt worden war. Doch Wilson weigert sich oder ist außerstande jemanden zu empfehlen. Statt dessen wird er als gescheiterter Fall exekutiert und als Leiche für den nächsten »Kunden« verwendet. Auf eine OP-Bahre geschnallt, wird ihm eröffnet, daß man ihm operativ eine Gehirnblutung beibringt, um ihn dann als verkohlte Leiche bei einem »Autounfall« zu verwenden. Die letzten Worte des Films spricht der Arzt: »Sie waren meine beste Arbeit, Mr. Wilson. Tut mir leid, daß es so ausgehen mußte.«

Die französische und europäische Kritik in Cannes reagierte außergewöhnlich scharf auf *Seconds,* warf Frankenheimer vor, der Film sei »brutal und unmenschlich«. Aus diesem

Grund lehnte der Regisseur es ab, aus Monte Carlo (wo er gerade *Grand Prix* drehte) nach Cannes zur Pressekonferenz zu fahren. Gerald Pratley schreibt in seinem Frankenheimer-Buch weiter: »Statt dessen ging Rock Hudson hin. Der arme Mensch sah sich völlig außerstande, auf die vielen unbeantworteten Vorwürfe, die man ihm, dem Regisseur und dem Film entgegenschleuderte, die richtigen Antworten zu finden.« Damals konnte noch keiner ahnen, daß aus dieser bizarren Studie der Unmenschlichkeit einer alles kontrollierenden Gesellschaft später einmal ein Kultfilm werden würde. Denn als formales Experiment, in dem Kameraführung und Schnitt sehr deutlich die inneren Zustände des Arthur Hamilton/Tony Wilson transportieren, ist *Seconds* außerordentlich gelungen. Frankenheimer zeichnet das beängstigende Bild einer manipulativen Gesellschaft, die sich menschliches Glück auf die Fahnen geschrieben hat und letztlich doch nur menschliche Anpassung und mangelnden Mut zur Zivilcourage zur Durchsetzung ihrer makabren Heilslehre ausnützt. Hamilton/Wilson ist konform bis in die eigene Vernichtung; er erkennt nicht, daß er die Autoritäten seines früheren Lebens – Eltern, Lehrer, Gattin, Familie und Arbeitgeber – gegen andere eingetauscht hat. Alle Figuren des zweiten Aktes stehen für diese sozialen Autoritäten: der alte Gentleman, der die »Gesellschaft« betreibt, für den Vater, der Empfangschef Mr. Ruby ist der Lehrer, Norma und sein Butler John bilden die Ersatzfamilie, und seine Malerkarriere steht für den Job. Nichts hat sich geändert, weil sich überhaupt nichts ändern konnte. Seine neue Existenz war von vornherein perfekt, so daß eine Entwicklung unmöglich war. Oder, wie es Elizabeth Ward ausdrückt: »Mephistopheles hat noch immer seine Schulden eingetrieben.« Und seiner Schuld kann man durch nichts entkommen.

Rock Hudson hatte wieder einmal sein Bestes gegeben, ohne von der Kritik dafür gewürdigt zu werden. Im Gegenteil – John Frankenheimer erzählt: »Mancher sagt, der Film wäre auch nicht besser gelaufen, wenn wir damit nicht nach Cannes gegangen wären, vielleicht aber doch. Wir hätten nichts Schlimmeres tun können, weil die Besprechungen meistenteils nicht sonderlich gut waren. Ich glaube, daß einige Kritiker sehr unfair zu Rock Hudson waren. Ich fand ihn sehr gut. Dennoch kann ich mich nicht beschweren, da die Kritiker mir in den meisten Fällen sehr gewogen waren, sie hatten sich für den alten Rock auf die Lauer gelegt. Das zu sehen, hat mir sehr leid getan, weil er wirklich so viel von sich selbst gegeben hat.«

Mit *Tobruk* (Tobruk, 1966) folgte Hudsons letzter Film für Universal, das Studio, das ihn groß, zum Weltstar gemacht hatte. Es war gleichzeitig der letzte seiner Filme, die er selbst mitproduzierte. Hudson spielt in diesem Film von Arthur Hiller einen Topographen der britischen Nordafrika-Armee im Zweiten Weltkrieg. Major Donald Craig wird von den

Mit Arthur Miller bei den Dreharbeiten zu ›Tobruk‹ (1966)

Truppen Vichy-Frankreichs gefangengenommen, um gleich darauf von deutschen Froschmännern wieder entführt zu werden. Doch seine Entführer entpuppen sich als Befreier, sie sind Angehörige der Special Identification Group, die aus deutschstämmigen Juden besteht, die für die Alliierten arbeiten. Colonel Harker (Nigel Green) erklärt Craig den Grund für seine Befreiung: Er soll ein Kommando nach Tobruk führen und dort die deutschen Treibstofflager in die Luft jagen, um so die Nachschublinien des Feindes zu zerstören. Dazu verkleidet sich die Gruppe als deutsche Soldaten mit britischen Gefangenen. Obwohl Craig am Gelingen des Plans zweifelt, machen sie sich auf den Weg durch die afrikanische Wüste, auf dem es zu einigen Zwischenfällen kommt: Zuerst

›Tobruk‹ (1966) – mit George Peppard

›Tobruk‹ (1966) – mit Nigel Green und George Peppard

manövrieren sie geschickt eine deutsche und eine italienische
Panzerbrigade in ein Gefecht, bei dem sich die Verbündeten
gegenseitig vernichten, dann sind sie gezwungen, ein engli-
sches Flugzeug, das sie angreift, zu zerstören, und als ihnen
schließlich von Beduinen zwei Nazi-Spione ausgeliefert werden, erfahren sie, daß sich in ihrer Mitte ein Verräter befin-
det. Als sie in Tobruk ankommen, führen sie einen erfolgreichen Angriff gegen die Benzinbunker und die Seegefechts-
stellungen, bei dem auch der mittlerweile enttarnte Verräter
ums Leben kommt. Allerdings gelingt es nur vier von ihnen
zu entkommen.
Das Ausscheiden Laurence Harveys aus dem MGM-Projekt

›Ice Station Zebra‹ (Eisstation Zebra, 1968)

Ice Station Zebra (Eisstation Zebra, 1968), bescherte Hudson seine erste Rolle auf dem »freien Markt«. Und das, obwohl ihn *Variety* gerade erst zu einem der überbezahltesten Filmstars der Branche gekürt hatte. Daß es schien, als könnte Hudsons Karriere mit *Ice Station Zebra* noch einmal einen Aufschwung nehmen, lag vorrangig an Regisseur John Sturges, der die Geschichte aus dem ›eis‹kalten Krieg sauber inszenierte. Die Kapsel eines russischen Militärsatelliten mit Aufnahmen von amerikanischen und russischen Militärstützpunkten landet bei Zebra, einer britischen Wetterstation nahe des Nordpols. Ein Agent findet die Kapsel, kann aber wegen eines Sturms nicht Kontakt mit seinem Stützpunkt aufnehmen. Als auf der Station Feuer ausbricht, wird aus Schottland das amerikanische Atom-U-Boot »Tigerfish« losgeschickt, um sich seinen Weg unter dem Polareis zu suchen. An Bord sind zwei britische Agenten: Jones und Vaslov, ein russischer Überläufer, der den Auftrag hat, die Kapsel zurückzubekommen und den Film zu zerstören. Nachdem die Polroute bewältigt ist, versucht das U-Boot durch einen Flecken dünneren Eises zu brechen, wird dabei jedoch durch Sabotage beschädigt und leckt. Kommandeur Ferraday (Rock Hudson) verdächtigt Vaslov, für den sich Jones jedoch verbürgt. Der hat statt dessen den Marinekapitän Anders im Verdacht.

Ferraday führt die Mannschaft durch den Sturm zur Station, wo zehn Besatzungsmitglieder tot aufgefunden werden.

›Ice Station Zebra‹ (Eisstation Zebra, 1968)

Nach ausgiebiger Suche wird die Kapsel in dem Moment gefunden, als russische Fallschirmjäger unter der Leitung Colonel Ostrovskys (Alf Kjellin) in der Gegend landen. Vaslov wird von Jones erschossen, als er versucht, die Kapsel den Russen auszuhändigen. Doch Ferraday gibt die Filme auf und zerstört sie mit elektronischem Zünder, als die Mannschaft von einem Flugzeug gerettet wird. Die Aktion wird der Öffentlichkeit als internationale Kooperation verkauft.

Noch im Jahr 1968 drehte Hudson ein zweites Mal mit Claudia Cardinale, wenngleich mit wesentlich weniger Erfolg als beim ersten Mal. Regisseur von *Ruba al prossimo tuo/A Fine Pair* (Ein ruhiges Paar) ist Francesco Maselli, der um das italienisch-amerikanische Paar wie beim ersten Mal eine Kriminalkomödie drehen wollte. Doch für eine Komödie sind die

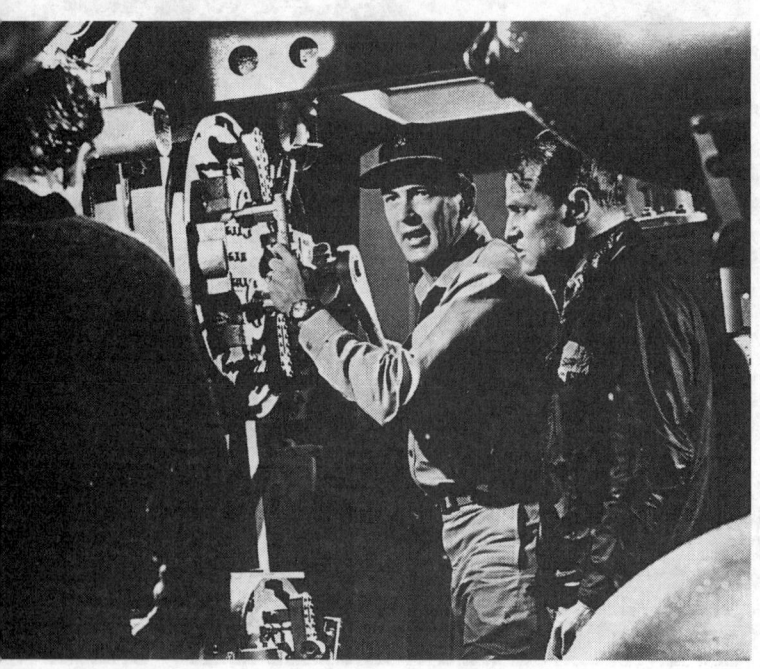

›Ice Station Zebra‹ *(Eisstation Zebra, 1968)*

222

›Ice Station Zebra‹ *(Eisstation Zebra, 1968) – Bilder aus dem »eis«kalten Krieg*

Dialoge zu bemüht, und für einen Krimi ist die Handlung zu verwirrend. Dabei hätte in dem Plot genügend Potential für einen witzigen und spannenden Thriller gesteckt. Es geht um den New Yorker Polizisten Mike Harmon, der unerwartet Besuch von Esmeralda Marini bekommt, die er zum letzten Mal gesehen hatte, als sie zwölf Jahre alt war. Die mittlerweile wunderschöne Frau geht ihn um Hilfe an: Sie habe einem international bekannten Juwelendieb geholfen, die Villa einer reichen amerikanischen Familie in Österreich auszurauben, wolle jetzt aber den Schmuck an seinen ursprünglichen Platz zurückbringen, ehe der Diebstahl bemerkt würde. Mike fliegt mit ihr ins Salzburger Land und entwirft einen genialen Plan, um in das Haus zu kommen. Mike soll die fal-

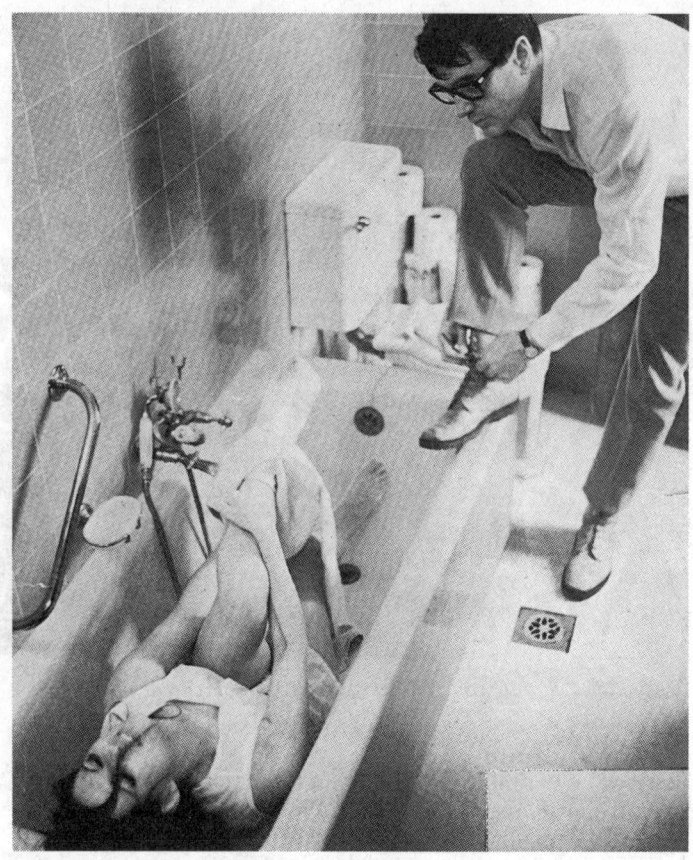

›Ruba al prossimo tuo/A Fine Pair‹ (Ein ruhiges Paar, 1968) – Die Sitten lockern sich. Mit Claudia Cardinale

schen Juwelen im Tresor wieder gegen die echten austauschen. Sein Verdacht, daß in Wahrheit die echten Steine noch im Tresor liegen und er sie erst stehlen soll, bestätigt sich bald. Aber er spielt mit, als ihm Esmeralda die richtigen Steine zeigt und behauptet, sie stammten von einem Raubüberfall in Rom. Als sie ihn nach einem Streit verläßt, läßt er sie wegen eines Überfalls verhaften, den sie gar nicht begangen hat. Nachdem er die Steine in ihren Koffer getan hat, erzählt er der italienischen Polizei, er habe die ganze Zeit für die New Yorker Polizei gearbeitet und wolle nun die Diebin und die Steine zurück nach Amerika bringen. Statt dessen setzt er sich mit ihr in ein Flugzeug nach Beirut, wo die beiden allerdings feststellen müssen, daß die italienische Polizei ihnen den Schmuck abgenommen hat.

Für seinen nächsten Film mußte Hudson sich einen Bart wachsen lassen. Es war nach langer Zeit Pause wieder einmal eine Rolle in einem Western, zu einer Zeit allerdings, als allerorten bereits das Ende dieses Genres ausgerufen war. An der Seite von John Wayne spielte er unter der Regie von Andrew V. McLaglen in *The Undefeated* (Die Unbesiegten,

›Ruba al prossimo tuo/A Fine Pair‹ (Ein ruhiges Paar, 1968) – mit Claudia Cardinale

1969) Colonel James Langdon, einen ehemaligen Offizier der konföderierten Truppen, der die Besetzung Louisianas durch die Truppen der Union nicht verschmerzen kann, und deshalb mit seiner Familie und ein paar Gleichgesinnten einer Einladung des Kaisers Maximilian nach Durango in Mexiko folgt. Dabei treffen sie auf Colonel John Henry, der mit

Der All-American unter dem Bild seines Präsidenten Lyndon B. Johnson

›The Undefeated‹ (Die Unbesiegten, 1969) – als Konföderiertenoffizier mit John Wayne

seinem indianischen Adoptivsohn und zehn Männern nach Westen geritten war, um der Armee Pferde zu verkaufen. Doch dann muß er erkennen, daß die Armee ihn reinlegen will, und er beschließt, die Pferde statt dessen Maximilian zu verkaufen. Beim Überqueren des Rio Grande wird er von der Unions-Kavallerie angegriffen, erreicht aber dennoch ungeschoren das andere Ufer, wo er Langdon hilft, als dieser von Banditen angegriffen wird. Doch auf ihrem weiteren Weg laufen sie General Rojas' Truppen in die Arme, einem berühmten antikaiserlichen Revolutionär. Dieser droht, Langdons Leute nacheinander zu erschießen, wenn dieser Thomas nicht dazu bringen kann, seine Pferde den Juaristen

›The Undefeated‹ (Die Unbesiegten, 1969) – mit John Wayne

zu überlassen. Nachdem er einen Kavallerietrupp auf dem
Weg nach Durango zerschlagen hat, kommt er gerade noch
rechtzeitig, um die Konföderierten zu retten. Gemeinsam
reitet der Treck heim.
Obwohl Thomas, die Figur John Waynes, wesentlich interessanter angelegt ist als die Hudsons, kann Hudson als verbit-
terter Konföderiertenoffizier ihm Paroli bieten. Wayne verkörpert hier den Optimismus des Westerners, der trotzdem
vielleicht nie ankommen wird, während Hudsons Langdon
vor allem darunter leidet, daß er sein einmal erbautes Heim
verloren hat.
»Er sieht gut aus, ist charmant und eitel«, wird Julie Andrews
sagen und damit Rock Hudsons beste Rolle der letzten 20
Jahre seiner Filmkarriere charakterisieren. Nichtsdestotrotz

›The Undefeated‹ (Die Unbesiegten, 1969) – Notizen auf dem Weg nach Mexiko

war *Darling Lili* bei Publikum und Kritik ein kompletter Reinfall, der unter anderem Blake Edwards' glanzvolle Karriere in Hollywood fürs erste beendete, ehe er sich 1979 mit dem phänomenalen Erfolg von *10 (Die Traumfrau)* zurückmeldete. Wie die letzte herausragende Arbeit in den sechziger Jahren, Howard Hawks' *Man's Favorite Sport?*, beschäftigt sich *Darling Lili* auf intelligente Weise mit Hudsons Leinwandimage als Verführer – auch wenn dies mittlerweile schon etwas angestaubt war. Rock Hudson spielt den erfolgreichen Kampfflieger Bill Larrabee, der während des Ersten Weltkriegs in die Arme einer deutschen Spionin (Julie Andrews als Darling Lili) gerät. Die an sich einfache Geschichte um Lili Smith, eine populäre englische Sängerin, wird durch das ständige Spiel mit Schein und Wirklichkeit kompliziert.

Denn das Verhalten der Personen hat immer seine Entsprechung auf anderen Ebenen, es spielen Erwartungen und Vermutungen in die Aktionen hinein, verdichten Abläufe im zeitlichen Nacheinander zur Gleichzeitigkeit. Es ist die alte Geschichte vom »er weiß, daß sie weiß, daß er weiß, was sie weiß etc.«. Wobei da als dritter Faktor noch das Publikum hinzukommt, das immer mehr weiß als die Figuren. Es gibt kaum komplexere Komödien als die von Blake Edwards, die immer auf mehreren Ebenen gleichzeitig funktionieren. In diesem Fall kommt hinzu, daß auch komödientypische Themen verwendet werden, die allesamt auch mit Schein und Wirklichkeit spielen. Erst einmal ist Lili Spionin, was von ihr verlangt, jederzeit einen Schein aufrechtzuerhalten, zweitens ist sie Sängerin, hat so automatisch mit Scheinwelten Umgang und Übung, und drittens beschäftigt sich der Hauptteil des Films mit Verführung, die ja auch auf der Etablierung von Schein basiert. Durch die Verstrickung der drei Themen miteinander kommen sich Schein und Wirklichkeit immer wieder ins Gehege und bringen vor allem Lilis Arbeit als Spionin um ihren Erfolg.

Dabei geht es bei Edwards immer um den Raum und dessen Kontrolle. Wobei Gewinn oder Verlust auch daran erkennbar ist, inwieweit es die einen schaffen, in den Raum der anderen einzudringen. Bei dem ersten Zusammentreffen zwischen Lili und Larrabee geschieht ebendies. Lili gibt in einem französischen Hospital für Kriegsversehrte eine Benefizveranstaltung. Hudson steht mit einem Freund im Rollstuhl auf einer Anhöhe und klatscht nach Beendigung eines Songs. Worauf sich der Rollstuhl samt Freund verselbständigt und den Abhang hinunterrollt. Die Kamera zeigt Lili singend im Vordergrund, während im Hintergrund erst der Rollstuhl das Bild durchquert und Sekunden später Hudson, der die Verfolgung aufgenommen hat. Man sieht Lilis verwirrte Reaktion, als das Publikum zu lachen beginnt, ohne daß für sie ein Grund erkennbar wäre: Verlust der Kontrolle über den Raum, Verlust der Sicherheit. So wird es bleiben, bis sich Lili und Larrabee in der Schlußeinstellung endlich umarmen.

Der Auftrag, den Geheimnisträger Larrabee auszuhorchen,

kommt von Lilis Kontaktmann General von Ruger (Jeremy Kemp), der auf ihre Verführungskünste vertraut. Die zentralen Passagen des Films, in denen mit Hudsons gewohntem Rollenbild als Verführer gespielt wird, sind die Szenen, wenn die beiden allein sind und einer den anderen zu verführen versucht. Bei Edwards wird Hudsons Image zwar nicht so radikal, aber dennoch viel wirksamer verspottet. Der Humor

»Er sieht gut aus, ist charmant und eitel.« – Als Kampfflieger Major Bill Larrabee in ›Darling Lili‹ (1970)

funktioniert hier wesentlich vielschichtiger, weil er Hudson den aktiven Part beläßt, anstatt ihn gänzlich zum Spielball weiblicher Launen oder Intrigen zu machen. Edwards unterminiert indirekt, macht den vermeintlichen Verführer Hudson zum Verführten, indem er den Zuschauer von Anfang an an Lilis Plänen teilhaben läßt.

Es beginnt damit, daß Larrabee am ersten Abend auf dem Sofa einschläft, als Lili, um sich frisch zu machen, kurzzeitig den Raum verläßt. Als sie zurückkommt, schläft er bereits tief. Sie deckt ihn zu und legt noch eine Rose obenauf – Arrangement für einen lächerlichen Mann, Blumen auf dem Sarg eines Images. Anderntags sitzen die beiden mit T. C. (Lance Percival), einem liebenswerten Chaoten aus Larrabees Fliegerstaffel, am Tisch. Als T. C. glaubt, Lili höre einen Moment lang nicht zu, stößt er Larrabee an, und fragt, wie es mit ›Crêpe Suzette‹ stehe. Lili glaubt, dabei handle es sich um das Losungswort eines geheimen militärischen Unternehmens. In Wirklichkeit handelt es sich um den Spitznamen der französischen Striptease-Tänzerin Suzette, mit der Larrabee ein Verhältnis hat. Wodurch die Voraussetzungen für das abendliche Zusammensein geklärt sind: Sie will ihm das Geheimnis entlocken, und er will sie rumkriegen; nicht zu vergessen, daß ihr die Affäre auf Staatskosten natürlich auch nicht unangenehm ist.

Ein Kaminfeuer, zwei Gläser Champagner, man stößt an. Das klingt wie der Gong zur ersten Runde im Geschlechterkampf.

Lili sagt zu Larrabee, daß sie ein ganz offenes und aufrichtiges Wochenende verbringen wolle, ohne Lügen oder Versteckspiel. Das Gegenteil ist der Fall: Er verheimlicht seine Affäre mit Suzette und sie ihre Funktion als Spionin. Aber erst einmal deutet sie an, daß sie gegen sexuelle Vergnügungen nichts einzuwenden hätte, mehr noch, daß alle seine Verführungskünste unnötig seien. Im Verlauf der Sequenz wird sie immer ärgerlicher, weil er ihr nicht sagen will, was ›Crêpe Suzette‹ bedeutet, während er immer frustrierter wird, weil seine Avancen nicht verfangen.

Nicht genug damit, daß die beiden durchs Fenster von zwei

›Darling Lili‹ (1970) – Ein Kaminfeuer, zwei Gläser Champagner, man stößt an: Gong zur ersten Runde im Geschlechterkampf mit Julie Andrews, der Frau des Regisseurs Blake Edwards

französischen Geheimdienstlern, die wechselseitig immer wieder vom Dach fallen, beobachtet werden, wird Larrabees Verführung auch noch dauernd unterbrochen. Das erste Mal, als er den Schrei eines der beiden Zuschauer, die vom Dach fallen, hört, ohne ihn allerdings deuten zu können. Das zweite Mal, als von Ruger – als Zimmerkellner verkleidet – ins Zimmer kommt und nach ihren Wünschen fragt. Und das dritte Mal, weil Lili ahnt, daß von Ruger ihr etwas zu sagen hat, und den Raum verläßt. Sie erfährt, daß Larrabee mit Suzette vermutlich eine Rivalin meint. Wütend kehrt sie zurück und verschüttet aus Rache ihren Champagner über Larrabees Hemd, als der versucht, sie zu küssen. Er fühlt, daß irgendwas nicht stimmt. Doch sie küßt ihn und flüstert: »Trag mich!« Woraufhin er sie umständlich hochnimmt und in sein

Zimmer schleppt. Dort angekommen, meint Lili: »Mein Zimmer.« Er muß den ganzen Weg mit ihr auf dem Arm zurückgehen. Auf dem Bett angelangt, gibt es erst einmal Schwierigkeiten mit den Bettüchern, was Larrabees Unsicherheit und Verzweiflung nur noch weiter steigert.

Als er sie wieder küssen will, fängt sie plötzlich zu lachen an und fragt: »Bist du in Ordnung?« – »Was meinst du mit ›in Ordnung‹?« Lili sagt: »Komm schon, du mußt zugeben, daß eine Verführung wirklich lächerlich sein kann, wenn man darüber nachdenkt.« Er antwortet entsetzt: »Ich finde es aber gar nicht komisch, daß du darüber nachdenkst!« Als sie dann ein weiteres Mal in Gelächter ausbricht, ist die Farce zu Ende. Keiner hat sein Ziel erreicht. Lili hat immer noch keine Gewißheit über ›Crêpe Suzette‹, Larrabee hat bei ihr nicht landen können, und die beiden Geheimdienstler sind auch keinen Schritt weitergekommen in der Frage, ob Larrabee ein Verräter ist.

Indes, die nächste Runde geht klar an Larrabee. Der hat Lili heimgefahren und ist ihr, nachdem sie wütend das Auto verlassen hat, ins Haus gefolgt. Er findet sie unter der Dusche. Ihren Protesten zum Trotz steigt er in voller Uniform dazu. Er beschuldigt sie, all die Ablenkungen sorgfältig in Szene gesetzt zu haben, weil sie »den Moment der Wahrheit« vermeiden wolle. Er bezeichnet ihr Theater als »Backfischlaune« und faßt zusammen: »Mit einem Wort, Miss Smith, ich glaube, Sie sind wahrscheinlich noch Jungfrau.« Womit er ihre Sexualität auf dieselbe Weise in Frage stellt, wie sie das am vorhergehenden Abend bei ihm getan hat. Völlig außer Kontrolle, haut sie ihm eine runter. Aber er packt sie einfach und küßt sie, was sie schnell erwidert. Am nächsten Morgen sehen wir Larrabee mit zufriedenem Grinsen im Cockpit sitzen.

Obwohl es noch einmal Ärger wegen Suzette und weitere Verwicklungen geben wird, liegen sich die beiden am Ende in den Armen. Blake Edwards hat mit *Darling Lili* wieder einmal bewiesen, daß er der beste Komödienregisseur seit den Zeiten der klassischen Hollywoodkomödie ist, und außerdem gezeigt, daß Hawks' Einschätzung von Hudsons komischem Talent falsch war – es ist eben eine Frage der Besetzung.

Nach der Beendigung von *Darling Lili* nahm Hudson erst einmal ein Album mit Songs auf, die Rod McKuen geschrieben hatte, mit dem zusammen er in alten Universal-Tagen ausgebildet worden war. Die Platte mit dem Namen »Rock Gently« wurde kein besonderer Erfolg. Dann drehte Hudson für United Artists wieder einmal einen Weltkriegsfilm, diesmal unter der Regie von Phil Karlson, *Hornet's Nest,* der seine Reihe von Mißerfolgen jedoch auch nicht stoppen konnte. Als Captain Turner bekommt er den Auftrag, einen Damm in Norditalien zu sprengen. Als er sich beim Fallschirmabsprung verletzt, wird er von einer Gruppe italienischer Kinder in eine Höhle geschleppt und versorgt. Die Kinder, die

Der Moment der Wahrheit: »Mit einem Wort, Miss Smith, ich glaube, Sie sind wahrscheinlich noch Jungfrau!« Hudson rächt sich bei Julie Andrews für den vorangegangenen Abend, an dem permanent seine Männlichkeit in Frage gestellt wurde

als Partisanen agieren, seit ihre Eltern von den Deutschen erschossen wurden, entführen die deutsche Ärztin Bianca (Sylvia Koscina), damit sie Turner behandle. Als dieser sich wieder erholt, bringt er den Kindern die Handhabung ihrer gestohlenen Waffen bei und bekommt im Gegenzug von ihnen Hilfe bei der Sprengung des Damms. Einen Mordanschlag von Bianca verhindert er, indem er sie zur Liebe zwingt. Doch Aldo, der Anführer der Jugendlichen, verlangt von Turner Beistand, als sie ein von den Deutschen gehaltenes Dorf überfallen. Am Ende muß Turner den völlig durchgedrehten Aldo davon abhalten, den deutschen Kommandeur zu erschießen. Obwohl Karlson wie erwartet sauber inszenierte Actionszenen ablieferte, war der moralisierende Aspekt der Story rund um die Waisenkinder nur schwer erträglich.

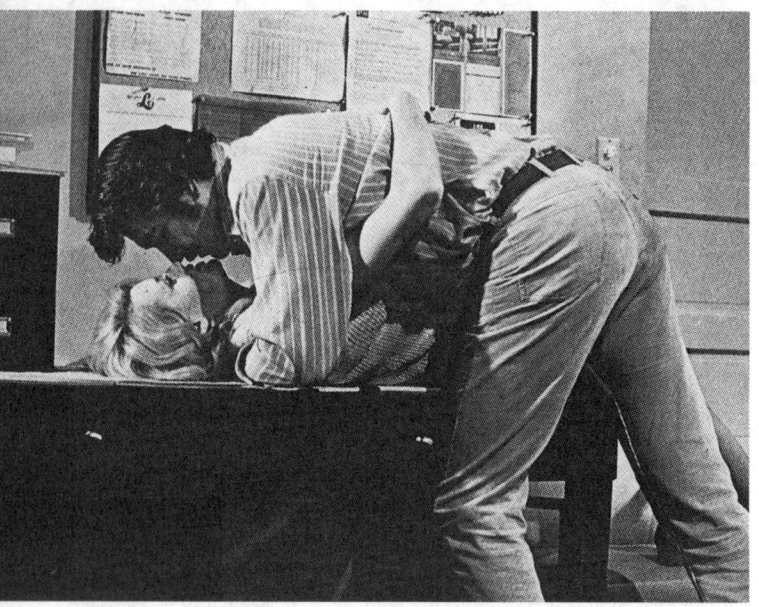

›Pretty Maids All In a Row‹ (Sex-Lehrer-Report, 1971) – Lehrer im Clinch, Angie Dickinson und Rock Hudson

›Pretty Maids All In a Row‹ (Sex-Lehrer-Report, 1971) – Hudson will mit Barbara Leigh mehr als nur Schach spielen

Aber es kam noch schlimmer. *Pretty Maids All In a Row* (Sex-Lehrer-Report, 1971), der erste Hollywood-Film des Franzosen Roger Vadim, wurde eine Katastrophe. Unschlüssig, ob der Film nun eine Schwarze Komödie, ein Thriller oder eine Satire auf das amerikanische Erziehungssystem sein soll, bleibt der Film völlig in der Schwebe.

Am Anfang wird ein ermordetes Mädchen im Jungen-Waschraum der Oceanfront High School gefunden. Captain Surcher und sein stumpfsinniger Assistent Poldaski verdächtigen erst einmal Ponce, den Jungen, der das Mädchen gefunden hatte. Der ist zwar unschuldig, hat aber ein Problem: Er ist schüchtern und also noch Jungfrau. Tiger, der Football-Trainer, bietet seine Hilfe an. Er tut das, indem er die schöne

›Pretty Maids All In a Row‹ (Sex-Lehrer-Report, 1971) – Der Sportlehrer trainiert seine Schülerinnen

Lehrerin Miß Smith (Angie Dickinson), die von seinem Charme hingerissen ist, »heiß macht« und sie dann allerdings unbefriedigt zurückläßt. Ponce beendet die Sache für ihn und wird endlich zum Mann. In der Folgezeit bringt Tiger Yvonne um, ein Mädchen, das von Tiger verlangt hatte, daß er seine Frau verläßt und sie heiratet, dann Poldaski, der Tiger mit einem Mädchen überrascht hat, schließlich das Mädchen selbst. Als Ponce Aufzeichnungen von Tigers »Unterhaltungen« mit dem Mädchen hört, erbietet sich Tiger, ihn heimzufahren. Unterwegs gesteht Tiger die Morde und fährt, nachdem er erst Ponce hinausgeschmissen hat, seinen Wagen über den Pier ins Meer. Tigers Leiche wird nie gefunden, und Captain Surcher nimmt an, daß dieser sich nach Südamerika abgesetzt hat. In der Tat hat sich seit den Sexkomödien mit Doris Day einiges in Hudsons Rollenbild geändert. Seinen Charme als Verführer setzt er nur noch ein, um entweder einen Jungen in die Freuden der Sexualität einzuführen oder seinen eigenen Perversionen nachzugehen.

Gerade noch rechtzeitig rettete eine Fernsehkarriere Rock Hudson vom Abstieg als Superstar. Er unterzeichnete einen Vertrag mit Universal und der Fernsehgesellschaft NBC über acht Folgen der Fernsehserie *McMillan & Wife* sowie drei Kinofilme innerhalb von zwei Jahren. Anfangs war er skeptisch gewesen. Eigentlich wollte er nur im Pilotfilm zur Serie, dem zweistündigen *Once Upon A Dead Man* auftreten, der dann erst später in eine unregelmäßig gesendete Serie umgewan-

›Pretty Maids All In a Row‹ (Sex-Lehrer-Report, 1971) – mit Barbara Leigh

delt werden sollte. Der Kolumnistin Dorothy Manners erzählte er, er würde verrückt werden, wenn er Woche für Woche dieselbe Figur darstellen müßte. Von einer 50.000-Dollar-Gage pro Folge überzeugt, spielte Hudson bis 1976 die Rolle des Stewart McMillan, dem San Francisco Police Commissioner, der zusammen mit seiner Frau Fälle löst. Susan St. James spielte die Rolle für nur 1500 Dollar und bekam erst mehr, als sie 1973 drohte aufzuhören. Hudson sagte: »Was wir machen, ist, jede dritte Woche einen Anderthalb-Stunden-Film zu drehen, in dem wir die selben Rollen spielen wie Bill Powell und Myrna Loy es in ein paar Filmen der *Thin-Man*-Reihe taten. Ich würde in einer regelmäßigen Serie durchdrehen, in der ich denselben Schwachsinn immer wieder spielen müßte.« 1971 gab es eine Menge Kinostars, die das erste Mal in einer Fernsehserie auftraten (Tony Curtis, Shirley MacLaine, Glenn Ford, James Stewart und Anthony Quinn), doch Hudson war der einzige unter ihnen, dessen Vertrag über die erste Saison hinaus verlängert wurde. Er war der einzige, der den Übergang reibungslos geschafft hat. Als man ihn im Februar 1975 nach der Ursache für den Erfolg der Serie fragte, antwortete er: »Es ist eine einzigartige Idee, Detektivfilm und Komödie zu verbinden. Ich glaube wirklich, es liegt an der äußeren Aufmachung … Außerdem bin ich nur einmal im Monat zu sehen – das nutzt sich nicht so schnell ab.« Und zum Fernsehen: »Beim Fernsehen muß man sich schnell entscheiden, und man tut gut daran, sich schnell zu entscheiden. Fernsehen ist härter als die B-Pictures, die ich gemacht habe.«

Sein nächstes Kinoprojekt im Jahr 1973 war wieder mal ein Western. Die Regie bei *Showdown* (Die Geier warten schon), in dem auch Dean Martin mitmachte, führte George Seaton. Der Film spielt gegen die Jahrhundertwende in Neu-Mexiko und handelt von zwei alten Freunden, die sich vor Jahr und Tag wegen einer Frau entzweit haben. Der Sheriff, Chuck Jarvis (Rock Hudson), der einst Kate heiratete, muß jetzt leider feststellen, daß sein alter Freund Billy Mitglied einer Gang ist, die einen Zug ausgeraubt hat. Chuck verfolgt Billys Spur und findet sich bei seiner eigenen Ranch wieder.

›Showdown‹ (Die Geier warten schon, 1972) – mit Dean Martin und Susan Clark

Billy stellt sich, unter der Bedingung, daß ihm ein fairer Prozeß gewährt wird. Nachdem er schon auf der Flucht ein Bandenmitglied erschossen hat, verrät er jetzt auch noch den Rest der Bande. Doch während Chuck und Kate für ein paar Tage aus der Stadt sind, beobachtet Billy durchs Zellenfenster beunruhigt, wie der Galgen aufgebaut wird; er flieht. Wieder macht sich Chuck auf den Weg, doch diesmal ist auch noch der Rest der Bande hinter den beiden her. Als die beiden sich in einem Wald verstecken, kommt es durch Blitzschlag zu einem Brand, bei dem die beiden ihre Pferde verlieren. Als es zum Gefecht mit den Gaunern kommt, werden

›Showdown‹ (Die Geier warten schon, 1972) – mit Susan Clark

drei der Gangster erschossen, ehe der vierte Billy tötet. Über
einen Fluß transportiert Chuck Billys Leichnam zurück.
Während der Dreharbeiten kam es zu einer zehnwöchigen
Unterbrechung, weil sich Rock Hudson bei einem Autounfall ein paar Knochen brach und eine Gehirnerschütterung
zuzog.
Im Sommer 1973 versuchte sich Hudson, das »schauspielerische Untalent«, in einem neuen Metier – auf der Theaterbüh-

›Schowdown‹ *(Die Geier warten schon, 1972) – mit Susan Clark*

ne. Seine Partnerin half ihm, sein chronisches Lampenfieber weitgehend zu überwinden. Carol Burnett war von ihrem Partner regelrecht begeistert, überschwemmte ihn mit Superlativen, sagte aber auch: »Natürlich würden die Leute die Türen eintreten, nur um Rock dort stehen und atmen zu sehen. Aber er war wirklich wundervoll.« Die Premiere des Broadway-Musicals *I Do! I Do!* fand im Juli in Los Angeles im Huntington Hartford Theatre statt und ging dann im Sommer 1974 auf eine Tournee durch die USA. Dabei brach das Stück über eine Bestandsaufnahme von 50 Jahren Ehe in Dallas, St. Louis und Washington Zuschauerrekorde. Später, im Februar 1976, spielte er das Stück an der Seite von Juliet Prowse im Londoner Westend. Die englischen Kritiker waren indes von seinen tänzerischen und sängerischen Leistungen weniger begeistert. Dennoch war sein achtwöchiges Engagement bereits vor Beginn restlos ausverkauft.

Zu seinem 49. Geburtstag leistete er sich ein großes Luxuswohnmobil für Wochenendausflüge, das er »Bigger Irene« nannte (das vorhergehende, kleinere hatte »Big Irene« geheißen). Im Herbst wurde sein Name mit Liv Ullmann in Verbindung gebracht, ein Gerücht, das allerdings schnell wieder erstarb. Im Oktober 1974 wurde er Vorsitzender der Nationalen Arthritis-Hilfsorganisation. Im selben Monat verlor er gegen Gregory Peck das Rennen um die Rolle des General MacArthur in der gleichnamigen Verfilmung.

Erst 1976 war er wieder auf der Leinwand zu sehen. Die Dreharbeiten zu *Embryo,* dessen Abspann eindeutig darauf hinweist, daß es sich dabei um ein Abschreibungsprojekt handelte, machten Hudson so viel Spaß, daß er es ernstlich bedauerte, nun wieder zu der öden Fernseharbeit zurückkehren zu müssen: »Aber was soll's, nur noch eine Saison als *McMillan,* dann werde ich frei sein.«

Bevor die Arbeit an dem Film begann – in dem man ihn übrigens das erste Mal nackt zu sehen bekam –, unterzog er sich einer Schönheitsoperation, um sich seine Tränensäcke entfernen zu lassen. In seiner Rolle als Dr. Paul Holliston spielt er eine Variation der Geschichten von Frankenstein und Pygmalion. Als er jedoch beginnt, eine sexuelle Beziehung mit seinem Geschöpf (Barbara Carrera) anzufangen, bricht dessen System zusammen. Danach stimmte Hudson einer Verlängerung der Serie um ein weiteres Jahr zu. Doch diesmal verließ Susan St. James die Serie, um sich anderswo auch zu versuchen, und so hieß der Pilotfilm nur noch *McMillan,* mit Rock Hudson als Witwer.

Mittlerweile konnte er es sich jedoch leisten, nur noch alle zwei Jahre einen Kinofilm zu drehen. 1978 folgte *Avalanche* von Corey Allen, in dem Hudson an der Seite von Mia Farrow spielte. Es geht um eine Gruppe von Skifahrern, die ein paar Tage auf David Shelbys Berghütte verbringen. Man hatte Shelby (Hudson) vor dem Bau der Hütte in unsicherer Gegend gewarnt, doch der ließ sich nicht beirren und baute mit derselben Sturheit weiter, die ihm einst schon seine Frau (Mia Farrow) entfremdet hatte. Jetzt zur Eröffnung ist sie anwesend, weil Hudson sie immer noch liebt. Aber schon bald liegt sie mit Nick Thorne im Bett, einem Naturphotographen, der sich zuvor bei Hudson beschwert hatte, daß er für die Hütte eine Menge Bäume fällen ließ. Doch bald werden die kleinen privaten Querelen unwichtig, als, wie prophezeit, eine riesige Lawine niedergeht und mit ungewöhnlicher dramaturgischer Brutalität haufenweise Hauptfiguren hinwegfegt – kein Wunder, denn der Film wurde von Roger Corman produziert.

Seine nächsten drei Versuche, mit Fernsehserien den Erfolg von *McMillan & Wife* zu wiederholen, scheiterten sowohl bei der Kritik als auch beim Publikum: 1978 in der Arthur Hailey-Verfilmung *Wheels* (Räder), 1979 als Colonel John Wilder in Ray Bradburys *The Martian Chronicles* (Die Mars-Chroniken) und 1982 in *The Devlin Connection*. Damit einher gingen Meldungen, wonach Rock Hudson unter Depressionen leide und seine Gesundheit durch exzessiven Alkohol- und Zigarettenkonsum stark in Mitleidenschaft gezogen sei. Tatsächlich mußte er sich im November 1981 einer fünffachen Herz-Bypass-Operation unterziehen.

1980 spielte er in der englischen Agatha Christie-Verfilmung *The Mirror Crack'd* als Jason Rudd den Ehemann von Elizabeth Taylor und den Geliebten von Geraldine Chaplin. Ironischerweise ist Rudd bei Agatha Christie eine dem zwar grauhaarigen, aber immer noch blendend aussehenden Hudson völlig entgegengesetzte Rolle: »Mrs. Bantry betrachtete Jason Rudd mit einigem Interesse. Ihr erster Eindruck, daß er einer der häßlichsten Männer sei, den sie je gesehen hatte, wurde dadurch gemildert. Er hatte interessante Augen. Sie waren, dachte sie, tiefer in den Schädel gesunken als alle Augen, die sie je gesehen hatte. Tiefe, stille Tümpel, sagte Mrs.

›The Mirror Crack'd‹ (Mord im Spiegel, 1980) – mit Kim Novak

Bantry zu sich und fühlte sich wie eine romantische Frauen-schriftstellerin. Der Rest seines Gesichts war ausgesprochen zerklüftet, auf fast lächerliche Art unproportioniert. Seine Nase zeigte nach oben, und ein bißchen rote Schminke hätte sie im Nu in eine Clownsnase verwandelt. Er hatte außerdem den großen traurigen Mund eines Clowns. Ob er nur momentan schlechter Laune war oder ob er immer so aussah, vermochte sie nicht genau zu sagen. Seine Stimme war, wenn er sprach, unerwartet angenehm. Tief und bedächtig.« *Mord im Spiegel* war die dritte EMI-Produktion eines Christie-Romans nach *Mord im Orientexpreß* und *Tod auf dem Nil*. Alle drei Verfilmungen wiesen ein beträchtliches Staraufgebot auf. Neben Hudson, Taylor und Chaplin spielten noch Tony

*›The Mirror Crack'd‹ (Mord im Spiegel, 1980) – Die Leute vom Film
bekommen es auch mit echtem Blut zu tun*

Curtis, Kim Novak, Edward Fox und als Miß Marple Angela
Lansbury. Es geht um ein Filmteam, das sich zu Dreharbeiten für »Mary, Queen of Scots« in der englischen Provinz auf-
hält. Es geschehen Morde, die in bester Whodunnit-Manier
aufgelöst werden. Die Leute vom Film verhalten sich so, wie
man es von ihnen erwartet: Nervenzusammenbrüche, Intrigen, Eitelkeiten, Gehässigkeiten und hysterische Anfälle.
Der Film ist voller Insiderspäßchen: so wirft etwa Elizabeth
Taylor ihrem Filmehemann Rock Hudson ein Verhältnis mit
Doris Day vor.
1984 folgte dann Rock Hudsons letzter Kinofilm, eine Produktion der beiden israelischen Senkrechtstarter in der Film-
branche der achtziger Jahre, Menachem Golan und Yoram

Globus. Die Regie bei *The Ambassador* (Der Ambassador, 1984) führte der Schnellfilmer J. Lee Thompson, und in den Hauptrollen waren Robert Mitchum, Fabio Testi und Ellen Burstyn zu sehen. Die Geschichte voller politischer Anspielungen ist so naiv wie verzwickt. Es geht um Peter Hacker, den amerikanischen Botschafter in Israel (Mitchum), der von einer Versöhnung der feindlichen Lager träumt. Rock Hudson ist sein Sicherheitsbeauftragter Frank Stevenson. Obwohl er Hacker abrät, fahren die beiden in die Wüste zu einem Treffen mit der PLO. Dabei geraten die beiden in einen Hinterhalt der Terror-Organisation SAIKA, die alle außer einem Palästinenser umbringt, ehe sie von der israelischen Armee zur Strecke gebracht wird. Unterdessen trifft sich Hackers Frau Alex (Ellen Burstyn) mit Mustafa (Fabio Testi), einem Antiquitätenhändler. Was sie nicht weiß: ihr

›The Ambassador‹ (Der Ambassador, 1984) – Nostalgie überlagert das Spiel von Hudson und Mitchum

Geliebter Mustafa ist ein hohes Tier bei der PLO. Ein paar kleine israelische Gauner treffen sich mit dem KGB-Mann Stone, der sie beauftragt, Hacker mit Filmaufnahmen vom Geschlechtsverkehr seiner Frau mit ihrem Geliebten zu erpressen. Hacker geht auf die Forderungen nicht ein, und Stone macht sich auf die Suche nach den Erpressern. Nachdem Hacker einen Mordanschlag von Stone überlebt hat, arrangiert er zusammen mit Mustafa ein Treffen zwischen zionistischen und palästinensischen Studenten. Wieder schlägt die SAIKA zu und richtet ein Blutbad unter den Studenten an. Einen letzten Mordversuch von Stone kann Stevenson in letzter Minute vereiteln, indem er den KGB-Mann erschießt. In einem Ende voller Pathos versammeln sich die Studenten vor Hackers Haus, halten Kerzen in die Höhe und rufen: »Peace, Peace«.

›The Ambassador‹ (Der Ambassador, 1984) – mit Robert Mitchum in der israelischen Wüste

Rock Hudson hat wieder einmal sein Bestes gegeben – zum letzten Mal

Interessant an *The Ambassador* ist weder die etwas verschlungene Handlung noch die allzu routinierte Regiearbeit von J. Lee Thompson, sondern die Art, wie sich die zwei Leinwandveteranen Robert Mitchum und Rock Hudson durch den Film bewegen. Die Erinnerung an ihre früheren

Rollen überlagert hier wie in kaum einem anderen Film ihr Spiel und macht aus *The Ambassador* ein nostalgisches Spektakel. Ein würdevolles Altern war bzw. ist keinem vergönnt: Mitchums müdes Gesicht ist zur Karikatur zerknittert, und Hudsons ewig jugendliche Züge waren mit der Zeit aufgedunsen. Aber nichts desto trotz ist es bewegend zu sehen, wie Rock Hudson mit seiner Rolle des gestrengen, Hacker aber freundschaftlich zugetanen Profis Stevenson kämpft, wie er wieder versucht, sein Bestes zu geben – zum letzten Mal.

Im Angesicht des Todes

AIDS: das Bekenntnis, der Tod und die Aasgeier

> »… solange sie nicht die Pferde scheu
> machen, sollte es uns nicht kümmern.«
>
> *Lady Astor* über Homosexuelle

Zwei Dinge hätte er gerne noch gemacht: mit seiner großen Yacht einmal die Welt umsegeln und in einem Film selber Regie führen. Das hatte Rock Hudson in einem Interview Anfang Juli 1985 gesagt. Die Erfüllung dieser beiden Träume blieb ihm versagt, denn ein Vierteljahr später war er tot. Rock Hudson starb am 2. Oktober 1985 um neun Uhr pazifischer Zeit in seinem Haus in Beverly Hills. Sein Leibarzt Dr. Rexford Kennamer erklärte vor versammelter Presse, Hudsons Herz habe im Schlaf ausgesetzt, sein Tod sei friedlich gewesen, ohne Schmerzen. Um elf Uhr dreißig holte ein Leichenwagen des Bestattungsinstituts den Leichnam ab, der nur kurze Zeit später im Krematorium in North Hollywood verbrannt wurde. Die Asche wird noch am selben Nachmittag von einem Hubschrauber aus über dem Pazifik verstreut. Ein Tod, der nicht so viel Anteilnahme hervorgerufen hätte, wenn nicht das langsame Sterben im Licht der Weltöffentlichkeit stattgefunden hätte. Denn Rock Hudson starb an AIDS (Acquired Immune Deficiency Syndrome), der bislang unheilbaren Immunschwäche. Und er war der erste, der bekannt genug war, um mit seinem Bekenntnis die Öffentlichkeit wachzurütteln. Bis dahin hatte man die Gefahr verdrängt, die Krankheit abgetan als »Lustseuche«, die ohnehin nur Homosexuelle, Drogenabhängige oder Bluter trifft. Es mußte erst ein Weltstar von ihr befallen werden, um eine rationale Diskussion über AIDS möglich zu machen. Endlich wurde bekannt, daß keineswegs nur Minderheiten die potentiellen Opfer sind, daß zum Beispiel 1985 allein in den

USA bereits 12.000 Menschen an AIDS erkrankt sind. Möglicherweise hat Rock Hudson mit seinem Bekenntnis geholfen, die AIDS-Kranken aus ihrem Getto zu befreien. Sicher ist schon jetzt, daß die Diskussion einen Teil der dringend benötigten Forschungsgelder und Hilfsmittel freigesetzt hat.

Der Affäre vorausgegangen war Hudsons Zusammenbruch in der Fürst-Bismarck-Suite im Pariser Hotel Ritz. Er wurde zur Behandlung ins American Hospital in Neuilly eingeliefert. Am 25. Juli ließ Hudson auf einer Pressekonferenz in Paris bekanntgeben, daß er an AIDS leide. Nun erfuhr man, daß der Schauspieler nach Frankreich gekommen war, um das als mögliches Gegenmittel gehandelte Präparat HPA-23 an sich testen zu lassen. Die Ärzte lehnten eine Behandlung jedoch ab, da seine körperliche Konstitution zu diesem Zeitpunkt schon zu schwach war. Seine Pressesprecherin Yanou Collarts teilte mit, Hudson wisse seit etwa einem Jahr von der Erkrankung und habe sich möglicherweise bei den Dreharbeiten zu *The Ambassador* in Israel angesteckt. Ende Juli flog Hudson in einer gecharterten Boeing 747 zurück nach Kalifornien und ließ sich im UCLA Medical Center weiterbehandeln. Im August kehrte er dann heim nach Beverly Hills, in seine im spanischen Stil erbaute und eingerichtete Villa. Mittlerweile war der fast zwei Meter große Mann um 30 Kilo abgemagert, sein Gesicht eingefallen.

Am 19. September fand dann eine Benefiz-Veranstaltung im Century Plaza Hotel in Los Angeles statt, deren Erlös der AIDS-Forschung zugute kam, der Hudson bereits eine Viertelmillion Dollar gestiftet hatte. Bei der Show wirkten unter anderem Elizabeth Taylor, Shirley MacLaine, Liza Minelli und Andy Warhol mit. Rock Hudson selbst war zu schwach, um zu erscheinen. Statt dessen verlas Burt Lancaster ein Telegramm Hudsons: »I am not happy that I am sick, I am not happy that I have AIDS, but if that is helping others, I can, at least, know that my own misfortune has had some positive worth.« (Ich bin nicht glücklich darüber, daß ich krank bin. Ich bin nicht glücklich darüber, daß ich AIDS habe. Aber wenn das anderen hilft, weiß ich wenigstens, daß mein Unglück ein bißchen was wert war.) Nachdem sein Gesundheitszustand fünf Wochen lang stabil geblieben war, verschlechterte er sich in den letzten drei Tagen seines Lebens rapide. Rock Hudson wurde schwächer und schwächer. Am Vormittag des 2. Oktober wurde er vom Hauspersonal tot im Bett aufgefunden. Rock Hudson war im Alter von 59 Jahren allein gestorben.

Obwohl Hudson in den letzten 15 Jahren seines Lebens im Kino kaum mehr zu sehen und ein wenig in Vergessenheit geraten war, ließ sein Sterben das alte Weltstar-Image wieder aufleben. Seine Krankheit wurde allerorten mit Betroffenheit verfolgt. Der amerikanische Präsident und Ex-Schauspieler Ronald Reagan, mit dessen ehemaliger Frau Jane Wyman Rock Hudson in zwei Filmen gespielt hatte, wünschte Hudson telefonisch gute Besserung. Nicht zuletzt diese Aktion trug dazu bei, AIDS »hoffähig« und in der Öffentlichkeit zu einem ernsten Thema zu machen. Am Krankenbett wurde Hudson von Elizabeth Taylor, Roddy McDowall, Robert Wagner und Jack Scalia besucht. Und Doris Day verkündete nach seinem Tod: »Das Leben währet ewiglich. Ich hoffe, wir treffen uns wieder.«

Es soll nicht verschwiegen werden, daß Hudsons Sterben auch eine Menge Aasgeier aller Art anlockte. Die Berichterstattung und Nachrufe in Illustrierten und Boulevardpresse standen oft genug in krassem Gegensatz zu dem würdevollen Abgang des Weltstars. Eine auflagenstarke deutsche Tageszeitung beglückte ihre Leser beinahe täglich mit Schilderungen über »wüste Orgien und Spritztouren durch Schwulenbars«. Im August meldete sich ein zur Frau umoperierter italienischer Kolumnist zu Wort, konnte mit Details »über einen langen, herrlichen Nachmittag als Rock Hudsons Geliebter« aufwarten. Im Denver-Clan herrschte indes Panik: Hudson, der in zehn Folgen der Serie mitspielte, hatte einige Kuß-Szenen mit Linda Evans gedreht, und John Forsythe mußte in einer Folge »nach einem Flugzeugabsturz eng umschlungen mit Rock Hudson liegen«. Ein Bericht aus einem Frauenblatt spricht für sich: »Jetzt hat Linda Todesangst. Wie gelähmt sitzen sie und John Forsythe im Studio. Die Scheinwerfer sind erloschen. Die Dreharbeiten eingestellt.

Helle Panik auch in den Gesichtern von Joan Collins und Ali McGraw. Produzent Aaron Spelling fährt sich verzweifelt durch die Haare. Mit so einem Team kann er nicht mehr drehen. Wie ein Gift sitzt in den Köpfen der Schauspieler die Angst vor der tödlichen Seuche AIDS. Keiner kann die Liebesszenen zwischen Linda und Rock vergessen: Rock küßte Linda. Linda küßte John Forsythe. John küßte Ali McGraw. Und AIDS wird nicht nur durch Sex, sondern auch durchs Küssen übertragen. Hollywoodparties, in denen es vor Sex nur so knisterte, feiert inzwischen keiner mehr. Das Filmvolk sitzt zu Hause und zittert vor der Ausbreitung der tödlichen Seuche.« Und auch die alte Hexe Joan Collins gab einen Spruch zum besten: »AIDS ist die gerechte Strafe für die Sünden Hollywoods.« Den Vogel schoß indes ein Nachruf in einer deutschen Illustrierten ab: »… Dabei war ihm jedes Mittel recht, sein geheimes Leben mit Männern abzuschirmen. In Wirklichkeit inszenierte Rock Hudson wilde homosexuelle Orgien, in denen seine Plattensammlung eine große Rolle spielte – als Stimulans für die Exzesse. Er bezahlte bitter dafür: Krebsgeschwüre entstellten Gesicht und Körper.« Das ist die Sprache der Radikalen und Selbstgerechten, der Spießer und Moralapostel, die für den Fortbestand von Vorurteilen jeder Art verantwortlich sind. Ein anderer Verrückter klagt auf 24 Millionen Dollar Schadenersatz aus dem Nachlaß, weil man ihm, der behauptet, mit Hudson ein Verhältnis gehabt zu haben, die Erkrankung verschwiegen habe. Aasgeier kommen bei diesen Gelegenheiten immer wieder zusammen. Rock Hudson hat sie nicht verdient.

Daß Rock Hudson schwul war, galt als mehr oder minder offenes Geheimnis in Hollywood. Dennoch lehnte er das Anliegen homosexueller Aktivisten, sich endlich öffentlich dazu zu bekennen, mehrmals ab. Er hatte sein Privatleben nie ausbreiten wollen. So lebte er fast 40 Jahre hinter einer Maske, die ihm die Studios aufdiktiert hatten. Das war zu dieser Zeit und wäre wohl auch heute noch ökonomische Notwendigkeit: Ein Homosexueller läßt sich als Frauenheld nicht verkaufen. Hudson hatte 1948 seine Identität an die Studios verkauft, mußte lange Zeit nach ihrem Diktat leben, sich zur

Entkräftung der Gerüchte gar in eine Heirat zwingen lassen. Dieses zynische Arrangement mag ihn gebrochen haben oder nicht, sicher ist, daß jemand, der seine Karriere mit solcher Zielstrebigkeit verfolgt, den erlangten Ruhm nicht für irgendwelche Neigungen opfert. Er lebte mit der Lüge, weil er sich in ihr einrichten konnte. Er war ja nicht der einzige Homosexuelle in der Geschichte Hollywoods. Anscheinend ist er nicht wie manch anderer daran zerbrochen. Daß er deswegen ein unglückliches Leben geführt hat, darf bezweifelt werden. Der Mensch besteht schließlich nicht allein aus sexuellen Vorlieben. Außerdem haben ihm die Studios von der Pike auf beigebracht, mit der Lüge zu leben. Roy Fitzgerald hat auf alle Fälle die größte Rolle seines Lebens mit Würde zu Ende gespielt.

Filmographie

R: Regie, D: Drehbuch, K: Kamera, S: Schnitt, M: Musik, Ba: Bauten
B: Besetzung, P: Produzent, AP: Associate Producer, EP: Executive Producer
L: Länge

Fighter Squadron (Jagdstaffel, 1948)

R: Raoul WALSH, D: Seton I. Miller, K: Sid Hickox, Wilfried M. Cline, S: Christina Nyby, M: Max Steiner.
B: Edmond O'Brien (Major Ed Hardin), Robert Stack (Captain Stu Hamilton), John Rodney (Colonel Bill Brickley), Tom D'Andrea (Sergeant Dolan), Henry Hull (Brigadegeneral Mike McCready), James Holden (Tennessee), Walter Reed (Captain Duke Chappell), Shepperd Strudwick (Brigadegeneral M. Gilbert), Arthur Space (Major Sanford), Jack Larson (Shorty), William McLean (Wilbur), *Rock Hudson* als Leutnant an 27. Stelle.
P: Seton I. Miller für Warner Bros., L: 96 Minuten.

Undertow (1949)

R: William CASTLE, D: Arthur T. Horman, Lee Loeb nach einer Geschichte von Horman, K: Irving Glassberg, S: Ralph Dawson, M: Milton Schwartzwald.
B: Scott Brady (Tony Reagan), John Russell (Danny Morgan), Dorothy Hart (Sally Lee), Peggy Dow (Ann McKnight), Charles Sherlock (Cooper), Robert Easton (Fisher), Bruce Bennett (Reckling), Gregg Martell (Frost), Robert Anderson (Stoner), Daniel Ferniel (Gene), *Rock Hudson* (Geheimpolizist).
P: William Castle für Universal, L: 71 Minuten.

I Was a Shoplifter (1950)

R: Charles LAMONT, D: Irwin Gielgud, K: Irving Glassberg, S: Otto Ludwig, M: Milton Schwartzwald.
B: Scott Brady (Jeff Andrews), Mona Freeman (Faye Burton), Andreas King (Ina Perdue), Anthony Curtis (Pepe), Charles Drake (Herb Klaxon), Gregg Martell (Champ), Larry Keating (Harry Dunson), Robert Gist (Barkie Neff), Michael Raffetto (Sheriff Bascom), *Rock Hudson* (Kaufhausdetektiv).
P: Leonard Goldstein für Universal, L: 74 Minuten.

One Way Street (1950)

R: Hugo FREGONESE, D: Lawrence Kimblen nach seinem Roman »Death on a Side Street«, K: Maury Gertsman, S: Milton Carruth, M: Frank Skinner.
B: James Mason (Doc Matson), Marta Toren (Laura), Dan Duryea (Wheeler), William Conrad (Ollie), King Donovan (Grieder), Jack Elam (Arnie), Tito Renaldo (Hank Torres), Basil Ruysdael (Vater Moreno), Rodolfo Acosta (Francisco Morales), Margarito Luna (Antonio Morales), *Rock Hudson* als Lastwagenfahrer an 17. Stelle.
P: Leonard Goldstein für Universal, L: 79 Minuten.

Winchester '73 (Winchester 73, 1950)

R: Anthony MANN, D: Robert L. Richards und Borden Chase nach einer Geschichte von Stuart N. Lake, K: William Daniels, S: Edward Curtiss, M: Joseph Gershenson, Ba: Bernard Herzbrun, Nathan Juran.
B: James Stewart (Lin McAdam), Shelley Winters (Lola Manners), Dan Duryea (Waco Johnny Dean), Stephen McNally (Dutch Henry Brown), Millard Mitchell (›High Spade‹ Frankie Wilson), Charles Drake (Steve Miller), John McIntire (Joe Lamont), Will Geer (Wyatt Earp), Jay C. Flippen (Sergeant Wilkes), *Rock Hudson* (Young Bull).
P: Aaron Rosenberg für Universal, L: 92 Minuten.

Peggy (1950)   *verliebt, verlobt, verheiratet*

R: Frederick de CORDOVA, D: George F. Slavin, George W. George nach einer Geschichte von Leon Ware, K: Russell Metty, S: Ralph Dawson, M: Joseph Gershenson.
B: Diana Lynn (Peggy Brookfield), Charles Coburn (Professor Brookfield), Charlotte Greenwood (Mrs. Emilia Fielding), Barbara Lawrence (Susan Brookfield), Charles Drake (Tom Fielding), *Rock Hudson* (Johnny Higgins), Connie Gilchrist (Miß Zim), Griff Barnett (Dr. Wilcox), Charles Trowbridge (Dean Stockwell), James Todd (Mr. Gardiner).
P: Ralph Dietrich für Universal, L: 77 Minuten.

The Desert Hawk (Der Wüstenfalke, 1950)

R: Frederick de CORDOVA, D: Aubrey Wisberg, Jack Pollexfen, Gerald Drayson Adams, K: Russell Metty, EP: Otto Ludwig, M: Frank Skinner.
B: Yvonne De Carlo (Prinzessin Scheherezade), Richard Greene

(Omar), Jackie Gleason (Aladin), George Macready (Prinz Murad), Carl Esmond (Kibar), Marc Lawrence (Samad), Lucille Barkley (Undine), Ann Pearce (Yasmin), Lois Andrews (Maznah), *Rock Hudson* (Captain Ras).
P: Leonard Goldstein für Universal, L: 78 Minuten.

Shakedown (1950)

R: Joseph PEVNEY, D: Alfred Lewis, Martin Goldsmith, K: Irving Glassberg, M: Joseph Gershenson.
B: Howard Duff (Jack Early), Brian Donlevy, Anne Vernon, Peggy Dow (Ellen), Lawrence Tierney, Bruce Bennett, *Rock Hudson* (Türsteher). P: Ted Richmond für Universal, L: 80 Minuten.

Tomahawk (Tomahawk – Aufstand der Sioux, 1951)

R: George SHERMAN, D: Silvia Richards, Maurice Geraghty nach einer Geschichte von Daniel Jarrett, K: Charles P. Boyle, S: Danny D. Landres, M: Hans J. Salter.
B: Van Heflin (Jim Bridger), Yvonne De Carlo (Julie Madden), Preston Foster (Colonel Carrington), Jack Oakie (Sol Beckworth), Alex Nicol (Lieutenant Bob Daney), Tom Tully (Dan Castello), Ann Doran (Mrs. Carrington), *Rock Hudson* (Burt Hanna), Susan Cabot (Monahseetah), Arthur Space (Captain Fetterman), Stuart Randall (Sergeant Newell).
P: Leonard Goldstein für Universal, L: 90 Minuten.

Air Cadet (1951)

R: Joseph PEVNEY, D: Robert I. Richards nach einer Geschichte von Richards und Robert Soderberg, K: Cliff Stine, David Horsley, S: Russell Schoengarth, M: Joseph Gershenson.
B: Stephen McNally (Major Jack Page), Gail Russell (Janet Page), Alex Nicol (Joe Czanoczek), Richard Long (Russ Coulter), Charles Drake (Captain Sullivan), *Rock Hudson* (Upper Class Man), Robert Arthur (Walt Carver), Peggie Castle (Pat), James Best (Jerry Connell), Russell Dennis (Ausbilder).
P: Aaron Rosenberg für Universal, L: 94 Minuten.

The Fat Man (1951)

R: William CASTLE, D: Harry Essex und Leonhard Lee nach einer Geschichte von Lee, K: Irving Glassberg, S: Edward Curtiss, M: Joseph Gershenson.

B: J. Scott Smart (Brad Runyan), Julie London (Pat Boyd), *Rock Hudson* (Roy Clark), Clinton Sundberg (Bill Norton), Jayne Meadows (Jane Adams), John Russell (Gene Gordon), Jerome Cowan (Detective Stark), Emmett Kelly (Ed Deets), Lucille Barkley (Lola Gordon), Teddy Hart (Shifty).
P: Aubrey Schenck für Universal, L: 78 Minuten.

Iron Man (Ausgezählt, 1951)

R: Joseph PEVNEY, D: George Zuckerman und Borden Chase nach einer Geschichte von William R. Burnett, K: Carl Guthrie, S: Russell Schoengarth, M: Joseph Gershenson.
B: Jeff Chandler (Coke Mason), Evelyn Keyes (Rose Warren), Stephen McNally (George Mason), Joyce Holden (Tiny), *Rock Hudson* (Speed O'Keefe), Jim Backus (Max Watkins), Jim Arness (Alex), Paul Javor (Pete), Steve Martin (Joe Savella), Eddie Simms (Jackie Bowden).
P: Aaron Rosenberg für Universal, L: 82 Minuten.

Bright Victory (Sieg über das Dunkel, 1951)

R: Mark ROBSON, D: Robert Buckner nach dem Roman »Lights Out« von Bayard Kendrick, K: William Daniels, S: Russell Schoengarth, M: Frank Skinner, Ba: Bernard Herzbrun, Nathan Juran.
B: Arthur Kennedy (Larry Nevins), Peggy Dow (Judy Greene), Julia Adams (Chris Paterson), James Edwards (Joe Morgan), Will Geer (Mr. Nevins), Minor Watson (Mr. Paterson), Jim Backus (Bill Grayson), Joan Banks (Janet Grayson), Nana Bryant (Mrs. Nevins), Marjorie Crossland (Mrs. Paterson), Richard Egan (Sergeant John Masterson), Russell Dennis (Fred Tyler), *Rock Hudson* (Corporal John Flagg).
P: Robert Buckner für Universal, L: 97 Minuten.

Here Come the Nelsons (auch: Meet the Nelsons, 1952)

R: Frederick de CORDOVA, D: Ozzie Nelson, Donald Nelson, William Davenport, K: Irving Glassberg, B: Frank Gross, M: Joseph Gershenson.
B: Ozzie Nelson (Ozzie), Harriet Nelson (Harriet), Ricky Nelson (Ricky), David Nelson (David), *Rock Hudson* (Charles Jones), Barbara Lawrence (Barbara), Sheldon Leonard (Duke), Jim Backus (Joe Randolph), Paul Harvey (S. T. Jones), Gale Gordon (H. J. Bellows), Ann Doran (Clara Randolph).
P: Aaron Rosenberg für Universal, L: 76 Minuten.

Bend of the River (Meuterei am Schlangenfluß, 1952)

R: Anthony MANN, D: Borden Chase nach dem Roman »Bend of the Snake« von William Gulick, K: Irving Glassberg, S: Russell Schoengarth, M: Hans J. Salter, Ba: Bernard Herzbrun, Nathan Juran.
B: James Stewart (Glyn McLyntock), Arthur Kennedy (Cole Garett), Julia Adams (Laura Baile), *Rock Hudson* (Troy Wilson), Lori Nelson (Margie Baile), Jay C. Flippen (Jeremy Baile), Henry »Harry« Morgan (Shorty), Chubby Johnson (Captain Mello), Royal Dano (Long Tom), Howard Petrie (Tom Hendricks).
P: Aaron Rosenberg für Universal, L: 91 Minuten.

Scarlet Angel (Der rote Engel, 1952)

R: Sidney SALKOW, D: Oscar Brodney, K: Russell Metty, S: Ted J. Kent, M: Joseph Gershenson.
B: Yvonne De Carlo (Roxy McClanahan), *Rock Hudson* (Frank Truscott), Richard Denning (Malcolm Bradley), Bodil Miller (Linda Caldwell), Amanda Blake (Susan Bradley), Henry O'Neill (Morgan Caldwell), Henry Brandon (Pierre), Maude Wallace (Eugenia Caldwell), Dan Riss (Walter Frisby), Whitfield Connor (Northon Wade).
P: Leonard Goldstein für Universal, L: 81 Minuten.

Has Anybody Seen My Gal? (Hat jemand meine Braut gesehen?, 1952)

R: Douglas SIRK, D: Samuel Hofman nach einer Geschichte von Eleanor H. Porter, K: Clifford Stein, S: Russell Schoengarth, M: Joseph Gershenson.
B: Piper Laurie (Millicent), *Rock Hudson* (Dan), Charles Coburn (Samuel Fulton), Gigi Perreau (Roberta), Lynn Bari (Herriet Blaisdell), Larry Gates (Charles Blaisdell), William Reynolds (Howard), Skip Homeier (Carl Pennock), Paul Harvey (Judge Wilkins), Frank Ferguson (Mr. Norton), James Dean (gibt bei Charles Coburn eine Bestellung auf).
P: Ted Richmond für Universal, L: 89 Minuten.

Horizons West (Fluch der Verlorenen, 1952)

R: Budd BOETTICHER, D: Louis Stevens, K: Charles P. Boyle, S: Ted J. Kent, M: Joseph Gershenson.
B: Robert Ryan (Dan Hammond), Julia Adams (Lorna Hardin), *Rock Hudson* (Neal Hammond), John McIntire (Ira Hammond), Judith

Braun (Sally), Raymond Burr (Cord Hardin), James Arness (Tiny), Frances Bavier (Martha Hammond), Dennis Weaver (Dandy Taylor), Tom Powers (Frank Tarleton).
P: Albert J. Cohen für Universal, L: 81 Minuten.

The Lawless Breed (Gefährliches Blut/Gesetzlose Brut, 1952)

R: Raoul WALSH, D: Bernard Gordon nach einer Geschichte von William Alland, K: Irving Glassberg, S: Frank Gross, M: Joseph Gershenson.
B: *Rock Hudson* (John Wesley Hardin), Julia Adams (Rosie), John McIntire (J. C. Hardin/John Clements), Mary Castle (Jane Brown), Hugh O'Brian (Ike Hanley), Forrest Lewis (Zeke Jenkins), Lee Van Cleef (Dirk Hanley), Tom Fadden (Chick Noonan), William Pullen (Joe Hardin), Dennis Weaver (Jim Clements).
P: William Alland für Universal, L: 83 Minuten.

Seminole (Seminola, 1953)

R: Budd BOETTICHER, D: Charles K. Peck jr., K: Russell Metty, S: Virgil Vogel.
B: *Rock Hudson* (Lance Caldwell), Barbara Hale (Revere Muldoon), Anthony Quinn (Osceola), Richard Carlson (Major Harlan Dade), Hugh O'Brian (Kajeck), Russell Johnson (Lieutenant Hamilton), Lee Marvin (Sergeant Magruder), Ralph Moddy (Kulak), Fay Roope (Zachary Taylor), James Best (Corporal Gerad), Don Gibson (Captain Streller).
P: Howard Christie für Universal, L: 87 Minuten.

Sea Devils (Im Schatten des Korsen, 1953)

R: Raoul WALSH, D: Borden Chase nach Victor Hugos Roman, K: Wilkie Cooper, S: John Seabourne, M: Richard Addinsell.
B: Yvonne De Carlo (Droucette), *Rock Hudson* (Gilliatt), Maxwell Reed (Rantaine), Denis O'Dea (Lethierry), Michael Goodliffe (Ragan), Bryan Forbes (Willie), Jacques Brunius (Fouche), Ivor Barnard (Benson), Arthur Wontner (Baron de Vaudrec), Gerard Oury (Napoleon).
P: David E. Rose für RKO, L: 91 Minuten.

The Golden Blade (Das goldene Schwert, 1953)

R: Nathan JURAN, D: John Rich, K: Maury Gertsman, S: Ted J. Kent, M: Joseph Gershenson.

B: *Rock Hudson* (Harun), Piper Laurie (Khairuman), Gene Evans (Haidi), Kathleen Hughes (Bakhrama), George Macready (Jalar), Steven Geray (Barcus), Edgar Barrier (Caliph), Alice Kelley, Anita Ekberg, Renate Huy, Valerie Jackson (Dienerinnen).
P: Richard Wilson für Universal, L: 81 Minuten.

Back to God's Country (Allen Gefahren zum Trotz, 1953)

R: Joseph PEVNEY, D: Tom Reed nach dem Roman von James Oliver Curwood, K: Maury Gertsman, S: Milton Carruth.
B: *Rock Hudson* (Peter Keith), Marcia Henderson (Dolores Keith), Steve Cochran (Paul Blake), Hugh O'Brian (Frank Hudson), Chubby Johnson (Shorter), Tudor Owen (Fitzsimmons), Arthur Space (Carstairs), Bill Radovich (Lagi), John Cliff (Joe), Pat Hogan (Uppy).
P: Howard Christie für Universal, L: 78 Minuten.

Gun Fury (Mit der Waffe in der Hand, 1953)

R: Raoul WALSH, D: Roy Higgins und Irving Wallace nach dem Roman »Ten Against Cesar« von Kathleen B. George und Robert A. Granger, K: Lester H. White, M: Mischa Bakaleinikoff.
B: *Rock Hudson* (Ben Warren), Donna Reed (Jennifer Ballard), Phil Carey (Frank Slater), Roberta Haynes (Estella Morales), Leo Gordon (Jess Burgess), Lee Marvin (Blinky), Neville Brand (Brazos).
P: Lewis J. Rachmil für Columbia, L: 83 Minuten.

Taza, Son of Cochise (Taza – der Sohn des Cochise, 1954)

R: Douglas SIRK, D: Gerald Drayson Adams, K: Russell Metty, S: Milton Carruth, M: Frank Skinner.
B: *Rock Hudson* (Taza), Barbara Rush (Oona), Gregg Palmer (Captain Burnett), Bart Roberts (Naiche), Morris Ankrum (Grey Eagle), Ian Macdonald (Geronimo), Richard H. Cutting (Cy Hagen), Joe Sawyer (Sergeant Hamma), Robert Burton (General Crook), Eugene Iglesias (Chato), Jeff Chandler (Cochise).
P: Ross Hunter für Universal, L: 79 Minuten.

Magnificent Obsession (Die wunderbare Macht, 1954)

R: Douglas SIRK, D: Robert Blees nach dem Roman von Lloyd C. Douglas und dem von Wells Root adaptierten Drehbuch von Sarah Y. Mason und Victor Heerman, K: Russell Metty, S: Milton Carruth, M: Frank Skinner und Joseph Gershenson.

B: Jane Wyman (Helen Phillips), *Rock Hudson* (Bob Merrick), Agnes Moorehead (Nancy Ashford), Barbara Rush (Joyce Phillips), Gregg Palmer (Tom Masterson), Otto Kruger (Randolph), Paul Cavanagh (Dr. Giraud), Sara Shane (Valerie), Richard H. Cutting (Dr. Dodge), Judy Nugent (Judy).
P: Ross Hunter für Universal, L: 108 Minuten.

Bengal Brigade (Gewehre für Bengali, 1954)

R: Laslo BENEDEK, D: Seton I. Miller nach dem Roman »Bengal Tiger« von Hall Hunter, K: Maury Gertsman, S: Frank Gross.
B: *Rock Hudson* (Captain Jeffrey Claybourne), Arlene Dahl (Vivian Morrow), Ursula Thiess (Latah), Torin Thatcher (Colonel Morrow), Arnold Moss (Rajah Karan), Daniel O'Herlihy (Captain Ronald Blaine), Harold Gordon (Hari Lal), Michael Ansara (Sergeant Major Furan Singh), Leonard Strong (Mahindra), Shepard Menken (Captain Guy Fitzmorell).
P: Ted Richmond für Universal, L: 87 Minuten.

Captain Lightfoot (Wenn die Ketten brechen, 1955)

R: Douglas SIRK, D: W. R. Burnett und Oscar Brodney nach Burnetts Roman, K: Irving Glassberg, S: Frank Gross, M: Joseph Gershenson.
B: *Rock Hudson* (Michael Martin), Barbara Rush (Aga Doherty), Jeff Morrow (John Doherty alias Captain Thunderbolt), Finlay Currie (Callahan), Kathleen Ryan (Lady Anne More), Denis O'Dea (Regis Donnell), Geoffrey Toone (Captain Hood), Milton Edwards (Lord Glen), Harry Goldblatt (Brady), Charles Fitzsimons (Dan Shanley).
P: Ross Hunter für Universal, L: 91 Minuten.

One Desire (Und wäre die Liebe nicht, 1955)

R: Jerry HOPPER, D: Lawrence Roman und Robert Blees nach dem Roman »Tacey Cromwell« von Conrad Richter, K: Maury Gertsman, S: Milton Carruth, M: Joseph Gershenson.
B: Anne Baxter (Tacey Cromwell), *Rock Hudson* (Clint Saunders), Julie Adams (Judith Watrous), Carl Benton Reid (Senator Watrous), Natalie Wood (Seely), Betty Garde (Mrs. O'Dell), William Hopper (MacBain), Barry Curtis (Nugget), Adrienne Marden (Marjorie Huggins), Fay Morley (Flo).
P: Ross Hunter für Universal, L: 94 Minuten.

All that Heaven Allows (Was der Himmel erlaubt, 1955)

R: Douglas SIRK, D: Peg Fenwick nach einer Geschichte von Edna und Harry Lee, K: Russell Metty, S: Frank Gross, M: Joseph Gershenson.
B: Jane Wyman (Cary Scott), *Rock Hudson* (Ron Kirby), Agnes Moorehead (Sara Warren), Conrad Nagel (Harvey), Gloria Talbott (Kay Scott), William Reynolds (Ned), Virginia Grey (Alida Anderson), Charles Drake (Mick Anderson), Hayden Rorke (Dr. Hennessy), Jacqueline de Wit (Mona Plash).
P: Ross Hunter für Universal, L: 89 Minuten.

Never Say Goodbye (Nur du allein, 1956)

R: Jerry HOPPER, D: Charles Hoffman nach dem Stück »Come Prima, Meglio Di Prima« von Luigi Pirandello und einem Drehbuch von Bruce Manning, John Klorer und Leonard Lee, K: Maury Gertsman, S: Paul Weatherwax, M: Joseph Gershenson und Frank Skinner.
B: *Rock Hudson* (Dr. Michael Parker), Cornell Borchers (Lisa Costing/ Dorian Kent), George Sanders (Victor), Ray Collins (Dr. Bailey), David Janssen (Dave Heller), Shelley Fabares (Suzy Parker), Helen Wallace (Miß Tucker), John E. Wengraf (Prof. Zimmelmann), Robert Simon (Dr. Kenneth Evans), Raymond Greenleaf (Dr. Kelly Andrews).
P: Albert J. Cohen für Universal, L: 96 Minuten.

Written on the Wind (In den Wind geschrieben, 1956)

R: Douglas SIRK, D: George Zuckerman nach einem Roman von Robert Wilder, K: Russell Metty, S: Russell F. Schoengarth, M: Frank Skinner.
B: *Rock Hudson* (Mitch Wayne), Lauren Bacall (Lucy Moore Hadley), Robert Stack (Kyle Hadley), Dorothy Malone (Marylee Hadley), Robert Keith (Jasper Hadley), Grant Williams (Biff Miley), Robert J. Wile (Dan Willis), Edward C. Platt (Dr. Paul Cochrane) Harry Shannon (Hoak Wayne), John Larch (Roy Carter).
P: Albert Zugsmith für Universal, L: 99 Minuten.

Giant (Giganten, 1956)

R: George STEVENS, D: Fred Guiol und Ivan Moffat nach dem Roman von Edna Ferber, K: William C. Mellor, S: William Hornbeck, Fred Bohanan und Phil Anderson, M: Dmitri Tiomkin.
B: Elizabeth Taylor (Leslie Benedict), *Rock Hudson* (Bick Benedict), James Dean (Jett Rink), Mercedes McCambridge (Luz Benedict), Chill

Wills (Onkel Bawley), Jane Withers (Vashti Snythe), Robert Nichols (Pinky Snythe), Dennis Hopper (Jordan Benedict III.), Elsa Cardenas (Juana), Fran Bennett (Judy Benedict), Caroll Baker (Luz Benedict II.), Earl Holliman (Bob Dace), Paul Fix (Dr. Horace Lynnton), Judith Evelyn (Mrs. Horace Lynnton), Carolyn Craig (Lacey Lynnton), Rodney Taylor (Sir David Karfrey), Alexander Scourby (Old Polo), Sal Mineo (Angel Obregon II.), Monte Hale (Bale Clinch).
P: George Stevens und Henry Ginsberg für Universal, L: 198 Minuten.

Four Girls in Town (Wenn die Sterne leuchten, 1956)

R: Jack SHER, D: Sher, K: Irving Glassberg, S: Frederick Y. Smith, M: Joseph Gershenson.
B: George Nader (Mike Snowden), Julie Adams (Kathy Conway), Marianne Cook (Ina Schiller), Elsa Martinelli (Maria Antonelli), Gia Scala (Vicky Dauray), Sidney Chaplin (Johnny Pryor), *Rock Hudson* (Gast), Grant Williams (Spencer Farrington jr.), John Gavin (Tom Grant), Herbert Anderson (Ted Larrabee), Hy Averback (Bob Trapp).
P: Aaron Rosenberg für Universal, L: 85 Minuten.

Battle Hymn (Der Engel mit den blutigen Flügeln, 1957)

R: Douglas SIRK, D: Charles Grayson und Vincent B. Evans nach dem autobiographischen Roman von Colonel Dean Hess, K: Russell Metty, S: Russell F. Schoengarth, M: Frank Skinner.
B: *Rock Hudson* (Colonel Dean Hess), Martha Hyer (Mary Hess), Dan Duryea (Sergeant Herman), Don De Fore (Captain Skidmore), Anna Kashfi (En Soon Yang), Jock Mahoney (Major Moore), Carl Benton Reid (Diakon Edwards), James Edwards (Leutnant Maples), Richard Loo (General Kim), Philip Ahn (Alter Mann).
P: Ross Hunter für Universal, L: 108 Minuten.

Something of Value (Flammen über Afrika, 1957)

R: Richard BROOKS, D: Brooks nach einem Roman von Robert C. Ruark, K: Russell Harlan, S: Ferris Webster, M: Miklos Rosza.
B: *Rock Hudson* (Peter McKenzie), Dana Wynter (Holly Keith), Wendy Hiller (Elizabeth), Sidney Poitier (Kimani), Juano Hernandez (Njogu), William Marshall (Führer), Robert Beatty (Jeff Newton), Walter Fitzgerald (Henry McKenzie), Michael Pate (Joe Matson), Ivan Dixon (Lathela).
P: Pandro S. Berman für MGM, L: 113 Minuten.

The Tarnished Angels (Duell in den Wolken, 1957)

R: Douglas SIRK, D: George Zuckerman nach dem Roman »Wendemarke« von William Faulkner, K: Irving Glassberg, S: Russell F. Schoengarth, M: Frank Skinner.
B: *Rock Hudson* (Burke Devlin), Robert Stack (Roger Shumann), Dorothy Malone (LaVerne Shumann), Jack Carson (Jiggs), Robert Middleton (Matt Ord), Alan Reed (Colonel Fineman), Alexander Lockwood (Sam Hagood), Chris Olsen (Jack Shumann), Robert J. Wilke (Hank), Troy Donahue (Frank Burnham).
P: Albert Zugsmith für Universal, L: 91 Minuten.

A Farewell to Arms (In einem anderen Land, 1957)

R: Charles VIDOR, D: Ben Hecht nach dem Roman von Ernest Hemingway, K: Piero Portalupi und Oswald Morris, S: Gerald J. Wilson und John F. Foley, M: Mario Nascimbene.
B: *Rock Hudson* (Lieutenant Frederick Henry), Jennifer Jones (Catherine Barkley), Vittorio De Sica (Major Alessandro Rinaldi), Alberto Sordi (Pater Galli), Mercedes McCambridge (Miß Van Campen), Oscar Homolka (Dr. Emerich), Elaine Stritch (Helen Ferguson), Leopoldo Trieste (Passini), Franco Interlenghi (Aymo), Georges Brehat (Captain Bassi).
P: David O. Selznick für Twentieth Century-Fox, L: 152 Minuten.

Twilight for the Gods (Hart am Wind, 1958)

R: Joseph PEVNEY, D: Ernest K. Gann nach seinem Roman, K: Irving Glassberg, S: Tony Martinelli, M: David Raskin.
B: *Rock Hudson* (David Bell), Cyd Charisse (Charlotte King), Arthur Kennedy (Erster Maat Ramsey), Leif Erickson (Harry Hutton), Charles McGraw (Yancey), Ernest True (Reverend Butterfield), Richard Haydn (Oliver Wiggins), Judith Evelyn (Ethel Peacook), Wallace Ford (Old Brown), Vladimir Sokoloff (Feodor Morris).
P: Gordon Kay für Universal, L: 119 Minuten.

This Earth is Mine (Diese Erde ist mein, 1959)

R: Henry KING, D: Casey Robinson nach dem Roman »The Cup and the Sword« von Alice Tisdale Hobart, K: Winton Hoch und Russell Metty, S: Ted J. Kent, M: Hugo Friedhofer.
B: *Rock Hudson* (John Rambeau), Jean Simmons (Elizabeth Ram-

beau), Dorothy McGuire (Martha Fairon), Claude Rains (Phillippe Rambeau), Kent Smith (Francis Fairon), Anna Lee (Charlotte Rambeau), Cindy Robbins (Buz), Ken Scott (Luigi), Francis Bethencourt (Andre Swann), Stacey Graham (Monica).
P: Casey Robinson und Claude Heilman, EP: Edward Muhl für Universal, L: 123 Minuten.

Pillow Talk (Bettgeflüster, 1959)

R: Michael GORDON, D: Stanley Shapiro und Maurice Richlin, K: Arthur E. Arling, S: Milton Carruth, M: Frank De Vol.
B: *Rock Hudson* (Brad Allen), Doris Day (Jan Morrow), Tony Randall (Jonathan Forbes), Thelma Ritter (Alma), Marcel Dalio (Pierot), Nick Adams (Tony Walters), Julia Meade (Marie), Lee Patrick (Mrs. Walters), Allen Jenkins (Harry), Alex Gerry (Dr. Maxwell).
P: Ross Hunter und Martin Melcher für Universal, L: 105 Minuten.

The last Sunset (El Perdido, 1961)

R: Robert ALDRICH, D: Dalton Trumbo nach dem Roman »Sundown at Crazy Horse« von Howard Rigsby, K: Ernest Laszlo, S: Edward Mann, M: Ernest Gold.
B: *Rock Hudson* (Dana Stribling), Kirk Douglas (Brandan O'Malley), Dorothy Malone (Belle Breckenridge), Joseph Cotten (John Breckenridge), Carol Lynley (Missy Brechenridge), Neville Brand (Frank Hobbs), Regis Toomey (Milton Wing), Rad Fulton (Julesburg Kid), Adam Williams (Bowman), Jack Elam (Ed Hobbs).
P: Eugene Frenke und Edward Lewis für Universal, L: 112 Minuten.

Come September (Happy-End im September, 1961)

R: Robert MULLIGAN, D: Stanley Shapiro und Maurice Richlin, K: William Daniels, S: Russell F. Schoengarth, M: Hans J. Salter.
B: *Rock Hudson* (Robert Talbot), Gina Lollobrigida (Lisa Fellini), Sandra Dee (Sandy Stevens), Bobby Darin (Tony), Walter Slezak (Maurice Clavell), Brenda De Banzie (Margaret), Rosanna Rory (Anna), Ronald Howard (Spencer), Joel Grey (Beagle).
P: Robert Arthur für Universal, L: 112 Minuten.

Lover come Back (Ein Pyjama für zwei, 1961)

R: Delbert MANN, D: Stanley Shapiro, Paul Henning, K: Arthur E. Arling, S: Marjorie Fowler, M: Frank De Vol.

B: *Rock Hudson* (Jerry Webster), Doris Day (Carol Templeton), Tony Randall (Peter Ramsey), Edie Adams (Rebel Davis), Jack Oakie (J. Paxton Miller), Jack Kruschen (Dr. Linus Tyler), Ann B. Davis (Millie), Joe Flynn (Hadley), Howard St. John (Brackett), Karen Norris (Kelly).
P: Stanley Shapiro und Martin Melcher, EP: Robert Arthur für Universal, L: 107 Minuten.

The Spiral Road (Am schwarzen Fluß, 1962)

R: Robert MULLIGAN, D: John Lee Mahin nach einem Roman von Jan Hartog, K: Russell Harlan, S: Russell F. Schoengarth, M: Jerry Goldsmith.
B: *Rock Hudson* (Dr. Anton Draeger), Burl Ives (Dr. Brits Jansen), Gena Rowlands (Els), Geoffrey Keen (William Wattereus), Neva Patterson (Louise Kramer), Will Kuluva (Dr. Sordjano), Philip Abbott (Frolick), Larry Gates (Dr. Kramer), Karl Swenson (Inspektor Bevers), Edgar Stehli (Sultan), Reggie Nalder (Burubi).
P: Robert Arthur für Universal, L: 145 Minuten.

A Gathering of Eagles (Der Kommodore, 1963)

R: Delbert MANN, D: Robert Pirosh nach einer Geschichte von Sy Bartlett, K: Russell Harlan, S: Russell F. Schoengarth, M: Jerry Goldsmith.
B: *Rock Hudson* (Jim Caldwell), Rod Taylor (Hollis Farr), Mary Peach (Victoria Caldwell), Barry Sullivan (Colonel Fowler), Kevin McCarthy (General Kirby), Henry Silva (Colonel Garcia), Leora Dana (Mrs. Fowler), Robert Lansing (Sergeant Banning), Leif Erickson (General Hewitt), Richard Anderson (Colonel Josten).
P: Sy Bartlett für Universal, L: 116 Minuten.

Marilyn (1963)

Kommentar: Harold Medford, S: Pepe Torres.
Rock Hudson (Erzähler).
P: Twentieth Century-Fox, L: 83 Minuten.

Man's Favorite Sport? (Ein Goldfisch an der Leine, 1964)

R: Howard HAWKS, D: John Fenton Murray und Steve McNeil nach der Geschichte »The Girl Who Almost Got Away« von Pat Frank, K: Russell Harlan, S: Stuart Gilmore, M: Henry Mancini.
B: *Rock Hudson* (Roger Willoughby), Paula Prentiss (Abigail Page), Maria Perschy (Isolde ›Easy‹ Mueller), Charlene Holt (Tex Connors),

John McGiver (William Cadwalader), Roscoe Karns (Major Phipps), Forrest Lewis (Skaggs), Regis Toomey (Bagley), Norman Alden (John Screaming Eagle), Don Allen (Tom).
B: Howard Hawks, Paul Helmick (AP) für Universal, L: 120 Minuten.

Send me no Flowers (Schick mir keine Blumen, 1964)

R: Norman JEWISON, D: Julius J. Epstein nach dem Stück von Norman Barasch und Carroll Moore, K: Daniel Fapp, S: J. Terry Williams, M: Frank De Vol.
B: *Rock Hudson* (George Kimball), Doris Day (Judy Kimball), Tony Randall (Arnold Nash), Clint Walker (Bert Power), Edward Andrews (Dr. Ralph Morissey), Patricia Barry (Linda Bullard), Hal March (Winston Burr), Paul Lynde (Mr. Akins), Clive Clerk (Vito), Dave Willock (Milchmann).
P: Harry Keller, EP: Martin Melcher für Universal, L: 100 Minuten.

Strange Bedfellows (Fremde Bettgesellen, 1964)

R: Melvin FRANK, D: Frank und Michael Pertwee nach einer Geschichte von Norman Panama und Frank, K: Leo Tover, S: Gene Milford, M: Leigh Harline.
B: *Rock Hudson* (Carter Harrison), Gina Lollobrigida (Toni Vincente), Gig Young (Richard Bramwell), Edward Judd (Harry Jones), Terry Thomas (Leichenbestatter), Arthur Haynes (Carters Taxifahrer), Howard St. John (J. L. Stevens), Nancy Kulp (Aggressive Frau), David King (Tonis Taxifahrer), Peggy Rea (Mavis).
P: Melvin Frank, Hal C. Kern (AP) für Universal, L: 99 Minuten.

A very Special Favor (Ein Appartement für drei, 1965)

R: Michael GORDON, D: Stanley Shapiro und Nate Monaster, K: Leo Tover, S: Russell Schoengarth, M: Vic Mizzy.
B: *Rock Hudson* (Paul), Leslie Caron (Lauren), Charles Boyer (Michel), Walter Slezak (Etienne), Dick Shawn (Arnold), Larry Storch (Harry), Nita Talbot (Mickey), Norma Varden (Mutter Plum), George Furth (Pete), Marcel Hillaire (Claude).
P: Stanley Shapiro, EP: Robert Arthur für Universal, L: 104 Minuten.

Blindfold (New York Expreß, 1966)

R: Philip DUNNE, D: Dunne und W. H. Menger nach einem Roman von Lucille Fletcher, K: Joseph MacDonald, S: Ted Kent, M: Lalo Schifrin.

B: *Rock Hudson* (Dr. Bartolomew Snow), Claudia Cardinale (Victoria Vail), Guy Stockwell (Fitzpatrick), Jack Warden (General Prat), Brad Dexter (Harrigan), Anne Seymour (Smitty), Alejandro Rey (Arthur Vincenti), Hari Rhodes (Captain Davis), Vito Scotti (Michelangelo Vincenti), Angela Clarke (Lavinia Vincenti).
P: Marvin Schwartz, EP: Robert Arthur für Universal, L: 102 Minuten.

Seconds (Der Mann, der zweimal lebte, 1966)

R: John FRANKENHEIMER, D: Lewis John Carlino nach einem Roman von David Ely, K: James Wong Howe, S: Ferris und David Webster, M: Jerry Goldsmith.
B: *Rock Hudson* (Antiochus Wilson), Salome Jens (Nora Marcus), John Randolph (Arthur Hamilton), Will Geer (Der alte Mann), Jeff Corey (Mr. Ruby), Richard Anderson (Dr. Innes), Murray Hamilton (Charlie Evans), Karl Swenson (Dr. Morris), Khigh Dhiegh (Davalo), Frances Reid (Emily Hamilton), Wesley Addy (John).
P: Edward Lewis für Paramount, L: 106 Minuten.

Tobruk (Tobruk, 1966)

R: Arthur HILLER, D: Leo V. Gordon, K: Russell Harlan, S: Robert C. Jones, M: Bronislau Kaper.
B: *Rock Hudson* (Major Donald Craig), George Peppard (Captain Kurt Bergman), Nigel Green (Colonel John Harker), Guy Stockwell (Lieutenant Max Mohnfeld), Jack Watson (Sergeant Major Tyne), Norman Rossington (Alfie), Percy Herbert (Dolan), Liam Redmond (Henry Portman), Heidy Hunt (Cheryl Portman), Leo Gordon (Sergeant Krug).
P: Gene Corman für Universal, L: 110 Minuten.

Ice Station Zebra (Eisstation Zebra, 1968)

R: John STURGES, D: Douglas Heyes, Harry Julien nach einem Roman von Alistair MacLean, K: John M. Stephens, Nelson Tyler, S: Ferris Webster, M: Michel Legrand.
B: *Rock Hudson* (Commander James Ferraday), Ernest Borgnine (Boris Vaslov), Patrick McGoohan (David Jones), Jim Brown (Captain Leslie Anders), Tony Bill (Lieutenant Russell Walker), Lloyd Nolan (Admiral Garvey), Alf Kjellin (Colonel Ostrovsky), Gerald S. O'Loughlin (Lieutenant Commander Raebum), Ted Hartley (Lieutenant Jonathan Hansen), Murray Rose (Lieutenant George Mills).
P: Martin Ransohoff, James C. Pratt (AP), L: 152 Minuten.

Ruba al prossimo tuo/A Fine Pair (Ein ruhiges Paar, 1969)

R: Francesco MASELLI, Larry Gelbart und Virgil C. Leone nach einer Geschichte von Luisa Montagnana, K: Alfo Contini, S: Nicoletta Nardi, M: Ennio Morricone.
B: *Rock Hudson* (Captain Mike Harmon), Claudia Cardinale (Esmeralda Marini), Thomas Milian (Roger), Leon Askin (Chief Wellman), Ellen Corby (Mrs. Walker), Walter Giller (Franz), Guido Alberti (Onkel Camillo), Peter Dane (Albert Kinsky).
P: Leo L. Fuchs, EP: Franco Cristaldi, L: 115 Minuten.

The Undefeated (Die Unbesiegten, 1969)

R: Andrew V. McLAGLEN, D: James Lee Barrett nach einer Geschichte von Stanley L. Hough, K: William Clothier, S: Robert Simpson, M: Hugo Montenegro.
B: John Wayne (Colonel John Henry Thomas), *Rock Hudson* (Colonel James Langdon), Tony Aguilar (General Rojas), Roman Gabriel (Blue Boy), Marian McCargo (Ann Langdon), Lee Meriwether (Margaret Langdon), Merlin Olsen (Big George), Melissa Newman (Charlotte Langdon), Bruce Cabott (Jeff Newby), Michael Vincent (Bubba Wilkes), Ben Johnson (Short Grub), Edward Faulkner (Anderson), Harry Carey jr. (Webster), Paul Fix (General Joe Masters), Royal Dano (Major Sanders), Richard Mulligan (Dan Norse), John Agar (Christian).
P: Robert L. Jacks für Twentieth Century-Fox, L: 118 Minuten.

Darling Lili (Darling Lili, 1970)

R: Blake EDWARDS, D: Edwards und William Peter Blatty, K: Russell Harlan, S: Peter Zinner, M: Henry Mancini.
B: Julie Andrews (Lili Smith), *Rock Hudson* (Major William Larrabee), Jeremy Kemp (Kurt von Ruger), Lance Percival (T. C.), Michael Witney (Youngblood Carson), Jacques Marin (Major Duvalle), André Maranne (Lieutenant Liggett), Gloria Paul (Crêpe Suzette), Bernard Kay (Bedford), Doreen Keogh (Emma).
EP: Owen Crump, Ken Walse (AP) für Paramount, L: 136 Minuten.

Hornet's Nest (1970)

R: Phil KARLSON, D: S. S. Schweitzer nach einer Geschichte von Schweitzer und Stanley Colbert, K: Gabor Pogani, S: Terry Williams, M: Ennio Morricone.

273

B: *Rock Hudson* (Captain Turner), Sylvia Koscina (Bianca), Mark Colleano (Aldo), Sergio Fantoni (von Hecht), Jacques Sernas (Major Taussig), Giacomo Rossi Stuart (Schwalberg), Mauro Gravini (Carlo), John Fordyce (Dino), Daniel Keller (Tekko), Daniel Dempsey (Giorgio).
P: Stanley S. Canter für United Artists, L: 109 Minuten.

Pretty Maids All in a Row (Sex-Lehrer-Report, 1971)

R: Roger VADIM, D: Gene Roddenberry nach einem Roman von Francis Pollini, K: Charles Rosher, S: Bill Brame, M: Lalo Schifrin.
B: *Rock Hudson* (Michael ›Tiger‹ McDrew), Angie Dickinson (Miß Smith), Telly Savalas (Captain Sam Surcher), John David Carson (Ponce de Leon Harper), Roddy McDowall (Proffer), Keenan Wynn (Chief John Poldaski), James Doohan (Follo), William Campbell (Grady), Susan Tolsky (Miß Harriet Craymire), Barbara Leigh (Jean McDrew), Gretchen Burell (Marjorie).
P: Gene Roddenberry für MGM, L: 92 Minuten.

Showdown (Die Geier warten schon, 1973)

R: George SEATON, D: Theodore Taylor nach einer Geschichte von Hank Fine, K: Ernest Laszlo, S: John W. Holmes, M: David Shire.
B: *Rock Hudson* (Chuck Jarvis), Dean Martin (Billy Massey), Susan Clark (Kate Jarvis), Donald Moffat (Art Williams), John McLiam (P. J. Wilson), Charles Baca (Martinez), Jackson Kane (Clem), Ben Zeller (Perry Williams), John Richard Gill (Earl Cole), Philip L. Mead (Jack Bonney).
P: George Seaton, Donald Roberts (AP) für Universal, L: 99 Minuten.

Embryo (1976)

R: Ralph NELSON, D: Anita Doohan und Jack W. Thomas nach einer Geschichte von Thomas, K: Fred Koenekamp, S: John Martinelli, M: Gil Melle.
B: *Rock Hudson* (Dr. Paul Holliston), Diane Ladd (Martha), Barbara Carrera (Victoria), Roddy McDowall (Riley), Ann Schedeen (Helen), John Elerick (Gordon), Jack Colvin (Dr. Winston), Vincent Bagetta (Collier), Joyce Spitz (Trainer), Dick Winslowe (Forbes).
P: Arnold H. Orgolini, EP: Sandy Howard für Cine Artists, L: 108 Minuten.

Avalanche (1978)

R: Corey Allen, D: Claude Pola und Allen, K: Pierre-William Glenn, S: Stuart Schoolnik, Larry Bock, M: William Kraft.
B: *Rock Hudson* (David Shelby), Mia Farrow (Caroline Brace), Robert Forster (Nick Thorne), Jeanette Nolan (Florence Shelby), Rick Moses (Bruce Scott), Steve Franken (Henry McDade), Barry Primus (Mark Elliott), Cathey Paine (Tina Elliott), Peggy Browne (Annette Rivers).
P: Roger Corman für New World Pictures, L: 91 Minuten.

The Mirror Crack'd (Mord im Spiegel, 1980)

R: Guy HAMILTON, D: Jonathan Hales, Barry Sandler, K: Christopher Challis, M: John Cameron, S: Richard Marden.
B: Angela Lansbury (Miß Marple), Geraldine Chaplin (Ella Zielinsky), Tony Curtis (Marty N. Fenn), Edward Fox (Inspektor Craddock), *Rock Hudson* (Jason Rudd), Kim Novak (Lola Brewster), Elizabeth Taylor (Marina Rudd), Morella Oppenheim (Margot Bence), Wendy Morgan (Cherry), Margaret Courtenay (Mrs. Bantry), Charles Gray (Butler Bartes), Maureen Bennett (Heather Babcock).
P: John Brabourne und Richard Goodwin für EMI Films, L: 105 Minuten.

The Ambassador (Der Ambassador, 1984)

R: J. Lee THOMPSON, D: Max Jack nach der Geschichte »52 Pickup« von Elmar Leonard, K: Adam Greenberg, S: Mark Goldblatt, M: Dov Seltzer.
B: Robert Mitchum (Peter Hacker), Ellen Burstyn (Alex Hacker), *Rock Hudson* (Frank Stevenson), Fabio Testi (Mustafa Hashimi), Donald Pleasance (Eretz), Heli Goldenberg (Rachel), Michal Bat-Adam (Tofa), Ori Levy (Abe), Uri Gavriel (Assad), Zachi Noy (Ze'ev) Ifdah Katzur (Lenny).
P: Menahem Golan und Yoram Globus für Cannon Productions, L: 95 Minuten.

Anmerkung: Einige Filmographien führen auch *Double Crossboners* von Charles Barton aus dem Jahr 1950 auf. Zwar war im »Hollywood Reporter« Hudsons Mitwirkung angekündigt, es darf jedoch bezweifelt werden, daß Hudson in der fertigen Fassung überhaupt noch auftaucht.

Fernsehserien

McMillan & Wife (ab 1971)
McMillan (1976)
Wheels (Räder, 1978)
The Martian Chronicles (Die Mars-Chroniken, 1979)
The Starmaker (1981)
World War III (1981)
The Devlin Connection (1982)
Dynasty (Denver-Clan, 1985)

Theaterauftritte

I Do! I Do! (Los Angeles, 1973)
I Do! I Do! (London, 1976)
John Brown's Body (Amerika-Tournee, 1976)
Gamelot (1977)

QUELLENNACHWEIS

Ausführlicheres zu Rock Hudson:
James Robert Parish/I. Stanke: The All-Americans. New Rochelle 1977
Peter Lehmann/William Luhr: Blake Edwards. Ohio University 1981
Michael Stern: Douglas Sirk. Boston 1979
Garson Kanin: The Great Hollywood Teams. London 1981
Rainer Werner Fassbinder: Filme befreien den Kopf (hrsg. von Michael Töteberg). Frankfurt 1984
Jimmie Hicks: Rock Hudson – The Film Actor as Romantic Hero, in: Films in Review. Mai 1975
Michael Walker: Rock Hudson, in: Filmdope, Nr. 755 der Bio-Filmographien. 1982
John Kobal: Interview Rock Hudson, in: Films and Filming. Oktober 1985 London.
Peter N. Richardson: Rock Hudson – Une fintragique. Paris 1985
Alexander Walker: Sex in the Movies. London 1969
Werner Kließ: Rock Hudson – ein bewährter Bettgeselle, in: Film Nr. 1/66
Diana Simmonds: Perfect Pairing, in The Fifties
Judith Michaelson: Rock Hudson – Making Each Moment Count, in: Los Angeles Times, 3.10.1985
Henry Gris: Rock Hudson zwischen Traum und Wirklichkeit (7 Folgen), in: Filmrevue Jg. 1963

Zu Regisseuren und Kollegen:
Jean-Loup Bourget: Douglas Sirk. Paris 1984
Laura Mulvey: Notes on Sirk & Melodrama, in: Movie. London 1978
Anke Sterneborg: Spiegelbilder der Seele – Zum Werk von Douglas Sirk, in: filmbulletin Nr. 2/85. Zürich
Eckhart Schmidt: Douglas Sirk über Stars (Interview), in: Sau! Jg. 1979
Heinz-Gerd Rasner/Reinhard Wulf: Begegnung mit Douglas Sirk, in: Filmkritik Nr. 203. November 1973
Gerald Pratley: The Cinema of John Frankenheimer. London/New York 1969
Richard Combs (Hrsg.): Robert Aldrich. London 1978
Hans C. Blumenberg: Die Kamera in Augenhöhe – Begegnungen mit Howard Hawks. Köln 1979
Robin Wood: Howard Hawks. London 1981
Molly Haskell: Man's Favorite Sport? (Revisited), in: Joseph McBride (Hrsg.): Focus on Howard Hawks. Englewood Cliffs 1972
Michel Marmin: Raoul Walsh. Paris 1970

Frieda Grafe: Beschriebener Film 1974–1985, in: Die Republik Nr. 72–75. Salzhausen-Luhmühlen 1985
Jean-Luc Godard: Godard/Kritiker. Ausgewählte Kritiken und Aufsätze über Film (1950–1970). München 1971
Leland A. Payne: Howard Hawks. Boston 1982
Jeanine Basinger: Anthony Mann. Boston 1979
Frank Arnold/Ulrich von Berg (Hrsg.): The late late show – 25 andere Gesichter von Hollywood. Berlin 1985
George Morris: Doris Day. München 1983
Joan Mellen: Marilyn Monroe. München 1983
Foster Hirsch: Elizabeth Taylor. München 1979

Allgemeines:
Phil Hardy: The Western. London 1983
Joe Hembus: Western-Lexikon. München/Wien 1976
Clive Hirschhorn: The Universal Story. New York 1983
Michael G. Fitzgerald: Universal-Pictures. Westport 1977
Jeffrey Richards: Swordsmen of the Screen. London 1977
Thomas Schatz: Hollywood Genres. Philadelphia 1981
Leslie Halliwell: Halliwell's Filmgoer's Companion. London 1980
Richard Dyer: Stars. London 1982
Andrew Sarris: The American Cinema. New York 1968

Nachrufe:
Ulrich Kurowski: Nachruf Rock Hudson, in: epd Film Nr. 11/85. Frankfurt am Main
Dieter Bochow: Der Mann, den die Frauen liebten, in: Bunte Nr. 42/85
Lee Gough: Rock Hudson, in: Quick Nr. 42/85
Serge Daney: Rock Hudson est mort, in: Libération, 3.10.1985
Joseph Berger: Rock Hudson Dies After AIDS Battle, in: International Herald Tribune, 3.10.1985
Ted Thackerey jr.: Rock Hudson Dies at 59 After Fighting AIDS, in: Los Angeles Times, 3.10.1985
Peter Schille: »So groß, so unzerstörbar«, in: Der Spiegel Nr. 42/85
Eva Windmöller: Abschied von der Lebenslüge, in: stern Nr. 33/85
Alfio Cantelli/Silvia Kramar/Frederico Pizzetti: Nachruf, in: il giornale 3.10.1985

Sonstiges:
Margret Dünser: Highlife. München 1979
Christian Bauer: Hollywood zu Besuch bei Miß Marple – »Mord im Spiegel«, in: Süddeutsche Zeitung, 10.2.1981
Claus Preute: Ist Rock Hudson am Ende?, in: Gong Nr. 13/83

M. v. Schwarzkopf: Hollywoods schöner Fels, in: Welt, 2.4.1983
Außerdem: Berichterstattung über Krankheit und Tod, in: Abendzeitung, Bild, Frau mit Herz 32, Quick, Süddeutsche Zeitung, Ciné/Tele/Revue.

Krtiken-Sammelbände:

Monthly Film Bulletin Jg. 1958−1985
Variety Jg. 1949−1960
New York Times Jg. 1976−1980
Magills Survey of the Cinema

DANKSAGUNG

Für Material, Unterstützung oder sonstige Hilfen möchte ich danken:
Ulrich Kurowski, Ulrich von Berg, Frank Arnold, Michael Esser, Wolfgang Höbel, Hans Schifferle, Anke Sterneborg und besonders Stefanie.

Register

HEYNE **BÜCHER**

HEYNE **FILMBIBLIOTHEK**

Unvergeßliche Stars · Große Filme
Geniale Regisseure

Alan G. Barbour
Humphrey Bogart
32/1 - DM 5,80

Howard Thompson
James Stewart
32/3 - DM 6,80

Jerry Vermilye
Cary Grant
32/5 - DM 6,80

Renè Jordan
Marlon Brando
32/7 - DM 6,80

Alvin H. Marill
Katharine Hepburn
32/8 - DM 6,80

Tony Thomas
Gregory Peck
32/11 - DM 5,80

Curtis F. Brown
Ingrid Bergman
32/12 - DM 6,80

Michael Kerbel
Paul Newman
32/13 - DM 6,80

Robert Chazal
Louis de Funès
32/20 - DM 7,80

Benichou/Pommier
Romy Schneider
32/21 - DM 7,80

Michel Lebrun
Woody Allen
32/23 - DM 6,80

Gregor Ball
Heinz Rühmann
32/24 - DM 7,80

Renè Jordan
Gary Cooper
32/25 - DM 6,80

Tony Thomas
Burt Lancaster
32/29 - DM 6,80

Gerald Peary
Rita Hayworth
32/30 - DM 6,80

Francois Guérif/
Stéphane Levy-Klein
Jean Paul Belmondo
32/31 - DM 7,80

Ludwig Maibohm
Fritz Lang
32/32 - DM 9,80

Robert Payne
Greta Garbo
32/33 - DM 9,80

Joe Hembus
Charlie Chaplin
32/34 - DM 5,80

Gregor Ball
Gert Fröbe
32/37 - DM 8,80

Claude Gauteur/
André Bernard
Jean Gabin
32/38 - DM 6,80

Robert Moss
**Der klassische
Horror-Film**
32/39 - DM 6,80

Roland Flamini
Vom Winde verweht
32/40 - DM 9,80

Leonard Maltin
**Der klassische
amerikanische
Zeichentrickfilm**
32/42 - DM 14,80

Stephen Harvey
Fred Astaire
32/43 - DM 7,80

Erich Kocian
**Die James Bond-
Filme**
32/44 - DM 10,80

Gerhard Lenne
Der erotische Film
32/46 - DM 16,80

Joseph McBride
Orson Welles
32/47 - DM 6,80

Alain Remond
Yves Montand
32/49 - DM 9,80

Bernard d'Eckardt
Brigitte Bardot
32/50 - DM 9,80

Manfred Bernhard
Die Tarzan-Filme
32/51 - DM 9,80

Meinolf Zurhorst/
Lothar Just
Jack Nicholson
32/52 - DM 9,80

Philippe Setbon
Klaus Kinski
32/53 - DM 7,80

Christian Hellmann
**Der
Sciene Fiction-Film**
32/54 - DM 9,80

Preisänderungen
vorbehalten.

**Wilhelm Heyne Verlag
München**

HEYNE FILMBIBLIOTHEK

Unvergeßliche Stars · Große Filme
Geniale Regisseure

Bernd Eckhardt
Rainer Werner Fassbinder
32/55 - DM 8,80

Michael Kerbel
Henry Fonda
32/56 - DM 8,80

Joan Mellen
Marilyn Monroe
32/57 - DM 8,80

Gregor Ball
Grace Kelly
32/58 - DM 9,80

Jeff Lenburg
Dustin Hoffman
32/60 - DM 9,80

George Morris
Doris Day
32/61 - DM 6,80

Ulrich Hoppe
Casablanca
32/62 - DM 6,80

Raymond Lefévre
Sir Laurence Olivier
32/63 - DM 9,80

Thomas Allen Nelson
Stanley Kubrick
32/64 - DM 12,80

Meinolf Zurhorst/
Lothar Just
Lino Ventura
32/65 - DM 9,80

Thomas Jeier
Robert Redford
32/66 - DM 7,80

Françoise Gerber
Catherine Deneuve
32/67 - DM 7,80

Norbert Stresau
Der Fantasy-Film
32/68 - DM 10,80

A. E. Hotchner
Sophia Loren
32/69 - DM 9,80

Rein A. Zondergeld
Alain Delon
32/70 - DM 9,80

George Carpozi
John Wayne
32/71 - DM 9,80

David Dalton
James Dean
32/72 - DM 9,80

Ronald M. Hahn/
Volker Jansen
Kultfilme
32/73 - DM 12,80

Michael Feeney Callan
Sean Connery
32/74 - DM 12,80

David E. Outerbridge
Liv Ullmann
32/75 - DM 7,80

Ulrich Hoppe
Die Marx Brothers
32/76 - DM 12,80

John Howlett
Frank Sinatra
32/77 - DM 9,80

Siegfried Tesche
Die neuen Stars des Deutschen Films
32/78 - DM 12,80

Leslie Frewin
Marlene Dietrich
32/79 - DM 9,80

Willi Winkler
Die Filme von François Truffaut
32/80 - DM 9,80

Robert J. Kirberg
Steve McQueen
32/81 - DM 9,80

Norbert Stresau
Der „Oscar"
32/82 - DM 16,80

Gregor Ball
Anthony Quinn
32/83 - DM 10,80

Willi Winkler
Humphrey Bogart und Hollywoods Schwarze Serie
32/84 - DM 9,80

Norbert Stresau
Audrey Hepburn
32/85 - DM 9,80

Rolf Thissen
Russ Meyer – Der König des Sexfilms
32/87 - DM 12,80

Roland Lacourbe
Kirk Douglas
32/88 - DM 12,80

Rolf Thissen
Heinz Erhardt und seine Filme
32/89 - DM 9,80

Gudrun Lukasz-Aden/
Christel Strobel
Der Frauenfilm
32/90 - DM 12,80

Preisänderungen
vorbehalten.

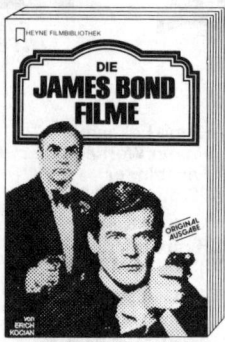